Premières Années

En vente à la même Librairie

JULES SIMON

Collection in-18 jésus à **3** *fr.* **50** *le volume*

DERNIERS MÉMOIRES. Illustrés par Lœwitz............ 1 vol.
MÉMOIRES DES AUTRES. Illustrations de Noël Saunier. 1 vol.
NOUVEAUX MÉMOIRES DES AUTRES. Illustrations de
Léandre... 1 vol.
LA POLITIQUE RADICALE............................ 1 vol.

Dans la " Bibliothèque de la Jeunesse " collection illustrée grand in-8 jésus

COLAS, COLASSE, COLETTE

Illustrations de P. Avril, Léandre, Loewitz, Saunier

Prix : broché, **10** *fr.* — *Relié toile, plaque,* **12** *fr.*
Demi-chagrin, tranches dorées, **15** *fr.*

JULES SIMON

Premières Années

PARIS
ERNEST FLAMMARION, ÉDITEUR
RUE RACINE, 26, PRÈS L'ODÉON

*Droits de Traduction et de reproduction réservés pour tous les pays
y compris la Suède et la Norvège*

AVANT-PROPOS

Notre père a publié les *Mémoires des autres* ; nous répondons à un désir qu'il nous a plus d'une fois exprimé en publiant ses propres souvenirs, tels qu'il les a écrits, en les complétant seulement par des lettres intimes et quelques pièces intéressantes qui éclairent sa vie.

On trouvera dans ce volume le récit qu'il a fait lui-même de son enfance et de sa jeunesse.

On en suivra les phases et les péripéties comme on suit un roman vécu.

Ce sont d'abord les aventures d'un enfant exposé aux luttes et aux orages, livré à ses propres forces, puisant dans sa seule énergie, dans un effort persévérant de sa volonté, le courage nécessaire pour surmonter les difficultés.

Nous le voyons, devenu plus grand, quoique encore enfant, créant sa situation à l'aide de ses seules ressources ; il nous initie à toutes ses épreuves, il ouvre son âme toute entière avec un généreux abandon, découvre ses pensées les plus intimes et dévoile les troubles les plus secrets de sa conscience. Il y a peu de romans qui soient aussi attachants et aussi émouvants que celui-là, parce qu'il a la simplicité, le charme, la vérité et l'impression de la vie elle-même.

Nous assistons à l'éclosion d'une âme qui se forge toute seule, sans l'appui d'une famille, au développement d'une intelligence qui se façonne sans le secours d'un conseiller ou d'un éducateur. Nous voyons dans ces pages la maturité hâtive d'une nature qui s'est familiarisée avec les redoutables amertumes de l'existence, à l'heure où la jeunesse les ignore.

Plus tard nous publierons les souvenirs de l'homme fait ; nous les accompagnerons de ses impressions, de ses confidences intimes et de ses jugements sur ses contemporains.

Il se racontera et nous le raconterons. Il dira ce qu'il a été. Nous dirons ce qu'il n'a pas pu ou ce qu'il n'a pas voulu dire.

C'est de l'histoire anecdotique, sentimentale et familière qui a le mérite de la sincérité.

Ce n'est pas une œuvre de polémique, c'est une œuvre loyale, sereine et apaisée.

Si, au récit qu'il donne de sa vie, cette fois comme

spectateur dans la coulisse, nous ajoutons quelques-unes de ses confidences inédites, ce n'est pas pour raviver de vieilles querelles ou pour rectifier de violentes injustices, c'est pour payer le tribut de notre piété filiale à sa mémoire, rendre hommage à la vérité et mieux faire connaître ce que fut ce cœur souvent méconnu et plus souvent encore ignoré de la foule; c'est pour lui apporter le témoignage d'une tendresse qui s'avive encore par la douleur inconsolable de la séparation.

Ces deux volumes (1) sont entièrement distincts, puisqu'ils constituent deux grandes périodes.

Ceux qui l'ont connu, l'en aimeront peut-être davantage.

Ceux qui ne l'ont pas connu apprendront certainement à l'aimer.

C'est tout ce que notre cœur désire.

Il trouvera un peu de soulagement dans les sentiments d'affectueux respect qu'éveillera cette vie toute entière consacrée à l'amour du bien et au culte de la liberté.

Gustave SIMON.
Charles SIMON.

---

(1) Le volume qui suivra celui-ci aura pour titre : *Le soir de ma journée.*

SAINT-JEAN-BRÉVELAY

PREMIÈRES ANNÉES

Saint-Jean-Brévelay

Le village que je voudrais faire revivre n'est pas bien loin d'avoir un siècle. Il en a au moins les trois grands quarts. Il est peut-être assez vieux pour être nouveau. C'était pour ce temps-là, un gros bourg, quoiqu'il n'eût pas plus de deux cents habitants. On aurait pu le décrire ainsi : une église entourée d'un cimetière, un cimetière entouré d'une trentaine de maisons. Cela formait bien quatre ou cinq rues, si l'on peut donner le nom de rues à des chemins qui n'avaient jamais été ni pavés, ni empierrés, ni battus, et sur lesquels, à la moindre pluie, il fallait porter des grosses pierres ou des planches pour établir des communications d'une maison à l'autre.

Ces maisons elles-mêmes n'étaient que des abris insuffisants contre le froid et la pluie. Elles n'avaient qu'un rez-de-chaussée sous un toit de chaume mal entretenu. Elles n'étaient, en général, éclairées que par la porte, de sorte qu'on s'y trouvait dans l'obscurité si l'on voulait se garantir contre les chiens et les pourceaux. Une lucarne, à cause de l'impôt des portes et fenêtres, était un luxe que les riches seuls se permettaient.

Le sol n'était que la terre telle que Dieu l'avait faite. Quelquefois, deux ou trois planches négligemment placées entre la porte et le lit annonçaient quelque recherche de propreté. Le lit avait deux étages superposés. Il était fermé par des vantaux à claire-voie et suffisait le plus souvent à toute la famille. Une grande caisse, qu'on appelait la mète, et dont le dessus servait de table, contenait la vaisselle, les provisions et le pain, qui faisait partie des provisions parce qu'on ne cuisait qu'une fois par semaine. Deux bancs de bois des plus rudimentaires servaient de sièges pour prendre les repas. S'il y avait des vaches ou des bœufs, ils n'étaient séparés des autres habitants de la hutte, que par le ratelier.

La cheminée était souvent très vaste et de larges pierres posées de chaque côté permettaient de s'y asseoir. C'était le coin favori de la maîtresse et du maître quand par hasard il se trouvait au logis. On fichait une chandelle de résine dans un grand chandelier de fer blanc, et cette lumière tremblottante, suffisait pour teiller, filer ou tisser, ce qui était l'occupation ordinaire des femmes. Elles ne tricotaient pas, parce qu'elles ne portaient pas de bas ni leurs maris non plus. On mettait de la paille dans ses sabots, ou même des chaussons de lisière si on était riche. Les bas et les souliers étaient pour les dames de Vannes ou de Locminé.

Le luxe s'introduisait pourtant çà et là, dans ces pauvres demeures. On y trouvait quelquefois une belle armoire de chêne, curieusement sculptée, qui était là depuis plus d'un siècle. Il n'y avait pas de brocanteurs ni de visiteurs pour en apprendre la valeur au propriétaire. Il y avait aussi de petits miroirs grands comme une coquille d'huitre, entourés de quelques morceaux de peluche rouge, un rosaire à gros grains, une image coloriée, la Passion ou le Juif Errant.

La plupart de ces paysans, pour ne pas dire tous ces paysans, étaient propriétaires de leur maison, et de quelque lopin de terre dans les environs du village. Ils produisaient du blé, qu'ils vendaient, et du chanvre dont ils se servaient pour se vêtir. Ils ne mangeaient que du pain de seigle que la ménagère pétrissait tous les huit jours, et qu'on faisait cuire le samedi, chez le fournier. On avait, outre cela, de la soupe aux choux faite avec un peu de beurre ou de graisse, et du lait doux ou aigre, conservé, comme le reste, au fond de la mète. On ne se plaignait de rien quand on avait sa soupe aux choux deux fois par jour. Le maître y joignait sa bolée de cidre. Les riches avaient un petit verger et un pressoir avec lesquels ils remplissaient quelques barriques. Les autres recouraient aux deux cabarets du bourg et l'on pouvait s'énivrer à fond pour deux ou trois sous.

Je n'ai pas besoin de dire qu'on ne connaissait pas à Saint-Jean l'usage des réverbères. Même dans les villes, les réverbères n'étaient ni bien éclairants ni très nombreux. A Saint-Jean, on était dans la nuit noire. On avait recours à des lanternes si on était obligé de sortir. L'Angelus sonnait dès la première lueur du jour. Aussitôt, au milieu des cloches carillonnantes et du chant des coqs qui s'appelaient, de tous côtés, on entendait les portes s'ouvrir. Les préparatifs n'étaient pas longs ! Les hommes mettaient une pioche ou une pelle sur leur épaule et marchaient silencieux dans les chemins creux qui entouraient le bourg. Les arbres et les plantes grimpantes qui couvraient les deux côtés du chemin formaient une sorte de dais sur la tête du passant, et interceptaient complètement la lumière du soleil. Ils allaient d'un pas pesant à leur champ ou à leur courtil, ayant dans la bouche une courte pipe dont ils ne se séparaient guère. Ceux qui avaient un champ à labourer ou un transport à faire, menaient leurs bœufs en s'appuyant sur leur cou, comme de bons frères, ou en les poussant par derrière avec l'aiguillon. Les pastourelles, la quenouille au côté, conduisaient leurs vaches. D'autres avaient la faucille à la main ou la serpette pour émonder ou sarcler. Pendant ce temps-là, il restait au bourg quelques vieillards incapables de travailler, ou des malades, et des femmes chargées d'enfants qui se faisaient remplacer aux champs par une fille ou par une sœur. A certaines époques, aux foins par exemple, ou à la cueillette des pommes, des noix et des cerises, l'émigration était presque générale et le village retombait dans le silence une demi-heure après le réveil. L'appel tintait pour la première messe, la messe du vicaire; quelques dévotes entraient à l'église.

Elles étaient en bien petit nombre parce qu'il y avait aussi, à onze heures, la messe du desservant. Nous appelions le desservant « Monsieur le Recteur ». Ce titre est toujours donné au chef de la paroisse, qu'il soit curé ou desservant. A Saint-Jean, nous n'avions qu'un desservant; c'était bien dur pour nous, qui étions le chef-lieu de canton; mais on l'avait décidé ainsi; la cure était à Bignan. L'auxiliaire du recteur, qui aurait dû s'appeler régulièrement le vicaire, s'appelait le curé. Il y avait un couvent d'Ursulines à Bignan, mais nous ne connaissions pas cela à Saint-Jean, nous n'avions pas même de sœurs de charité. On était soigné dans ses maladies, par un parent, par un voisin, à la grâce du Bon Dieu. Le recteur et le curé faisaient ce qu'ils pouvaient; mais ils avaient beau se prodiguer; ils avaient leur messe à dire, leur bréviaire à lire; ils faisaient les enterrements, les baptêmes et les mariages; ils portaient le viatique; ils donnaient l'extrême-onction. Le dimanche prenait leur journée entière par la grand'messe, les vêpres, les processions qui étaient fréquentes. Il n'y avait que deux cents personnes de population agglomérée, mais il y en avait neuf cents de population éparse; et cette population était répandue sur un long espace, à cause des landes désertes qui abondaient dans la paroisse. Il fallait parfois faire jusqu'à deux lieues, et davantage, pour porter le viatique à un malade ; Monseigneur avait prescrit un catéchisme de persévérance pour les adolescents, une confrérie pour les jeunes filles. Notre clergé était sur les dents.

On savait à peine qu'il y eût au monde des médecins. Il aurait fallu courir jusqu'à Vannes. A Ploërmel, il y en avait un, mais comme il était seul, il n'était jamais disponible. Et puis, comment le médecin serait-il venu? Ces grands savants ne sont pas gens à faire dix ou quinze lieues à pied. Il aurait fallu les payer. Croyez-vous qu'ils auraient fait quinze lieues et donné leur journée entière pour le salaire d'un garçon de charrue? M. Adelys avait voulu avoir une fois le médecin à son domaine de Kerdroguen, pour sa fille en danger de mort. Il envoya un garçon de ferme, qui marcha toute la nuit, chercher à Vannes M. Morisset. M. Morisset vint, mais il exigea un écu de six livres. Cela ne donna pas grand goût dans le pays à recommencer de pareils coups de tête, quoique Julienne Adelys eût été guérie.

Nous n'étions placés sur la route d'aucune grande ville. On allait par Bignan à Locminé, par Plumelec et Guéhenno à Ploërmel. Pour venir chez nous il fallait avoir affaire à nous, et personne n'avait affaire à nous ; nous n'avions rien à vendre ni rien à acheter. Si nous avions un peu de blé ou de chanvre, ou de cidre dont nous voulions nous défaire, nous allions le porter à Vannes. Il y avait pourtant une foire, et même une foire bien achalandée et bien courue à Saint-Jean-Brévelay. Elle durait le dimanche et le lundi et tombait quinze jours après Pâques. C'étaient deux jours de joie et de délices, surtout pour les enfants. On y admirait une boutique de jouets merveilleux, des pruneaux, des marchands de comestibles, pains d'épices, poires, bigorneaux, sardines pressées et grillées, boudins, saucisses, tout ce qu'il y a de meilleur. Pour le côté sérieux, de la toile de chanvre, du drap, de la cotonnade pour robes de femmes et pour tabliers, des chapeaux d'hommes, des coiffes. On vendait surtout du bétail. Cela se passait entre nous, gens du pays ; on venait de Locminé, de Bignan, de Ploërmel, de Rosselin, de Cadoudal, de Plumelec. Ceux de Vannes n'avaient que faire de venir. On trouve tout ce qu'on veut dans une grande ville. On n'a pas besoin de se déranger puisqu'on a toutes choses sous la main. Vannes, dès ce temps-là, était une ville de 7.000 habitants où il y avait un préfet et un évêque. On disait que Lorient était encore plus grand, qu'on y voyait deux régiments de soldats, et des vaisseaux qui faisaient perpétuellement le tour du Monde. Mais Lorient était si loin que personne dans le bourg ne le connaissait, excepté nous qui en étions.

Je suis obligé d'avouer en toute sincérité que notre venue à Saint-Jean-Brévelay en 1818 y fit toute une révolution. Le bourg n'avait connu jusque-là que deux familles appartenant à la bourgeoisie, et elles l'habitaient le moins possible. Saint-Jean-Brévelay, à cause de son éloignement de toute voie de grande communication, était une localité sacrifiée ; c'était le canton, et, pourtant, comme je le disais tout à l'heure, la cure était à Bignan ; il en était à peu près de même pour la justice de Paix. En droit, elle était chez nous ; en fait, le Juge résidait à Guéhenno. Il ne venait à Saint-Jean que pour les audiences. Nous avions le greffier M. Ohio, qui était en même temps maréchal-ferrant, mais quelle différence si nous avions eu M. de la Goublaye ! Il avait la particule, il avait la croix de Saint-Louis, il avait une robe noire et une toque avec un galon. N'avait-il pas aussi une ceinture bleue ? Il l'avait. C'était magnifique ! C'était une perpétuelle discussion, entre Désirée Brien et moi, pour savoir lequel des deux, M. de la Goublaye et le sous-préfet de Ploërmel, était le plus gros seigneur. Je penchais pour M. de la Goublaye qui était vraiment magnifique ; Désirée qui aimait les uniformes, comme toutes les femmes, préférait l'habit brodé et l'épée de M. Lucas Peslouan. Le sous-préfet venait à Saint-Jean une fois par an, pour le tirage ; le Juge venait plus souvent, mais il ne se montrait en public qu'à la procession, le jour de la Saint-Louis, fête du Roi. Il marchait le premier de tous, en grand costume, avec sa croix de Saint-Louis, dont le ruban rouge, orné d'une rosette, lui couvrait presque la poitrine. Il avait les cheveux poudrés à blanc sous sa toque. Je crois même que ses cheveux étaient une perruque. L'impression produite était majestueuse. C'était lui, qui, avec l'aide de son greffier, M. Ohio, aussi en robe noire, mettait le feu aux fagots; la flamme courait rapidement de branche en branche, et bientôt elle s'élevait jusqu'au ciel, au milieu des cris de : « Vive le Roi ! » C'était alors le tour du recteur, qui montait sur la « pase » du cimetière, car le feu de joie se tirait tout auprès du cimetière, à cinquante pas tout au plus de l'église et entonnait un cantique dont le refrain était :

> Vive la France !
> Vive le Roi !
> Toujours en France
> Les Bourbons et la Foi !

Après ce cantique chanté en chœur, on entonnait le « Vive Henri IV », qui revenait toujours dans toutes les cérémonies, et dont on ne se lassait jamais. C'était un bien grand jour ! Avant le feu de joie et la procession, il y avait le tir. Mon père, quoique bleu, donnait un mouton ! Les libéraux disaient entr'eux, pour s'excuser de fêter Louis XVIII: « Il nous a donné la Charte ». Les paysans montraient une habileté de tireurs extraordinaire, acquise pendant la Chouannerie. Il y avait un Cadoudal, très respecté à cause de son nom, et plus encore peut-être à cause de son coup-d'œil infaillible, qui était sûr de gagner le mouton tous les ans. Il ne manquait à la splendeur de la cérémonie que des gendarmes, mais comme le curé était à Bignan et le juge de paix à Guéhenno, les gendarmes étaient à Plumelec. Je les vis pour la première fois le jour de la Toussaint à Plumelec. Je n'avais jamais vu de soldats. C'était à l'église. Ils étaient trois, un de chaque côté de l'autel, l'autre au milieu du chœur, faisant face au tabernacle : C'est le brigadier qui représente le Colonel et commande l'exercice quand le Colonel n'est pas là. Le recteur allait donner lecture d'une ordonnance du Roi, ou d'une lettre circulaire quelconque où le nom du Roi était prononcé. A ce moment, le brigadier s'écria : « Gendarmes, sabre au clair ! ». Les trois gendarmes tirèrent aussitôt leur sabre, et je ressentis un frisson de fierté et de patriotisme. Enfin, Saint-Jean n'avait ni gendarmes, ni juge, ni curé ; il était réduit pour toute bourgeoisie à M. Cheravin, receveur à cheval, à M. Brien, son commis, et à M. Guillochon, commis du commis à cheval, quand nous y établîmes notre séjour, ce qui fit, comme je l'ai dit, une révolution.

Nous étions moins riches que les paysans qui faisaient valoir de grandes propriétés en dehors du bourg sur le territoire de la commune. Quelques-uns d'entr'eux s'étaient enrichis par l'achat de biens nationaux ; mais, à la Restauration, ils avaient déclaré, pour la plupart, que l'acquisition faite par eux n'avait été que l'accomplissement d'un fidéi commis. Le seigneur était rentré en possession de sa terre ; mais le colon, le fermier, ou quels que fussent son titre et sa condition antérieurs, avait été largement récompensé de ses services, soit par son maître, soit par quelque faveur du Gouvernement, soit par l'action du clergé, qui intervenait dans toutes les affaires, ou publiques, ou privées. Ces cultivateurs riches ou simplement aisés avaient reçu une éducation fort sommaire ; cependant, ils savaient lire, écrire et surtout compter. Ils lisaient leur livre de messe et des brochures que diverses sociétés bien pensantes répandaient à profusion dans les campagnes. Cela n'avait pas, tant s'en faut, l'immense diffusion que les journaux ont atteinte depuis ; et les journaux eux-mêmes ne se vendaient pas au numéro, coûtaient assez cher, et n'avaient pour abonnés que d'importants personnages des grandes villes ; mais, en revanche, les petites brochures dont je parle n'étaient pas éphémères comme le journal. Le paysan qui en avait une la regardait comme la pièce unique ou principale de sa bibliothèque. Il parvenait, en la lisant plusieurs fois, à la lire presque couramment, et quelquefois, mais rarement, à la comprendre. Au besoin, le recteur et le curé la lui expliquaient. Certains d'entre eux avaient une telle vénération pour ce conseiller domestique qu'ils le portaient constamment dans la poche de leur veste avec la clef de leur maison.

Ces gros cultivateurs ne plaçaient pas leur argent ; tout au plus faisaient-ils quelques placements sur bonne hypothèque. Ils laissaient dormir de fortes sommes dans leur tiroir, ou, comme on l'a dit si souvent, dans des bas de laine ; mais cet argent, accumulé sou par sou, finissait par être une fortune. Ils faisaient les achats nécessaires pour améliorer leur culture. On n'aurait pu leur reprocher que d'être hostiles aux améliorations nouvelles, mais l'ordre, le soin, le travail, l'amour de la terre, l'attachement du serviteur aux intérêts du maître, une économie sordide que personne ne leur reprochait, et qui était plutôt considérée comme une vertu, arrondissait peu à peu leur situation. Tel qui avait été un petit tenancier besogneux « avant les troubles » était devenu conseiller municipal, notable, électeur, et même quelquefois électeur du grand collège. On les appelait « Monsieur ». On tirait le chapeau bien bas devant « Madame » qui portait des gants de filet le dimanche, et une robe de soie le jour de Noël et le jour de Pâques. Ils étaient vêtus en paysans et vivaient en paysans, dans leur intérieur ; mais ils faisaient partie de la société bourgeoise, et souvent même ils la dominaient et la dirigeaient. Ils n'avaient d'autres distractions que la chasse ou la pêche. Une ou deux fois par an, ils tuaient un cochon, et offraient un grand dîner qui durait la moitié du jour.

Ils faisaient donner de l'éducation à leurs enfants. Les filles entraient dans un couvent d'où elles sortaient sans savoir ni l'orthographe, ni la géographie, ni l'histoire. En revanche, elles savaient leur quatre règles admirablement, et elles s'entendaient à tous les ouvrages de femme, coudre, filer, faire le pain et la cuisine. Pas de musique, surtout ! On chantait des cantiques le dimanche à la grand'messe. Les mariages se concluaient par négociations comme entre de grandes puissances. Un mariage entre enfants des grands fermiers était une solennité publique qui mettait toute la paroisse en mouvement. Il y avait des centaines de convives qui ne cessaient de boire et de manger, pendant trois jours. C'étaient d'énormes pièces de porc ou de bœuf bouilli ou rôti, des boudins, des saucisses, quelquefois, chez les gens prétentieux, des poulets, des œufs durs à profusion, rouges, bleus, mordorés par la cuisson avec des pelures d'oignons. La table était en plein air, parce qu'il n'y avait pas de local qui pût la contenir. Les convives apportaient dans leur poche leur verre, leur couteau avec une cuillère et une fourchette de bois. On mettait en perce deux pièces de cidre, une en haut et l'autre en bas de la table. Les binious et la bombarde jouaient perpétuellement pendant le repas en se relayant. La dépense était considérable. L'usage était de l'atténuer par des cadeaux qu'on faisait aux jeunes époux ; on étendait bravement un drap sur leur chemin tandis qu'ils allaient de l'Eglise à leur maison, souvent fort éloignée. Ils se tenaient à côté, disant bonjour aux invités à mesure qu'ils passaient, et les appelant par leur nom. Les autres disaient un mot d'amitié, un mot caressant, selon le degré de leur intimité et jetaient sur le drap déplié leur offrande; c'était une pièce de toile, ou du lin, ou du chanvre, ou quelque ustensile de ménage, un parapluie, un miroir, une motte de beurre ; quand on n'avait pas assez d'imagination pour choisir un cadeau, on donnait tout simplement de l'argent, une pièce de six livres, un petit écu (trois livres) une pièce de trente sous. Tout était reçu avec de grands remerciements. « C'est trop, Julienne ! — Allons donc ! Jamais assez pour ma douce amie (men doucis) ».

Je ne vous ai pas encore dit qu'on parlait breton dans tout le pays. On ne se servait pas d'autre langue. Les sermons, le dimanche, étaient faits en breton. Le curé faisait ses annonces dans les deux langues, mais personne, excepté nous, ne savait un mot de français. D'un autre côté, nous ne savions pas un mot de breton. Nous en apprîmes quelques bribes à la longue. Nos vieilles parentes qui étaient nos munitionnaires, et ma mère, par la nécessité de surveiller les emplettes, apprirent peu à peu, les mots les plus indispensables ; en même temps les jeunes gens qui revenaient du couvent ou du collège apportaient un peu de français. Il était bien rare qu'on pût causer avec un paysan, même avec les gros bonnets, quand ils avaient été élevés « avant les troubles ». En entrant dans une maison où l'on n'était pas familier, on ne manquait pas de demander : « Savez-vous le Français ? » On répondait en souriant : « Pascal. — Un peu ». Cela voulait dire : « pas du tout ». Le bruit courait dans les villes que les paysans comprenaient le français et ne voulaient pas le parler. Cela était vrai, au moins pour quelques-uns. Pour quel motif ? Par timidité ? Par méfiance ? Par attachement à la vieille langue et aux vieux usages ? Il y avait un peu de tout cela. Les bourgeois qui ne parlaient pas breton étaient suspects par cela même. Les anciens seigneurs, les nobles rentrés sous l'Empire pour vivre en mécontents et ceux qui venaient de rentrer avec la Restauration, pour prendre part aux dédommagements qu'elle leur offrait, savaient parfaitement le breton, et ne parlaient pas d'autre langue avec leurs paysans. Ceux-là étaient du pays ; c'étaient des chrétiens, des honnêtes gens, dévoués au Roi, qui avaient combattu ou souffert pour lui. Les autres étaient des jacobins ou des bonapartistes venus de loin dans le pays pour le tyranniser et le ruiner. On ne pouvait avoir pour eux que de la colère et de la défiance.

Nous parvînmes cependant assez tôt à vaincre ce préjugé. D'abord, il nous fut facile de prouver que nous étions de Lorient. Il ne l'était pas autant de prouver que Lorient était en Bretagne. Nous y parvînmes cependant avec de la persévérance. Je ne parle pas, bien entendu, de l'élite de la population, mais des habitants du bourg et de ceux avec lesquels nous avions continuellement des rapports. Ce qui contribua plus que toute chose à nous rapprocher, c'est la discipline chrétienne de toute la maison, l'assiduité aux offices du dimanche, le zèle pour les reposoirs et les processions, la générosité pour les quêtes, la stricte observance des jeûnes et des vigiles. Ce n'était pas alors une petite affaire. On faisait maigre toute l'année le vendredi et le samedi, la veille de toutes les fêtes et le carême sans rémission depuis le mardi-gras jusqu'au jour de Pâques. Tous ceux qui avaient vingt ans pratiquaient aussi le jeûne pendant cette longue période. Il y avait le repas du midi, et encore sans dessert, le soir, une collation qui consistait ordinairement en une beurrée. Le lait, les œufs et le poisson étaient interdits dans les quinze derniers jours du carême. La religion, comme on voit, faisait sentir son joug. En revanche, la fidélité à tous ces devoirs rigoureux posait une famille sur un bon pied dans le monde.

Ma mère, qui assistait à la messe du recteur tous les jours et qui visitait et soignait tous les malades de la paroisse, ne tarda pas à être en amitié et en relations très suivies avec le recteur. La paix se serait conclue beaucoup plus vite entre les deux puissances, sans la mauvaise réputation de mon père.

Vous entendez bien que je parle de sa réputation politique ; car sous tous les autres rapports, c'était le plus intègre, le plus bienveillant et le plus généreux des hommes. Etait-il donc, direz-vous, un homme politique ? Pas le moins du monde. Il n'avait pas exercé de fonctions civiles, il n'avait pas mis les pieds dans un club. Il n'était pas même bonapartiste, puisqu'il s'était retiré de l'armée après la proclamation du Consulat à vie. Mais, pendant la Révolution, personne n'échappait aux classifications politiques ; il fallait être bleu ou blanc. Il était bleu, on le savait. Il suffisait d'ailleurs, pour être bleu, d'avoir été soldat ailleurs que dans les Chouans ou dans l'armée de Condé. Quoiqu'il ne prît pas de tabac, il avait dans sa poche une tabatière ronde et plate, en bois verni, sur l'une des faces de laquelle la Charte était imprimée en caractères microscopiques.

Il y tenait. « Quelle imprudence ! » — disait ma mère ; les femmes sous la Restauration, croyaient toujours à un retour offensif des Jacobins ; elles ne voyaient de sécurité que dans une bonne police, et comme le Roi seul pouvait, suivant elles, donner une bonne police, elles étaient fortement pour le Roi.

Sans doute, l'Ogre de Corse était aussi un grand policier ; mais il y avait la guerre, qu'elles détestaient « bella matribus detestanda », tandis qu'avec « notre bon Roi », on était bien tranquille de ce côté-là. Notez que le Clergé ne songeait qu'à les endoctriner. Les prêtres n'argumentaient pas avec les hommes, mais ils s'emparaient des femmes, et par les femmes, de tous les hommes. Ma mère n'était pas royaliste par dévotion ni par sentiment ; elle l'était par prudence comme beaucoup d'autres. Elle voyait des mouchards partout, et elle ne se trompait guère. Depuis 1790, la moitié de la France dénonçait l'autre moitié. La police, sous la Terreur, était brutale et agissait au grand jour. Elle redevint, sous le Consulat et l'Empire, profondément habile. La Restauration cultivait cette science, avec amour. La grande différence entre la police de l'Empire et celle de la Restauration est que, sous la Restauration, les espions prenaient des airs d'exercer leur métier pour gagner le ciel. Ils ne manquaient pas d'expérience, car le personnel n'avait pas changé avec les gouvernements. On dénonçait la gauche après avoir dénoncé la droite, et on faisait son métier avec d'autant plus de maestria qu'on avait été l'ami et le serviteur de ceux qu'on dénonçait aujourd'hui. « Qu'ils me dénoncent s'ils veulent, disait mon père : je n'ai rien à demander ni rien à perdre ». Il prenait pourtant quelques précautions, peut-être par déférence pour ma mère. Je ne l'ai jamais vu s'exposer à la persécution, si ce n'est pour la tabatière. Cette tabatière était dans la poche de tous les libéraux ; on l'en tirait régulièrement de temps en temps pour la tourner entre les doigts. « Où est le crime ? disait-on : Le roi l'a voulu ». En effet, le Roi l'avait voulu ; et il disait comme les autres : « Où est le crime ? ». Il savait et la police savait que ces fameux amateurs de la Charte avaient les Jacobins et l'Ogre de Corse en horreur. Pourquoi ne se seraient-ils pas amusés avec la Charte, puisqu'elle leur servait de hochet ? On la leur avait donnée pour cela.

Mon père était toujours à la grand'messe le dimanche. Ce n'était pas un grand signe, car bien peu de bourgeois, dans ce temps-là, s'abstenaient d'aller à la messe. Oui, bien peu. A Paris, on voyait, dans le banc des marguilliers, d'anciens théophilanthropes, ou, bien pis que cela, des partisans de la déesse Raison. En province, l'émancipation avait été surtout de l'abstention. On allait maintenant à la messe pour encourager le peuple, à qui une religion était nécessaire. Par exemple, on n'y portait pas de livre, et on restait à bayer aux corneilles pour ne pas trop multiplier les génuflexions. Mon père n'avait pas de ces demi-révoltes. Puisqu'il allait à la messe, il allait aussi aux vêpres qui ne lui paraissaient pas plus périlleuses, et puisqu'il faisait tant que d'y aller, il y portait son paroissien, un paroissien magnifique, avec figures, couverture de maroquin rouge à gros grains, et fermoir de cuivre. Permettez-moi maintenant de vous présenter mon père.

C'était un homme un peu trop grand (près de six pieds), un peu gros, mais bien fait, d'une force herculéenne qui se devinait au premier coup d'œil, et d'une santé inaltérable. Belle et noble figure, malgré une calvitie presque complète, qu'il dissimulait en partie en se couvrant la tête de poudre. Le costume ne déparait pas l'homme. Il portait, le dimanche, des culottes courtes avec des jarretières et des bas blancs bien tirés, une veste de piqué blanc, qui descendait presque jusqu'aux genoux, un habit bleu clair, en drap, coupé à la française, et orné de boutons immenses et très historiés. Il était très décoratif à la procession; il effaçait même M. le Maire.

Il donnait deux moutons par année pour les exercices du tir : l'un à la fête du Roi, le 25 août, et l'autre à la fête patronale de Saint-Jean-Brévelay. Il avait d'ailleurs une qualité, que le recteur, Monsieur l'abbé Moizan, prisait beaucoup : il était taciturne. Depuis les désastres, qui l'avaient obligé à se réfugier dans cette thébaïde, il n'avait prononcé que les mots les plus indispensables. Il ne parlait même pas à sa famille. Il ne nous voyait qu'aux heures des repas. Il partait avec les paysans qui allaient aux champs, à la première heure du jour, ayant sur lui l'appareil complet des pêcheurs, et dans son hâvresac deux tranches de pain de seigle, qui faisaient tout son déjeuner. Arrivé au bord de la rivière, il choisissait sa place pour la journée, et il y restait comme une sentinelle en faction jusqu'à midi. A midi, il rentrait « pour manger la soupe ». On lui servait, comme à nous tous, la soupe et le bouilli cinq fois par semaine, et les autres jours des haricots, des œufs. Le soir à huit heures, on servait du veau et de la salade, quelquefois un poulet, assez souvent un beau poisson qu'il avait rapporté. Le dimanche, on se permettait un dessert aux deux repas, mais comme c'était le plus souvent du lait sous diverses formes et qu'il n'avait jamais pu se résoudre à boire ou à manger du lait, il ne touchait pas à nos friandises, il vivait comme un anachorète. Il imitait les moines par son silence. Jamais il ne parlait, pas même pour demander un service. On mettait son assiette devant lui, on approchait le plat : il se servait et quittait la table aussitôt qu'il avait fini, le matin pour retourner à la pêche, le soir pour aller se coucher. Je n'ai pas connu d'autre exemple de cette maladie. Je dois dire qu'il n'allait pas jusqu'à refuser de répondre à une question directe. Il le faisait toujours d'une façon polie. Il s'humanisa un peu, quand il en vint à faire des parties de cartes, de dames, et de trictrac avec le recteur. Il ne disait pourtant que les mots les plus nécessaires. « Je n'ai pas peur qu'il fasse de la propagande » disait le recteur. On riait. Je ne riais pas. Tout enfant que j'étais, cette taciturnité de mon père a toujours été pour moi un spectacle douloureux. Il me prenait souvent sur ses genoux dans les rares instants qu'il passait à la maison, quand le temps était trop mauvais pour qu'il pût aller à la rivière, mais il ne me disait rien, et quand j'essayais trop de lui arracher une réponse il me mettait doucement à terre et disparaissait.

Nous n'étions pas moins de dix-huit personnes à table, parce que les domestiques dînaient avec les maîtres. Mon père occupait seul tout un côté de la table, qui était longue et étroite ; ma mère était à l'autre bout avec les enfants et la famille, les valets et les servantes remplissaient les places intermédiaires. Il n'y avait aucune différence pour la nourriture ou le service. Ma mère servait la famille, tante Gabrielle servait les domestiques. On commençait par le Benedicite, on finissait par les Grâces. Ma mère disait le verset, nous disions tous les répons ; ensuite on faisait le signe de la Croix. Cela se passait ainsi dans la plupart des maisons, du moins en Bretagne. J'ai vu encore à Paris, vers le milieu de ce siècle, des maisons où on avait conservé cette coutume : mais c'étaient des maisons notoirement chrétiennes. J'en citerai deux : M. de Montalembert et M. de Pressensé. M. de Montalembert ne disait le Benedicite que dans l'intimité. M. de Pressensé, qui était pasteur, bénissait le repas, même quand il y avait plusieurs convives.

On ne s'étonnait pas de cette coutume à Saint-Jean ; mais la coutume contraire aurait fait scandale. Quand je montai en grade et devins élève de Vannes, dans toutes les maisons où j'eus l'occasion de dîner, le père de famille disait le Benedicite avant le repas. Je suppose que les avis étaient partagés et que les vieux bretons étaient seuls fidèles aux vieilles coutumes. Je fus, une fois, à titre d'élève exceptionnellement fort en thème, invité à déjeuner chez le préfet, qui était M. Lorois, père de M. Lorois, le député. On ne dit pas le Benedicite, ce qui me déconcerta un peu, car j'avais été sur le point de faire le signe de la croix en arrivant à ma place.

On n'était plus sous la Restauration ; les élèves

du collège de Vannes étaient des externes. Ils étaient tous tenus d'assister tous les matins à la messe du collège, et de rapporter, tous les mois, un billet de confession. Le professeur et les élèves récitaient, au début de la classe, le *Veni sancte spiritus*, et à la fin le *Sub tuum præsidium*. Ce dernier usage était établi par un règlement général de l'Université ; je ne sais pas à quelle date il a été aboli, c'est probablement en 1848. Sous la Restauration, il n'y avait, pour les exercices religieux, aucune différence entre les collèges universitaires et les petits séminaires. A Vannes, la religion était mêlée à tous nos exercices, elle dirigeait l'instruction et l'éducation dans tous leurs détails. La moitié, au moins, de nos professeurs étaient des prêtres.

A Saint-Jean, où je reviens, cette direction était encore plus marquée. Il n'y avait, dans la commune, que des paysans et deux prêtres. Les paysans qui habitaient le bourg étaient tous illettrés, sans autre exception que le Maire, M. Ozon, le greffier de Justice de Paix, M. Ohio, et Telin Charles, qui avait fait tous les métiers. Personne ne leur parlait jamais de leurs devoirs, si ce n'est le recteur et le curé. Avant la Révolution, ils ne connaissaient leurs seigneurs que de nom; aucun de ces derniers ne résidait dans la paroisse. Ils n'y vinrent pas quand ils rentrèrent en France. Il n'y avait ni notaire, ni médecin, ni maître d'école. Le quinquis, ou sacristain, avait toujours dans les mains un paroissien; il le regardait avec gravité quand il chantait les offices, mais, fort heureusement pour lui, il savait les prières par cœur. Ces ignorants acceptaient ce que leur disaient leurs prêtres comme paroles d'évangile. On a fait des dissertations pour savoir les motifs réels de l'insurrection à l'époque de la Chouannerie. Ils se soulevèrent à l'ordre de leur curé. S'il y avait un motif, c'était le respect inné des habitudes contractées et des usages établis. « Nous n'avons pas besoin de changer ». Là-dessus, ils allaient se faire tuer. Une fois lancés, ils étaient féroces, ce que je n'ai jamais bien compris, car ils sont doux et apathiques dans la vie ordinaire. A la veille de 1830, ils étaient royalistes, parce qu'on le leur ordonnait au prône, mais sans passion, ni exaltation. Cependant, quand leurs prêtres leur dirent qu'il fallait refuser le service, ils se firent réfractaires en grand nombre. Il fallut envoyer des colonnes mobiles pour pacifier le pays.

Je ne dis pas que toutes les communes fussent aussi complètement gouvernées par les prêtres que Saint-Jean. J'ai déjà expliqué que nous étions là, au bout du monde. Les communes qui avoisinent les villes, celles qui avaient une garnison ou qui étaient traversées par des diligences ou des pataches, ouvraient un peu l'oreille aux idées nouvelles. Nous n'avions rien de tout cela à Saint-Jean-Brévelay. Nous ne connaissions que nos champs d'un côté et M. le Recteur de l'autre.

Le clergé se chargeait de nous donner le Paradis après la vie, et il se chargeait aussi de nous donner pendant la vie quelques amusements. Parlons d'abord de la grande affaire qui était le paradis. Il fallait pour l'obtenir, obéir aux volontés de Dieu, que le recteur connaissait. En attendant que le recteur nous conduisît au ciel, il nous le faisait voir dans son église.

Voulez-vous y entrer? Le dehors n'avait rien de remarquable. Nous avons en Bretagne deux sortes d'églises de village ; les unes charmantes, c'est le petit nombre, les autres banales. L'Eglise de Saint-Jean était banale, des murs trop nus, un clocher pointu en ardoises. Elle était vieille, lézardée, penchée, et soutenue d'un côté par des troncs d'arbres posés en arc-boutants. La grande porte, vis-à-vis de l'autel, ne s'ouvrait que pour les processions. On entrait dans l'église par une porte de côté, en passant sous un ossuaire, spectacle qui m'effrayait horriblement, et que les paysans affrontaient avec une parfaite indifférence. L'intérieur était orné de nombreuses statues en plâtre, grossièrement coloriées, et d'une table de pierre placée au milieu qu'on appelait le tombeau de Saint-Jean, et qui avait été peut-être un cromlech. Quoique assez grande elle était complètement remplie le dimanche. Les femmes étaient à genoux au bas de la nef, où leurs cornettes empesées formaient comme une nappe immense. Les hommes étaient debout devant elles. Nous avions près du chœur, presque sous la chaire, un petit coin d'où l'on voyait bien l'autel, et où nous avions mis une douzaine de chaises. Nous étions tous très fiers de cette pauvre église, et nous soutenions avec acharnement qu'elle était plus belle que celle de Bignan et de Plumelec.

Elle avait au moins sa merveille, contre laquelle ne pouvait rivaliser aucune des richesses des deux autres. C'était sa voûte qui affectait la forme des voûtes en pierre de taille. Les pierres de taille étaient remplacées par des planches de sapin ; mais, sur le vaste espace en plein cintre, un artiste de génie avait peint le paradis et l'enfer. Ce dôme flamboyant s'étendait sur tout l'édifice, depuis le chœur jusqu'à la porte de sortie.

Le maître n'avait pas mis grande finesse dans son plan général. Le paradis remplissait le côté de l'évangile, et l'enfer celui de l'Epître. Je connaissais mal le Paradis parce qu'à l'endroit où nous étions il se trouvait au-dessus de nos têtes et que nous n'aurions pu le regarder sans gagner le torticolis.

Au contraire, nous étions en bonne place pour voir l'Enfer qui nous faisait vis-à-vis. C'était un fourmillement de suppliciés dans une atmosphère de flammes et de fumée. Les flammes étaient rouges, jaunes, fourchues, effroyables ; mais ce qui était plus effroyable encore, c'étaient la variété, la multitude, et l'horreur des supplices. Au milieu s'étalait l'immense chaudière remplie de créatures qui cuisaient à grand feu. On suivait les progrès de la cuisson sur leurs chairs en partie blêmes et verdâtres, en partie rouges et tuméfiées. Les pauvres créatures s'efforçaient de sortir de leur casserole en montant les unes sur les autres, mais les diables armés de fourches les attendaient en ricanant, sur le bord, et les rejetaient dans l'eau bouillante. A côté de cette fournaise, d'autres damnés étaient étendus sur des tables de fer rouge, où des diables étaient sérieusement occupés à les découper en petits morceaux. D'autres étaient plongés dans des cuves remplies de vipères. Il y avait un petit carré où des têtes vivantes étaient rangées symétriquement, le reste du corps étant plongé dans la terre. Je passe les crucifiements, les pendaisons. Des diables faisaient tourner un cabestan dont les cordes n'étaient autre chose que les boyaux d'un certain nombre de damnés qui se voyaient ainsi dévidés peu à peu sur un immense fuseau. Ces inventions étaient si monstrueuses qu'après plusieurs années d'observations obstinées, je découvrais encore, dans un coin reculé, de petits diables microscopiques, occupés à taquiner de tout petits damnés, en leur enfonçant des épines sous les ongles, en leur arrachant les dents avec gravité, ou en leur crevant les yeux.

Mais ce qu'il fallait voir, c'étaient les diables. Ils étaient uniformément rouges avec des queues et des cornes ; mais la ressemblance s'arrêtait là. C'était une accumulation de formes empruntées à toute la création animale. Je dois dire cependant que les pieds de boucs étaient nombreux. J'épuisai mes forces à découvrir leur chef. L'artiste avait sans doute désespéré de le rendre assez épouvantable. Il y avait pourtant un bouc, un bouc complet celui-là, bouc de la tête aux pieds, sauf qu'il avait une queue démesurée et six cornes au lieu de deux. Cela pouvait bien être Lucifer en personne. Je le demandai au recteur qui ne voulut pas me répondre. Je n'ai pas revu ce chef-d'œuvre depuis 70 ans. Il doit avoir disparu. Je suis sûr que si je le voyais, et qu'on y eût fait quelques changements, je reconnaîtrais les réparations à l'instant. La pensée de cet enfer m'est revenue, au Vatican, devant le Jugement dernier de Michel-Ange et m'a suggéré des réflexions métaphysiques dont je vous fais grâce.

Voici pourtant une réflexion que je ne puis taire. Nous avions tous passé notre vie en face de ce tableau redoutable, et nous en connaissions à fond tous les personnages. Il y avait cependant un jour où nous étions persuadés que nous venions de le découvrir. C'était le vendredi saint. Je ne vous apprends pas que M. Moizan, notre recteur, récitait ses sermons, et qu'il prêchait tous les ans la Passion dans les mêmes termes. Un des plus beaux passages contenait la description de l'Enfer. « Le voilà ! » s'écriait-il tout à coup en montrant le tableau qui était devant lui. Aussitôt toutes les têtes se tournaient vers la voûte, et l'effet de la vision était tellement irrésistible, que les cris et les sanglots éclataient et empêchaient le prédicateur de continuer pendant un bon quart d'heure.

La population n'avait pas d'autres plaisirs que ceux de Joas :

> J'entends chanter de Dieu les grandeurs infinies,
> Je vois l'ordre pompeux de ses cérémonies.

Les grandes fêtes de l'Eglise étaient nos grandes fêtes : Noël avec sa messe de minuit ; Pâques, la Pentecôte, l'Assomption, la Fête-Dieu, avec sa procession étaient rêvées longtemps d'avance et donnaient, quand elles étaient venues, une agréable occupation aux femmes pour parer l'église et l'autel, élever des reposoirs, chanter des cantiques. Les hommes tiraient des coups de fusil, préparaient des feux de joie. Il faut avoir vu ces solennités pour savoir ce qu'on peut faire avec un clergé composé de deux personnes et une église qui aurait ressemblé à une grange, sans les peintures de la voûte. Aux fêtes consacrées par la religion, s'ajoutait la fête du Roi. Mais la fête du Roi était aussi la fête de Saint-Louis ; tout se passait à l'église. Il n'y avait au dehors que le tir. Comme on se rendait processionnellement au feu de joie, et que le recteur y chantait le *Tantum ergo*, on pouvait aisément prendre toutes ces solennités comme des actes de la célébration du culte. Elles l'étaient en effet. Le clergé, avec une habileté consommée, avait transformé la fête de Louis XVIII en fête de Louis XVI. Il était à peine question de Louis IX ; on en faisait une courte apologie pour montrer que la France devait aux Bourbons tout ce qu'elle avait de gloire et de prospérité ; après quoi, il se faisait un grand silence. On enlevait les pots de fleurs qui paraient l'autel, le recteur et le curé ôtaient leurs vêtements de fête ; ils se prosternaient au pied de l'autel, où ils priaient quelque temps à voix basse. Puis le recteur montait en chaire d'un air pénétré, et après avoir, en deux mots, rappelé l'histoire du Roi martyr, qui était, il ne faut pas l'oublier, de l'histoire contemporaine pour tous les assistants, il donnait lecture, en français, du testament de Louis XVI. On l'écoutait debout, c'est-à-dire, que les femmes se levaient, car les hommes étaient toujours debout pendant les offices, quelle qu'en fût la durée. On était debout encore pendant que le vicaire montait sur le tombeau de Saint-Jean, lisait le même testament traduit en breton. Toutes les femmes pleuraient pendant cette lecture. Le cortège se formait ensuite pour rentrer dans le chœur : d'abord les enfants de chœur, puis les deux chantres, vêtus d'une chape ; puis le maire, portant le texte du testament qu'il déposait sur l'autel, et enfin, le recteur et le curé qui s'arrêtaient au bas de l'autel pour reprendre les chapes de cérémonies. Les chants éclataient alors pendant que la procession se formait pour aller tirer le feu de joie. Comment les enfants élevés dans ces cérémonies, et qui n'en voyaient jamais aucune autre, n'auraient-ils pas été royalistes ? Le culte du Roi n'était que l'une des formes du culte de Dieu. C'était la foi de nos pères. Les brigands, c'est-à-dire les bleus, s'il s'en trouvait là, devaient rougir de leurs anciennes erreurs, et jeter sur la peinture de l'Enfer des regards d'épouvante.

Le jour de la Saint-Jean était marqué par une réjouissance particulière. On nous jouait la tragédie. C'était quelquefois la Passion, quelquefois aussi, c'était l'histoire d'un martyr. Je me rappelle une *Vie de Saint-Louis*, qui était tout ce qu'il y avait de plus beau; une *sainte Philomène*; *saint Cosme et saint Damien*. On ne jouait la tragédie qu'une fois par année. Les acteurs étaient toujours les mêmes. Quand l'un d'eux venait à mourir ou à quitter son rôle pour quelque cause, il y avait de longues délibérations pour son remplacement en présence du recteur, qui décidait. On pense qu'il était difficile d'apprendre un rôle pour des acteurs qui ne savaient pas lire. Ils faisaient des répétitions pendant l'année, quelques-unes en costumes, où toute la population du bourg assistait. Dans le mois qui précédait la fête, les acteurs se réunissaient chaque semaine, en costume, portant tous une branche d'arbre au bout de laquelle se balançaient des rubans, et ils allaient de ferme en ferme donner une aubade. Leur musique consistait en deux tambours et deux fifres. Ce sont les premiers plaisirs que la musique m'ait donnés. Je faisais allègrement deux ou trois lieues pour les entendre plus longtemps. On leur donnait quelques sous. Il paraît que la collecte était assez fructueuse. Elle servait d'abord à couvrir les frais de la représentation. Le surplus était distribué entre les acteurs.

Les rôles de femmes étaient très bien payés. Cependant deux rôles primaient tous les autres et recevaient la principale rémunération : c'étaient Jésus-Christ et le diable. Saint-Damien, dans *Saint-Cosme et Saint-Damien*, recevait aussi une haute paye, parce qu'il était écartelé. Cet écartèlement était le clou de la représentation et je pense que la tragédie, qui était médiocre, lui devait d'être restée sur l'affiche. On amenait quatre forts chevaux, on attachait le patient aux chevaux par les quatre membres; puis, quatre bourreaux montaient en selle et partaient au galop. On les avait perdus de vue, mais on les entendait encore quand les cordes commençaient à se roidir. A ce moment, trois affidés coupaient trois cordes, mais saint Damien était entraîné par la corde qui restait. Le mérite de l'acteur consistait à se laisser traîner jusqu'à ce qu'on criât de tous côtés : « Assez! Assez! coupez la corde! » Lui, tout ensanglanté, répondait : « Encore! encore! » A peine détaché, on l'entourait, on le félicitait, et il courait jusqu'au théâtre où il s'étendait de toute sa longueur en qualité de supplicié, tandis que les anges (dont j'étais) lui chantaient un cantique. Les amateurs discutaient, pendant ce temps-là, sur le mérite des acteurs. « En 1815, Jean Marie a été traîné jusqu'à Kerdroguen, et Adelys lui a donné une pièce de quinze sous. En 1816, Mathurin a été traîné jusqu'à Saint-Arnet. Oui, mais il était emmailloté dans une couverture ».

Le rôle de Jésus-Christ était aussi très fatigant

quand l'acteur était résolu et courageux. A Kériennec, il y avait un fort beau calvaire avec trois statues, Jésus-Christ et les deux larrons, tous les trois en bois, de grandeur naturelle. La tragédie se jouait devant le calvaire entre la messe et les vêpres. Un peu avant le premier son des vêpres, le cortège arrivait, Jésus-Christ portant sa croix qui n'était qu'une croix de circonstance, car on ne pouvait déplacer celle du calvaire, qui était très enfoncée dans le sol et trop pesante pour l'homme le plus fort. Mais si on n'avait pas déplacé la croix, on avait déplacé la statue. On attachait à sa place, par les mains ou par les pieds, l'acteur qui faisait Jésus-Christ, et on le laissait là sous la surveillance des deux soldats mentionnés dans les Ecritures, tandis qu'on allait chanter les vêpres. L'abbé Moizan les abrégeait le plus possible, car, malgré toutes les précautions prises, cette position des deux bras devenait pénible à la longue et même dangereuse. Nous n'étions qu'à demi-civilisés.

Vous voulez savoir pourquoi les femmes avaient une haute paie. Ce n'était pas par galanterie. On trouvait difficilement des garçons de charrue disposés à remplir ces rôles, parce qu'on leur donnait pendant toute l'année, et quelquefois toute leur vie, le nom de leur personnage. J'ai connu une certaine Annette, appelée ainsi pour avoir été plusieurs années de suite dame d'honneur de la Reine de Hongrie, et qui, n'étant connue que sous ce nom à Saint-Jean et à Vannes, avait fini par s'y résigner.

C'était le voiturier du samedi entre Vannes et Saint-Jean. Les passagers lui criaient : « Eh ! la mère, êtes-vous prête ? » Il répondait : « Me voilà, on part ! »

Les frais n'étaient pas considérables. Quelques barriques placées debout, sur lesquelles on jetait quelques planches faisaient le théâtre. Une toile tendue sur deux piquets le séparait des coulisses. Les spectateurs se tenaient debout, s'asseyaient sur les haies, apportaient une chaise, improvisaient un banc, montaient sur les arbres, et grimpaient jusque sur les toits. On faisait un costume avec les pièces de divers costumes qu'on allait emprunter quelquefois très loin. Je me rappelle un Caïphe en robe d'avocat, avec une mître d'Evêque, en papier d'argent. Il était superbe. Les Rois et les Empereurs avaient des couronnes en papier d'or ou d'argent. Les gendarmes de Plumelec et les douaniers de la côte fournissaient la garde-robe des généraux et des chefs d'armées. Je renonce à décrire la figuration d'une bataille rangée entre les Hongrois et les Sarrazins. Les Hongrois avaient tous de fausses barbes parce que les Hongrois portent de fausses barbes et des bottes montant sur leurs pantalons. Où avaient-ils pris tant de bottes ? Les Sarrazins portaient sur leur dos des couvertures de lit, ayant apparemment quelque vague idée des burnous. Je ne sais plus comment les femmes parvenaient à s'équiper. Ma mère fut souvent priée de prêter un châle ou un manteau, mais elle n'y consentit jamais ni pour elle ni pour personne de la maison. Elle donna pourtant, pour faire un manteau royal, une courte-pointe en cotonnade à raies roses et blanches. La Reine de Hongrie insistait beaucoup pour avoir un crayon. Un crayon ! Que pouvait-elle entendre par là ? On parvint enfin à le savoir : c'était un voile noir. Elle pensait que cet ornement rehausserait beaucoup la majesté de son costume royal.

Vous ne devineriez jamais comment on habillait Jésus-Christ et les Apôtres. Ils portaient une soutane sans ceinture ni petit collet. On avait voulu donner un petit collet à Jésus-Christ ; le recteur s'y opposa. Pour coiffure, comme il n'était pas possible de se procurer treize tricornes, on coiffait tous ces saints personnages d'une couronne de laurier en papier. Ils paraissaient très vénérables dans cet accoutrement, quoiqu'ils n'eussent guère, on le comprend, que des soutanes hors de service qui avaient eu longtemps affaire aux ronces de nos chemins.

Je voudrais pouvoir vous dire les noms des auteurs de ces tragédies. Je doute que personne les ait jamais sus. Ces compositions informes, qui suivent pas à pas les récits évangéliques ou les légendes ont été faites sans aucun soin. Il ne s'y trouve ni un mot, ni une scène que l'on puisse citer. Elles sont évidemment l'ouvrage de quelques vicaires qui les ont arrangées comme on tourne un compliment pour la fête de M. le Maire, ou pour celle d'un grand parent. Elles sont écrites en français et traduites en breton ; c'est, du moins, ce que j'ai cru comprendre dans les détails qu'on m'a donnés. Il n'y a pas lieu de faire une étude littéraire sur les tragédies bretonnes, mais c'est un côté curieux de l'histoire de nos campagnes il y a soixante-dix ans. Je ne serais pas surpris que l'on jouât encore *la Passion* ou quelque pièce analogue à *Saint-Cosme et Saint-Damien*; mais on les aura évidemment modernisées. On aura surtout perfectionné la mise en scène. Il n'y a plus de place nulle part pour la reine de Hongrie drapée dans une courte-pointe, ni pour le Diable avec sa queue et ses cornes emportant Judas aux enfers. Je crois bien que si un impresario campagnard s'avisait de mettre Jésus-Christ en croix pendant une heure, le médecin cantonal mettrait le holà ! Le monde que j'ai connu il y a trois quarts de siècle est allé où vont toutes les vieilles choses ; il n'en reste que des souvenirs, et ces souvenirs n'ont peut-être quelque charme que pour ceux qui les racontent.

Il ne faudrait pas croire qu'à Saint-Jean je faisais mon éducation comme les autres bambins du village, à la grâce de Dieu et de M. le Recteur. J'étais, au contraire, soumis à une discipline très sévère. J'obtenais quelquefois la permission d'aller faire l'exercice. J'avais un sabre qui avait coûté vingt-cinq sous à la foire de Locminé, et qui m'assurait les honneurs du commandement. J'assistais aussi, de loin en loin, au lancement d'un bateau microscopique sur la rivière, mais, en général, je ne voyais les autres enfants qu'à travers les fenêtres.

Je ne sais pourquoi toute cette population s'obstinait à nous traiter comme des seigneurs. C'était le costume probablement. M. Ozon, le maire, était dix fois plus riche que nous; il employait beaucoup de journaliers; il faisait beaucoup de bien aux pauvres. Mais il portait le costume du pays; c'était un paysan. Il parlait toujours breton. Quoique la surveillance de sa ferme lui donnât beaucoup de besogne, il mettait lui-même la main à la charrue dans l'occasion et passait pour un habile travailleur. Toutes ces particularités auraient dû le rendre cher à ses concitoyens. On l'aimait, on le respectait, on ne le regardait pas comme étant d'une race supérieure. Je note ce trait parce qu'il était encore frappant en 1820, au lendemain de la Révolution. Je trouvai les choses bien changées en 1848, quand je fis campagne en qualité de candidat. On n'allait pas encore jusqu'aux paysans, mais on voulait des compatriotes. On leur savait gré de n'être pas des étrangers, de ne pas affecter la supériorité. Un paysan fut élu dans le Finistère. Il me disait, en riant, qu'il devait son élection à son chapeau. Il en était tout autrement en 1820. On sait que le collège de Vannes, et les collèges analogues de Tréguier et de Lesneven furent longtemps remplis de garçons, de vingt à trente ans, qui étaient là pour se préparer à la prêtrise. On fait honneur de cette circonstance à la piété des parents et à la vocation des enfants. Beaucoup de ces aspirants ne parvenaient pas à entrer au séminaire. Après trois ou quatre années passées dans une classe de collège, où ils n'apprenaient rien et ne comprenaient rien à ce qui se faisait sous leurs yeux, ils renonçaient à pousser plus loin leurs études et rentraient dans leurs familles. Ils ne redevenaient pas paysans pour cela. Ils cherchaient quelque emploi de sacristain, de clerc de paroisse, de secrétaire d'un percepteur ou d'un receveur des droits réunis ; ils faisaient les courses d'un notaire, gagnant à peine, dans toutes ces industries, de quoi se vêtir et se sustenter. Quelques sages seulement se remettaient à la charrue ou consentaient à garder les vaches. Et quel était le motif qui les poussait à abandonner le métier paternel ? La vanité de porter un chapeau à haute forme et une redingote dépenaillée. Ils se faisaient appeler « Monsieur ». Ils se croyaient transformés en bourgeois. Je répète qu'il y a de cela un demi-siècle. L'entrée en cléricature était, avant la Révolution, le seul moyen pour le peuple des campagnes de pénétrer dans la bourgeoisie. Une famille de paysans qui comptait un prêtre parmi ses membres, se considérait presque comme anoblie. On cessait de tutoyer ses membres, on les saluait, on leur cédait le pas en toutes choses.

Nous avions un autre prestige que notre qualité de bourgeois : c'était notre maison. Elle était

magnifique, bâtie en pierre, avec un étage au-
dessus du rez-de-chaussée, cinq fenêtres de front à
chaque étage, qui toutes pouvaient s'ouvrir, et un
toit en ardoises. Elle était située au coin du cimetière, à l'endroit où le cimetière était surélevé, et
dominait la rue de près de deux toises. Il était, au
contraire, de plain-pied avec la rue des trois autres
côtés. On ne creusait pas de tombes devant chez
nous. Peut-être y avait-il un rocher à fleur de terre.
C'était au chevet de l'Eglise. Le chœur était si près
de chez nous que nous entendions distinctement les
psaumes et les cantiques. On descendait de là-haut
par un large escalier de pierre, qui aboutissait à un
terre-plein situé devant notre maison et sur lequel
mon père fit placer des bancs très solides, qui en
firent une sorte de petite promenade. Il est vrai
que, sur cette promenade, il y avait aussi du
fumier ; mais on disait unanimement que l'odeur
du fumier n'était pas désagréable, puisqu'elle
assainissait l'air. Je ne dois pas oublier un énorme
sapin qui ombrageait de ses branches épaisses le
chevet de l'église et un peu notre maison quand
l'ombre se portait de notre côté. C'était le seul
arbre du village, mais d'une élévation et d'une
beauté extraordinaires. Il abritait une nuée de
corbeaux, venus là, apparemment de la forêt du
Soul-Du. Leur voisinage était souvent incommode,
mais le recteur, sans que je puisse deviner pourquoi, tenait à ses corbeaux et ne voulut jamais
qu'on leur donnât la chasse. Il aurait d'ailleurs été

difficile d'en venir à bout, leur arbre était une forteresse.

Notre château s'appelait Kerjau (maison du cheval). Ce nom lui venait de son ancienne destination. Il servait autrefois d'auberge à l'enseigne du Cheval Blanc. Une auberge à Saint-Jean ! Il doit y en avoir plusieurs aujourd'hui ; mais y fonder une auberge en ce temps-là, c'était une prétention insensée. La porte, au milieu de la maison, donnait accès dans le couloir où était l'escalier. Ce couloir divisait en deux le rez-de-chaussée ; à droite, la cuisine, à gauche, le salon. Le premier étage était divisé en cinq petites chambres. Ce nombre suffisait amplement, parce que mes frères et mes sœurs étaient à Lorient pour faire leur éducation. Nous n'avions avec nous, à Saint-Jean, que ma plus jeune sœur, Hermine, qui était ma marraine, et qui avait dix ans de plus que moi. C'est elle qui est morte au Pérou, sœur de charité et supérieure de l'hôpital de Lima. Le cabinet de mon père était tout tapissé d'assignats. Il les avait reçus pour argent comptant et quand ils n'avaient plus été que des méchants chiffons de papier, il les avait collés sur la muraille pour qu'ils servissent au moins à quelque chose. Ils servaient à lui rappeler la fragilité des choses humaines. A cette même muraille étaient appendus par des épingles tous les portraits de la famille royale, depuis le Roi jusqu'à M. de Villèle. Mais il ne fallait pas se fier à ces portraits. Quand on les renversait, la tête en bas, on s'apercevait que, de ce côté-là, par une ingénieuse combinaison, ils représentaient l'Ogre de Corse, le roi de Rome, l'impératrice Marie-Louise. Il y en avait pour toutes les opinions.

Ce cabinet extraordinaire était situé au premier étage.

Les dépendances de la maison étaient sur le derrière : les écuries où nous avions des vaches, un cheval. Les cochons avaient plus loin leur établissement particulier.

La basse-cour, bien peuplée, était à côté, puis un parterre de fleurs, bien cultivé par Telin Charles. Aucun art, mais beaucoup de soin et de zèle. Des fleurs communes mais superbes. Le vrai jardin venait ensuite, immense. Il produisait assez de légumes et de fruits pour notre consommation et il nous arrivait encore de porter des paniers remplis jusqu'au bord chez nos voisins. Nous avions surtout une grande abondance de fraises, de framboises, de groseilles, de cerises, de prunes ; quelques pêchers dont les fleurs roses se mêlaient, au printemps, à la neige odorante des pommiers. Au-delà venaient les prairies pour nos vaches. Nous avions aussi quelques moutons. Il fallait se suffire à soi-même, car il n'y avait pas de marché à Saint-Jean-Brévelay. Le commerce y était représenté par un épicier, qui vendait toutes sortes de choses, excepté des épices : du drap, de la toile, du fil, des épingles, des images d'Épinal. J'allais oublier les abeilles, dans la description de nos richesses. Nous avions du miel excellent et en abondance. Mon père, dont l'inexplicable aversion pour le lait, s'étendait jusqu'au beurre, mangeait du miel à tous ses repas.

Notre pressoir était souvent mis en mouvement. Nous avions de grandes prétentions pour notre cidre; j'ignore si elles étaient justifiées. On employait uniquement les fruits de certains pommiers pour le cidre destiné à l'usage de la famille; on les triait avec soin; Telin Charles avait des règles dont il n'était pas permis de s'écarter sous peine d'excommunication. On venait déguster ses produits quand le moment était venu. On commençait toujours par faire la part du recteur.

Je disais donc que, grâce à notre provenance exotique, à notre qualité de bourgeois, à notre ignorance de la langue bretonne et à notre château magnifique, nous étions traités comme les seigneurs du pays. Ma mère ne tarda pas à donner de meilleures raisons de nous aimer. J'étais, de mon côté, un seigneur dans tout le petit monde des environs. Ils m'appelaient M. Jules en toute révérence, tandis que je les tutoyais sans cérémonie : j'avais le front de trouver cela tout naturel ; j'ai appris plus tard la démocratie scientifiquement. Je crois qu'il m'est resté de mon éducation des habitudes personnelles aristocratiques, et des relations démocratiques avec autrui.

Je vous ai dit qu'il n'y avait pas d'école dans le pays. Si vous étiez monté avec une longue-vue sur le haut du clocher, et si vous aviez regardé de tous les côtés, vous n'auriez aperçu nulle part rien qui ressemblât à une école. Il n'y avait ni école, ni asile, ni crèche, et comme les mères elles-mêmes étaient souvent obligées d'aller aux champs, on voyait les plus petits marmots grouiller dans les rues comme des petits chiens, crottés du haut en bas, à moitié nus, sales à faire peur, avec des taloches sur les yeux, des enflures, des égratignures, mal nourris avec cela, recevant soir et matin maigre et insuffisante pitance, moins bruyants que ne le sont en général les enfants, peut-être par épuisement de leurs forces, peut-être par habitude de la rue.

Je contrastais étrangement avec ces petits sauvages. J'étais aussi soigné, lavé, brossé, peigné, qu'ils étaient sales et abandonnés. Nous nous entendions à peu près, dans une sorte de langage composite où il entrait un peu de breton, un peu de français et beaucoup de mimique. J'étais, sans m'en douter, le principal propagateur de la langue française dans le bourg de Saint-Jean-Brévelay. J'étais loin d'être un désœuvré comme les autres. A sept ans, je savais lire, écrire et compter, et j'avais une orthographe passable. Je n'avais pas eu d'autre professeur que ma mère. Mon père était censé surveiller mon éducation de haut. Il la surveillait de si haut que je ne me souviens pas d'une seule de ses leçons. Il se faisait remplacer par Guillochon, qui relisait de loin en loin mes dictées et qui finit par me faire décliner *Musa*, la Muse. Ce Guillochon échoué à Saint-Jean et vivant presque dans la misère, était un ancien sous-officier de la garde qui aurait porté l'épaulette sans nos désastres de 1815. Ce n'était pas un jeune sous-officier d'avenir, comme il y en avait tant dans les armées impériales, mais un vétéran oublié, dédaigné, sur le corps duquel avaient passé une foule de freluquets, et qui serait enfin devenu sous-lieutenant de guerre lasse et pour en finir. Sa mauvaise chance l'avait poursuivi jusqu'au bout et il se trouvait là après le licenciement de sa demi-brigade. On ne savait de quoi il vivait, car Brien lui donnait à peine les gages d'un domestique. On l'envoyait chercher d'assez loin pour un apurement de comptes ou quelque besogne semblable, car il était bon comptable, et avait une écriture superbe. Il s'admirait dans ses écritures. Il avait un assortiment de règles, de crayons et de tire-lignes, dont il était très fier. En revanche, sa garde-robe faisait peine à voir. Il aurait pu améliorer sa situation, comme bien d'autres, en se mettant sous l'aile du clergé ; mais il était « esprit fort » et avait le malheur de le laisser voir. Les leçons qu'il me donnait se passaient à faire l'exercice. Je savais le maniement du fusil et un peu de fleuret, autant qu'on peut les apprendre avec un manche à balai et une gaule de coudrier. Nous y mettions, Guillochon et moi, un égal sérieux, persuadés l'un et l'autre que nous ne pouvions avoir d'occupation plus importante.

Cependant ma passion dominante était la lecture. Quand je pouvais trouver un livre, je quittais tous les jeux et tous les plaisirs pour aller me cacher à un certain endroit que j'affectionnais sous le bureau de mon père, où je restais des heures entières à déchiffrer le premier bouquin qui me tombait sous la main. Je n'étais pas difficile. J'avais d'abord ma bibliothèque personnelle, que j'avais relue cent fois et que je savais par cœur : des contes de Bouilly ; les *Contes jaunes* ; les *Veillées du Château*, de Mme de Genlis, qui me ravissaient ; deux ou trois volumes dépareillés de la bibliothèque des fées ; un almanach avec des anecdotes sur le sacre de Charles X ; *Robinson Crusoé*, dont je faisais mes délices. Je connaissais tous les coins et recoins de l'île mieux que Robinson lui-même. J'en rêvais, j'imaginais des grottes inaccessibles et des cages aériennes. Je ne sais quel bienfaiteur de l'humanité m'apporta le *Robinson suisse*. J'avoue que je le préférai aussitôt au Robinson original. Je ne sais guère d'autre histoire naturelle que celle que le *Robinson suisse* m'a apprise. J'avais déniché, je ne sais où, quelques livres, appartenant à un monde tout différent : l'*Histoire des Etablissements des Français dans les deux Indes*, par l'abbé Raynal. Je suis peut-être le seul homme du XIXe siècle qui ait lu ce pompeux et immense galimatias d'un bout à l'autre. Le livre m'ennuyait ; mais j'étais soutenu par l'admiration. J'avais aussi un morceau assez respectable d'un *Esprit des Lois*, dont le reste avait été jeté au feu. Pour celui-là, je ne parvins pas à y mordre ; je le lus, mais je ne le compris pas.

Mon plus grand bonheur, ma félicité suprême et ineffable fut de dévorer un livre qu'on a souvent tourné en ridicule, dont je ne me rappelle à présent que le titre et qui n'était autre que *Cœlina, ou l'Enfant du Mystère et de l'Amour*. Il formait une douzaine de volumes, mais c'étaient des volumes grands comme la main. Par malheur, je n'en avais que huit. Qu'étaient devenus les autres? Je suppose que ma mère les avait trouvés et détruits, car elle faisait aux romans une guerre acharnée, et je faisais une grave faute en les lisant. Mais si délicieuse! Tout me plaisait, jusqu'aux figures. Il y en avait une où l'on voyait Cœlina, en toilette de bal, s'éloignant de l'abbaye toute illuminée pour une fête, et prête à s'enfoncer dans la forêt pour éviter le mépris que devait lui attirer la découverte de sa naissance. Je crois que j'aurai épuisé la liste de tous mes trésors si je mentionne encore : *Alexis ou la Maisonnette dans les Bois* et *Tarare*, de Beaumarchais.

Tarare, Tarare, Tarare!

Je n'y comprenais absolument rien. Est-ce là que j'avais trouvé cette invocation à Vénus qui m'est restée longtemps dans la tête :

Nous t'en prions par tes rubans,
Ton masque, ta coiffe et tes gants.

Il y avait de quoi me troubler à jamais le goût et la raison, d'autant plus que j'ai toujours été ce que j'étais, dès ce temps-là, une bête ruminante. On avait beau m'arracher mes livres; je les savais par cœur, et je me les répétais la nuit au lieu de dormir. Heureusement que l'âge de la première communion arriva. On me la fit faire à dix ans. Tout s'effaça devant la Bible et le Catéchisme de persévérance. Ma mère, en femme prudente qui voulait guérir une passion par une autre, m'acheta des petits opuscules : *Tobie*, *Job*, etc... Je m'enthousiasmai aussitôt pour ces nouveaux amis, et l'absence de Cœlina me devint moins cruelle.

Je regrette de finir le récit de ma première enfance sur ces confidences. Je souffrais beaucoup, il y a 70 ans, quand j'étais obligé de les faire à mon confesseur. L'abbé Moizan, je me le rappelle, les écoutait en souriant. Ce sourire me soulageait un peu, malgré les paroles sévères dont il était accompagné. Quand je changeai de confesseur, c'est-à-dire, quand je quittai Saint-Jean, je regardai comme un devoir de faire connaître à mon nouveau père spirituel cette grande abomination de mes premières années.

Le Père Leleu, qui, en général, était indulgent, n'accueillit pas cette terrible confession avec un sourire. Il en fut à la fois consterné et irrité. Il me menaça de l'enfer, et j'en ressentis une telle impression que personne ne me vit sourire pendant plusieurs mois. On me disait de tous côtés : « Qu'avez-vous ? » Il finit par s'en apercevoir. Le pauvre homme ne se savait pas si éloquent. Dès qu'il connut le mal, il lui fut facile de lui appliquer le remède, et je revins à la gaieté, c'est-à-dire à la vie.

Je ne sais pas si tout le monde a la mémoire faite comme la mienne. Les années de 1818 à 1824 sont celles que je revois le plus distinctement. Rien ne m'échappe des plus petits détails. Je revois notre coin à l'église, l'autel où je remplissais l'office d'enfant de chœur en amateur, c'est-à-dire que j'en faisais les fonctions sans en porter l'habit; le jour de ma première communion, où l'on me fit monter sur le tombeau de Saint-Jean, pour renouveler, au nom de tous, les promesses du baptême; la course effrénée de ma mère quand elle me ramena à la maison, parce qu'elle était pressée de me couvrir de baisers et de larmes.

Je vois à présent la maison telle qu'elle était réellement: une pauvre maison; mais on y était si heureux! on s'y aimait tant! on y faisait tant de bien! C'était la maison des pauvres et des malades. On disait dans le pays: la maison du bon Dieu. Ma mère passait sa vie à consoler et à soigner. Mon père avait un jour, chaque mois, pour vacciner et pour donner ses consultations. Il avait eu bien de la peine à introduire le vaccin; M. Moizan avait eu beau prêcher et ordonner. Il fallut donner un écu de trente sous aux dix premiers qui se présentèrent. Il en vint d'autres après cela. Il en vint des communes voisines, et ma mère dût apprendre à vacciner.

Si vous avez toujours vécu à la ville, vous ne savez pas le plaisir qu'on éprouve à visiter les journaliers sur les cinq heures, à leur apporter du pain et du cidre bien frais, à botteler avec eux la paille et le foin, à monter sur le haut des meules et à y trouver un camarade qui vous fait dégringoler plus vite que cela. J'avais une fourche de ma taille pour aller jouer avec les autres. Comme on chantait ! Les filles savaient autant de chansons qu'il y a de jours dans l'an. Il y en avait quelques-unes en français qu'on me faisait répéter, et on poussait, en m'écoutant, de grands éclats de rire. M. Chéravin finit par découvrir qu'on riait de ma mauvaise prononciation. Le fait est que je ne prononçais pas le français comme eux.

C'était un homme étonnant que ce M. Chéravin. Il avait vu du pays, car il était né à Saint Brieuc, dans un autre département. Il jouait de la clarinette. Par malheur, il n'en jouait pas souvent. Il était meilleur chrétien que son commis, M. Brien, qui n'allait jamais à l'église que pour la grand'messe. Une année il me donna, pour mes étrennes, les bustes de la famille Royale en sucre candi ; le Roi, le Dauphin, la Dauphine en sucre blanc, le duc d'Orléans et le prince de Condé en sucre rouge. Je l'invitais souvent à venir dans mon jardin qui était derrière le carré des haricots rouges. Plusieurs des embellissements qu'on y remarquait étaient son ouvrage. Il avait fait la mâture de mon bateau. Quand nous allions le mettre à l'eau à Pontécouvrant, c'était lui qui le portait plus de la moitié du chemin. La boue et l'obscurité ne l'inquiétaient pas. Le chemin de Saint-Jean à Pontécouvrant était si étroit et si profondément enfoncé entre les deux haies, qu'on était obligé de marcher dans l'eau : heureusement que nous avions tous des sabots. Il fallait s'arrêter à chaque instant pour cueillir du chèvrefeuille et des églantines et en faire des bouquets à ma mère. Elle arrivait toute fleurie au bord de l'eau, et nous distribuait ensuite ses fleurs, qu'Hermine mettait dans ses cheveux, et nous autres hommes à nos boutonnières. J'étais un homme de dix ans dans ce temps-là. O, l'heureux temps ! Le recteur était quelquefois de nos parties. Il nous racontait des histoires de la Révolution. Il lui arrivait aussi de nous mener goûter au presbytère.

La vieille Anna, sa servante, accueillait toujours les invités en grommelant ; après quoi, elle les comblait de friandises et leur faisait tâter de ses crêpes et de ses caillebottes.

Quand j'avais bien couru toute la journée, que j'avais servi la messe le matin, fait des armes avec Guillochon, et le tour du champ de Colas avec maman, quand mon cahier de verbes et de dictées était au net et quand Cœlina ne m'absorbait pas outre mesure, c'était un moment délicieux pour moi que celui où je sentais venir le sommeil. Je pensais que tout le monde m'aimait et que j'aimais tout le monde. Je pensais qu'on m'aimerait encore plus quand je serais grand parce que je ferais plus de bien. Ma pensée flottait entre le désir d'être un jour capitaine avec des épaulettes d'or et celle de devenir avocat et d'étonner tout le monde par mon éloquence. Le sommeil bienfaisant venait par là-dessus. Je me réveillais le matin, gai comme un pinson, et je commençais par embrasser tout le monde pour me mettre en train.

Une des fêtes de mon enfance les plus célèbres pour moi était la fête de Noël. Je la revois encore aujourd'hui. Il me semble que je retrouve tout, même l'enfant que j'étais alors avec un certain nombre de bons génies qui l'entouraient en souriant pour lui donner du bonheur et du courage, et qui se sont évanouis l'un après l'autre. Je ne vous cache pas que ces souvenirs remontent à beaucoup plus d'un demi-siècle. Il me semble que c'était hier, et même parfois que c'est aujourd'hui.

Nous étions dix-huit à la table de famille et voilà longtemps que je suis seul.

Vers onze heures le bruit des sabots dans toutes les directions annonçait l'arrivée des paysans. Ils venaient tout droit jusqu'à la maison où les femmes seules entraient. Les hommes restaient, quelque temps qu'il fît, sur le terre-plein qui ne tardait pas à être débordé. Le village n'était pas grand, mais la paroisse s'étendait fort loin et était très populeuse. A moins d'être retenu dans son lit par une grosse maladie, on venait à la messe de minuit. Il y avait là bien près de trois mille personnes. La foule couvrait les rues qui entouraient le cimetière et le cimetière lui-même. Le recteur se tenait dans la cuisine, devant un grand feu, où étincelait la bûche de Noël, qui n'était autre chose qu'un tronc d'arbre non débité ni dégrossi.

Notre recteur était, pour nous tous, grands et petits, un grand homme. Nous l'adorions. Ce n'était pas à cause de sa charité : on n'est jamais étonné en Bretagne de voir un prêtre donner tout ce qu'il a ; mais on l'adorait parce qu'il était l'un des héros obscurs de la guerre des chouans. Il avait été l'aumônier, le pourvoyeur et le chirurgien de ce qu'on appelait dans le pays l'armée de Cadoudal. Tous les hommes qui étaient là avaient été ses compagnons de péril vingt ans auparavant, et les plus jeunes savaient qu'il avait été l'ami et le consolateur de leur père. Il était revenu en 1802, avec la religion, et depuis ce temps-là (nous marchions sur 1822) il n'avait pas découché du presbytère de Saint-Jean.

Au coup de minuit les deux cloches commençaient leur joyeux carillon, le recteur se découvrait et debout sur le perron, il disait les prières de l'Angelus. *(Angelus Domini nuntiavit Mariæ)*. Le peuple répondait. Sur la dernière syllabe il commençait à monter suivi de toute la congrégation, le haut escalier de pierre qui conduisait au cimetière et qui était devant nos fenêtres. Un quart d'heure après il était au pied de l'autel.

Comme je me souviens des moindres détails extérieurs, je me souviens aussi de mes impressions. Elles étaient toutes dans la première partie de la cérémonie, à l'admiration et à la joie. La famille était placée à l'aise sous la chaire ; elle avait des chaises, les seules qu'il y eût dans l'église. On voyait de là toute l'assemblée ; d'abord les hommes, tous debout, remplissant la nef depuis la balustrade du chœur jusqu'à la table de Saint-Jean, sur laquelle les fidèles déposaient leurs offrandes, une quenouille garnie, une pièce de toile, une motte de beurre, une paire de poulets, des sabots, toutes les richesses de la création. Trois gendarmes, sabre au clair, entourant l'autel, et le maire avec ses deux adjoints, debout du côté de l'évangile, ceints tous les trois d'une écharpe de soie blanche, n'ajoutaient pas peu à l'éclat de la cérémonie.

Je savais de science certaine que l'Enfant Jésus allait descendre au milieu de nous au moment de l'élévation ; mais je savais aussi qu'on ne le verrait pas, ce qui diminuait singulièrement ma joie. Sa figure m'était familière, car mes sœurs avaient eu soin de me donner son portrait fait en cire par un artiste de Lorient. Je n'en regrettais pas moins de ne pouvoir lui baiser la main en signe de tendresse et d'admiration. Je me sentais le cœur plein de reconnaissance pour lui, surtout quand je songeais qu'il n'oublierait pas une paire de souliers que j'avais placée dans la cheminée de ma chambre, de concert avec ma tante Gabrielle, avant de partir pour l'Eglise. Au milieu de cette agitation un peu mondaine subsistait un profond étonnement. Cet enfant était Dieu. Comment étant Dieu pouvait-il être un enfant ? Il me semblait qu'il aurait pu être recteur, s'il avait voulu. Et comment pouvait-il être à la fois dans toutes les églises? Etait-il en même temps dans le Ciel?

J'avais fait part de mes inquiétudes à M. Moizan, notre recteur, dès l'année précédente. Mais il n'avait fait qu'en rire. « Regarde si cela me trouble, moi qui suis plus sage et plus savant que toi... Ce sont de sottes pensées qu'il faut chasser sous peine de désobéissance. Il te suffit de savoir que l'Enfant Jésus est là, et qu'il est ton sauveur et ton bienfaiteur. J'espère que tu en es bien persuadé? » Je n'avais garde d'en douter. « Et tu crois aussi qu'il faut aimer ton père et ta mère et leur obéir? » Je le croyais certainement. « Et ton recteur? » Oh! oui, de tout mon cœur. « Et qu'il faut faire à tous les hommes tout le bien possible, parce que c'est la loi de Dieu? » Je le crois. « Qu'as-tu besoin de te mettre autre chose dans la cervelle? » Puis il se recueillit un moment en marmottant une prière, et faisant en l'air un signe de croix, il me dit : « Allez en paix et ne péchez plus. »

Ces souvenirs me revenaient à l'esprit, pendant qu'on chantait les cantiques en langue bretonne. Je prenais la résolution de ne plus avoir de curiosité puisque la curiosité déplaisait à l'Enfant Jésus. C'était un enfant et pourtant c'était un Dieu. Profond mystère. Mais ma mère ne cherchait pas plus loin et M. le Recteur non plus. Je ne pouvais pas être plus exigeant que les autres, je reconnaissais humblement que je n'étais qu'un enfant, et de plus, un ignorant. Mon esprit finissait par être totalement absorbé par ces réflexions et par les efforts que je faisais pour leur échapper. La fatigue aussi m'envahissait. Je sentais avec effroi venir le sommeil dont je bénissais la venue les autres jours. Je finissais par être terrassé dans cette lutte inégale.

Je n'étais pas trop étonné, quatre heures après, de me réveiller dans mon lit. Je savais que je n'y avais pas été porté par l'Enfant Jésus, ni par les anges, mais par ma tante Gabrielle ou peut-être par ma mère elle-même. Je savais aussi, et c'était ma première pensée, que ce jour-là était celui où l'Enfant Jésus faisait ses largesses. Mes premiers regards s'étaient portés sur la cheminée, et j'avais vu juste à la place où je l'attendais, un gros paquet qui venait probablement du ciel.

Je n'avais fait que l'entrevoir, parce que j'avais immédiatement fermé les yeux, docile à un commandement exprès qui interdisait de regarder dans la cheminée avant d'avoir reçu le baiser maternel.

J'ose dire que je déployais un véritable courage moral en restant les yeux fermés, malgré une tentation de cette force. Je récitais pour me fortifier, l'oraison dominicale où se trouvent ces mots dont je comprenais toute la force : « Et ne nous induisez pas en tentation ». La tentation me venait par instant de croire que c'étaient ma mère et mes sœurs qui faisaient l'office de l'Enfant Jésus, et je me promettais d'examiner attentivement les enveloppes pour voir si je n'y trouverais pas l'adresse du *Nain bleu* ou du *Chat botté*.

Puis je me souvenais que l'abbé Moizan m'avait appris que l'Enfant Jésus avait recours à des intermédiaires pour répandre ses bienfaits. Lui-même, l'abbé Moizan, et M. Coffic, son vicaire, avaient reçu plusieurs commissions de ce genre.

Je n'en étais pas moins dans une grande agitation, partagé entre le désir de voir ce qu'il y avait dans le paquet, et le désir très ardent et très lancinant de savoir comment il était venu là. Ce désir était sans doute criminel. C'était peut-être le démon nocturne dont il est question dans l'Eucologe et qu'il faut chasser de sa pensée... Enfin, ma mère arrivait et avec elle la délivrance.

Pendant que je coupais les ficelles et que je déchirais les enveloppes, l'hérétique disparaissait complètement pour faire place à l'Enfant enivré des merveilles de l'industrie lorientaise. Je n'étais pas de ces dédaigneux et de ces volages qui jettent un jouet après s'en être servis une journée. Je suis de la race des persévérants. Je m'attache à tout ce qui m'a fait du bien, et ce que j'ai une fois aimé, je l'aime toujours.

Que n'ai-je pu garder les témoins de ma longue vie ! Ils me rendraient aujourd'hui les mêmes services qu'autrefois. Je leur rendrais la même amitié. Nous constaterions, avec un peu de honte et peut-être aussi avec une secrète joie, que l'âme ne change pas autant que le corps. Je sais bien, parbleu, que je suis un vieillard, mais quand je réfléchis le matin quelques instants, à l'heure où ma mère venait me baiser, je me dis quelquefois que je suis encore son enfant.

Un de mes souvenirs les plus précis et les plus touchants se reporte vers ma petite tante Vincente, et je ne me doutais guère que je solliciterais pour elle plus tard un prix de vertu à l'Académie.

Nous l'appelions tous notre tante Vincente, grands et petits. La vérité est que nous ne sûmes qu'après sa mort, d'où elle venait et qui elle était. Son père était un enseigne de vaisseau retraité qui était sorti de la maîtrise et n'avait pas un sou vaillant en dehors de sa retraite. Il était avec cela chargé de famille. Vincente essaya de gagner de l'argent par divers moyens sans y parvenir, et comme c'était un esprit résolu, elle prit le parti de se mettre en service. « Je ne leur serai pas à charge plus longtemps »... dit-elle. Il ne fallait pas songer à obtenir le consentement de ses parents. Elle partit ou plutôt elle s'évada et réussit à faire perdre ses traces. Venue à Vannes dans la rotonde de la diligence, elle se jeta « dans les terres » comme nous disons dans le pays, c'est-à-dire qu'elle s'éloigna du bord de la mer. Elle fit une assez longue route à pied, en portant un petit sac qui contenait toutes ses possessions, sans savoir où elle était et où elle allait, et tomba épuisée de faim et de fatigue à la porte de M. Ozon le maire de Saint-Jean-Brévelay... Elle disait plus tard à M. Ozon (elle n'eût jamais d'autre confident) que c'était Madame Sainte-Anne qui l'avait menée là, par la main.

Vincente avait été bien élevée. Elle lisait couramment, écrivait tant bien que mal, avec une orthographe impossible. Elle savait les trois premières règles sur le bout des doigts, mais elle n'avait jamais pu mordre à la division. Elle tricotait, cousait et filait admirablement. Enfin, elle possédait deux langues; le français d'abord, et le bas-breton, le breton de Vannes, qu'on parle à Lorient et à Saint-Jean.

Elle demanda au maire, dans leur première entrevue, de la prendre pour fille de ferme. Mais il n'avait pas de place et puis elle ne savait rien ! ce qui signifiait qu'elle ne savait ni couper l'herbe, ni traire les vaches, ni faire le beurre. Ce fut le maire qui, après plusieurs carrières successivement proposées et repoussées, eût l'idée de la faire maîtresse d'école. Il n'y avait d'école ni à Saint-Jean, ni à Bignan, ni à Guéhenno, ni à Plumelec. « Je donnerai l'exemple en vous envoyant ma fille Julienne, qui a 14 ans, lui dit-il. — Je vous logerai dans une maison que j'ai « sur la place ». Il aurait pu dire : « sur le cimetière » : mais c'est le bel endroit du bourg.

La maison en question n'avait pas été habitée depuis quinze ans. On ne trouve pas à louer dans ce pays-là. J'y ai connu plus d'un mendiant qui était propriétaire de la maison où il demeurait. Je vous laisse à penser quelle maison ! Celle de Vincente n'avait qu'une pièce, qui recevait le jour par une lucarne. Elle était couverte en chaume, ce qui est plus chaud qu'un toit d'ardoises. Les planchers étant un luxe ignoré à Saint-Jean-Brévelay, on devait se contenter de la terre battue que les grandes pluies transformaient en boue inextricable. Le maire fit clouer quelques planches qui partagèrent la maison en deux pièces : un trou obscur que Vincente appela sa chambre et la « salle » où il y avait la lucarne et une cheminée et qui devint la salle d'école.

La difficulté fut de trouver des élèves. On dit d'abord qu'on paierait ce qu'on voudrait. Personne ne vint, excepté Julienne, qui fut toute seule pendant le premier mois. Le maire annonça qu'on pourrait suivre l'école pour rien. Il fallut les exhortations réunies du recteur et celles de ma mère, qui était la troisième autorité du bourg, pour amener six ou sept filles ; il n'était pas question des garçons. Saint-Jean-Brévelay diffère en cela de toutes les autres communes, où l'instruction des garçons a devancé celle des filles de plusieurs années. Ma mère donna à tante Vincente une miche par semaine, c'est-à-dire autant de pain de seigle qu'elle en pouvait manger. Il était terriblement dur le samedi matin ; mais personne ne se donnait le luxe du pain blanc et du pain tendre. Ma mère donna aussi la permission de prendre du bois dans le bûcher à discrétion. Deux riches fermières fournirent des choux et des légumes. C'est l'argent qui ne vint pas. On aurait dit que l'argent n'avait pas cours chez nous, tout se faisait par échange. Le liard qui était la quatrième partie du sou, était la monnaie courante, mais on n'en voyait pas souvent, et ma tante Vincente n'en voyait jamais.

Elle se félicita tout haut de vivre dans l'abondance. Elle n'avait pas rêvé une pareille fortune. Tous ses vœux étaient dépassés. Il se trouva, d'ailleurs, qu'elle était excellente maîtresse. On ne connaissait pas dans ces temps préhistoriques, vos écoles normales, vos brevets et vos inspecteurs. Il est vrai qu'on ne connaissait pas non plus les écoles. Celle de Vincente était une curiosité. On venait de Guehenno et de Meulon pour la voir. On disait à Vannes : « La Commune de Saint-Jean a une école pour les petites filles ». Les protectrices du nouvel établissement, et Mme Ozon à leur tête, commencèrent à prétendre, au bout d'un an ou deux, qu'on ne voyait plus dans le bourg moitié autant de déguenillés, parce que les élèves de tante Vincente s'appliquaient sans relâche à recoudre et à « dabonner » les hardes de leurs parents. Le recteur Moizan, qui avait de l'amour-propre pour sa paroisse, disait le dimanche, après avoir serré la main de tout son monde dans le cimetière et admiré leurs guenilles rapetassées : « Qu'on m'en montre autant à Plumelec et à Bignan ! »

Une des qualités de la tante Vincente était d'être toujours gaie. Elle ne voyait jamais les choses que par leur bon côté. Sa bonne figure était tout naturellement souriante. Elle avait un rire sonore qui s'entendait au loin. On disait : « Bon, voilà la tante Vincente ! » Et tout le monde se mettait à sourire par anticipation. Tout le monde, c'est toutes les femmes que je veux dire ; car pour nous autres, nous sommes toujours graves et taciturnes dans toute la presqu'île. Les hommes n'en étaient pas moins heureux de l'entendre et de la voir. Il y en avait toujours une douzaine debout autour de sa porte pendant qu'elle causait le soir avec ses voisines.

Elle eut pourtant un sujet de chagrin quand le préjugé qu'on avait contre l'instruction fut vaincu, et que son école commença à se remplir. C'est qu'il vint des enfants qui avaient, comme elle disait, le ventre creux. Elle les voyait souffrir de la faim sous ses yeux. Elle tira de l'une d'elles l'aveu qu'elle n'avait pas mangé depuis l'avant-veille. Elle partagea ses repas avec elle depuis ce jour-là ; mais la pitance, qui était convenable pour une seule, devenait insuffisante pour elles deux. Quand la mère de la pauvre enfant vint à mourir, tante Vincente la garda tout à fait. Elle la fit coucher dans son lit, quoiqu'elle n'eut qu'une méchante couverture étroite et déchirée.

C'est alors qu'elle fit une grande découverte ; c'est qu'il n'était pas plus difficile de nourrir deux personnes qu'une seule. Les premières semaines avaient été dures. Au bout d'un mois ou deux, les provisions se trouvèrent tellement augmentées que Vincente put ajouter deux, trois, quatre nouvelles venues à sa première pensionnaire. Il fallait l'entendre dire, avec son air capable : « Personne n'a faim, chez moi ! » Et, c'était vrai, personne n'avait plus faim. Elle réussissait même, ou à peu près, à vêtir les enfants ; la difficulté était de les coucher. On faisait un lit avec un sac de varech, qui ne coûtait rien ; mais les couvertures et l'espace manquaient. On laissa le dortoir empiéter sur la classe.

Quand il faisait beau, on entassait les sacs de varech devant la maison. Vincente assurait que c'était tout bénéfice, à cause de la ventilation ; mais les mauvais jours, qui étaient presque tous les jours, on empilait les lits et les enfants dans un espace dérisoirement insuffisant.

— « Bah ! disait Vincente, ce ne sont pas des princesses ! » Je ne vous dirai pas quelle fut la bonne conseillère et la bonne quêteuse qui la conduisit dans tous les châteaux du voisinage, et qui parvint à mettre dans les intérêts M. Morilet, le grand médecin de Vannes. Quand Vincente fut une fois sur cette voie, elle déploya toute son énergie ; et le résultat, en moins d'un an, fut le dispensaire avec ouvroir que vous pouvez admirer à Saint-Jean-Brévelay et qui donne l'hospitalité de jour et de nuit à douze jeunes filles, de l'éducation à toutes celles qui en ont besoin et des soins à tous les malades. Vincente était devenue avec le temps la maîtresse de toutes ces belles choses et la bienfaitrice du pays où elle était venue en mendiante trente-deux ans auparavant.

Je me rappelle encore la visite intéressée que je fis à Maxime du Camp, pour lui arracher un prix de vertu. Il m'écouta d'abord avec la gravité d'un juge incorruptible, en caressant sa longue barbe grise. Puis, à mesure que j'étalais les pièces sur son pupitre, je voyais ses traits se détendre. Quand je surpris une larme dans ses yeux, je compris que la cause était gagnée.

— « Nous lui donnerons mille francs ! » dit-il, en frappant un grand coup de poing sur la table. Mille francs ! Je n'en avais espéré que la moitié. L'Académie, après avoir entendu Maxime du Camp, vota cette forte somme avec unanimité.

Quand j'annonçai cette bonne nouvelle à Vincente, quelques jours après, je trouvai que j'avais maintenant affaire à un esprit de premier ordre. « Je n'ajouterai pas une pomme de terre à l'ordinaire de mes enfants, dit-elle. Il faut songer au lendemain. Brigitte, qui viendra ici après moi, les soignera comme une mère ; mais elle n'a pas le cœur à demander. Il faut lui préparer des ressources ».

C'était désormais son unique souci. Ses derniers jours se sont passés à chercher des ressources pour son œuvre. Elle y a épuisé ses forces ; mais elle a réussi. Quand sa maison a été reconnue comme établissement d'utilité publique, Mme La Goublaye lui a donné par testament, une métairie.

Nous avons assisté Vincente à son lit de mort. M. Ozon était encore là, et M. Moizan, le recteur, qui est mort la même année. Ma mère nous avait quittés depuis longtemps. La pauvre Vincente souffrait horriblement depuis plusieurs mois. Elle ne parla que de « la maison » jusqu'à la dernière minute. « Nous ne sommes pas riches, disait-elle, mais notre vie est assurée. C'est ce qu'il fallait ; je ne voulais rien de plus. Je dois tout à l'intercession de la bonne madame Sainte-Anne-d'Auray, et à votre bonté », dit-elle en regardant ceux qui l'entouraient en pleurant. Ses yeux s'arrêtèrent un moment sur moi. Elle eut la force de me prendre la main et de m'attirer près de son visage, de sorte que j'entendis ses derniers mots qui me descendirent dans le cœur comme une bénédiction. Elle avait dit : « Et à ma bonne chère sainte Marguerite » (1).

(1). Marguerite est le prénom de la mère de Jules Simon.

AU COLLÈGE

Au Collège

A Saint-Jean-Brévelay, dans mon enfance, comme je l'ai dit, il n'y avait jamais eu d'école.

Nous avions à la paroisse deux enfants pour répondre la messe qu'on appelait des choristes et auxquels le recteur prétendait montrer le latin. Il lui était difficile de l'enseigner, ne le sachant pas, mais il leur avait appris à le lire. Pour moi, jusqu'au moment où j'entrai au collège, je n'avais pas eu d'autre maîtresse que ma mère.

J'ai toujours regretté de ne pas avoir été à l'école. D'abord, j'y aurais appris beaucoup de choses nécessaires que je n'ai jamais sues, faute de les avoir apprises au bon moment ; et ensuite j'y aurais vécu avec des camarades, parmi lesquels j'aurais eu des amis et des ennemis, ce qui est l'apprentissage nécessaire de la vie. Pendant que je passais toutes mes journées assis sur une chaise à lire de mauvais romans, n'ayant pour tout exercice physique que le tour du champ de Colas, fait à pas comptés comme on marche à la procession, mes futurs camarades se connaissaient, s'aimaient, se détestaient, se battaient, acquéraient de la force, de l'adresse et de l'audace. On leur donnait quelque idée de la géographie et de l'histoire. On apprenait à quelques-uns le dessin, à d'autres la musique. On faisait semblant de leur apprendre l'anglais. Ils avaient mené cette vie là depuis trois ou quatre ans, quand je tombai au milieu d'eux tout effarouché. Je dus leur paraître ce que je me paraissais à moi-même, et ce que j'étais en réalité : un nigaud. Comme j'étais très fier, et que je ne voulais pas être ridicule, je n'ouvrais pas la bouche, répondant à peine à ce qu'on me disait, restant dans mon coin, boudant ou pleurant à tout propos, plus ridicule cent fois par cette conduite que si je m'étais risqué à faire comme les autres. On m'aurait repris avec bonne humeur, on aurait trouvé des excuses pour mes gaucheries, tandis qu'on ne me pardonnait pas cet isolement volontaire, cette humeur sombre, ces réponses brèves arrachées par force, cette évidente incapacité d'amuser les autres et de m'amuser moi-même. C'était la même chose en classe, où j'avais de grands succès en français et en latin, mais avec des ignorances absolues, et, autant que j'en pouvais juger, très réjouissantes sur tout le reste. Je me rattrapai pourtant de ce côté là ; j'acquis la réputation d'un élève brillant. J'étais le seul à savoir ce qui me manquait. J'arrivais par des efforts inouïs et de véritables tours de passe-passe à masquer mon ânerie. Il m'est resté de ces mauvais commencements des difficultés et une timidité qui m'ont entravé et compromis en mainte occasion. Je ne vous fais pas ici ma confession, vous n'avez nul besoin et nulle envie de l'entendre. Je tâche de vous expliquer, par mon exemple, l'utilité de mettre les enfants dans une école ; pour les garçons surtout, c'est absolument indispensable.

Je sais bien que ma mère, qui fut si longtemps mon unique institutrice, avait un fort mince bagage. Il se composait d'une belle écriture, d'une orthographe passable, et d'une remarquable facilité pour le calcul. La plupart des femmes sont aujourd'hui plus instruites. Mais c'est beaucoup moins du défaut d'instruction que je me plains, que du défaut de cohabitation avec des camarades. J'ai vu des jeunes gens élevés par des pères très éclairés, qui savaient à fond tout ce qu'on peut savoir au collège, qui l'enseignaient bien, et qui n'aboutissaient qu'à faire de leur élève une sorte d'automate déplaisant, bien brossé, bien épinglé, bien cravaté, marchant dans un salon suivant les préceptes de l'art, et produisant la musique demandée aussitôt qu'on tournait la manivelle. Il y avait de tout dans ces enfants là, excepté un enfant.

Au collège de Lorient où j'ai fait mes débuts, je

n'étais qu'externe surveillé ; nous arrivions à sept heures du matin, même en hiver, avec un morceau de pain enveloppé d'une feuille de papier. Les plus riches y joignaient un peu de beurre ou de fromage. On passait une heure à l'étude, où il n'y avait pas de feu. A huit heures on avait une demi-heure de récréation; puis deux heures de classe : point de feu non plus dans la classe ; une étude d'une heure et demie, et nous partions pour rentrer chez nos parents. A une heure il fallait être de retour. Une heure d'étude, deux heures de classe, une heure de récréation, trois heures d'étude; à huit heures, on nous rendait à la liberté, pour aller dîner en famille, la plupart n'ayant pris depuis le matin, que leur pain sec à huit heures et un peu de lait à midi. Ce n'était pas une éducation de sybarites. Nous prenions en pitié les pauvres pensionnaires qui entraient à huit heures, dans leur réfectoire toujours glacé, dînaient mal, en silence, sous l'œil sévère de M. Gicquel, le sous-principal, et passaient de là, au dortoir pour recommencer le lendemain.

J'ai été ensuite écolier au collège de Vannes, de 1828 à 1831. C'est mon collège qui n'était pas moderne !... Vous voyez que je vous fais remonter jusqu'à la Restauration. Mais ce n'est pas du tout un collège de la Restauration que je vais vous montrer ; c'est un collège de l'ancien régime, un collège sous Louis XVI. Il me semble qu'un homme qui a fait ses études sous Louis XVI peut vous raconter des choses curieuses, à vous, jeunes gens, qui ne serez peut-être pas hors de page avant le XXe siècle.

Et quand je dis que j'ai étudié sous Louis XVI, c'est pour être modeste. Je pourrais invoquer cette vérité incontestable que la Bretagne, avant la Révolution, était toujours en arrière d'au moins cinquante ans. Voyez où cela me mènerait et vous aussi. Mais je m'en tiens à Louis XVI. A l'époque où je débutais comme élève de troisième au collège de Vannes, il n'avait plus que deux professeurs du siècle précédent. L'un était M. Gehanno, qui était devenu principal, après avoir été professeur de rhétorique pendant trente ans, et l'autre, l'abbé Basset, qui n'était que diacre, qui n'avait jamais voulu être prêtre par humilité, qui était, sous Louis XVI, professeur de cinquième, parce que le collège n'avait pas de sixième, et qui en 1802, quand une classe de sixième fut créée, la réclama comme sa propriété, et l'emporta de haute lutte. Nous sortîmes ensemble du collège en 1831. — Il y était entré quarante-trois ans auparavant, en 1788. « J'étais bien gai dans ce temps-là, nous disait-il ; et je ne prévoyais guère ce qui allait arriver. » Ce qui allait arriver, c'était la République. Je n'ai jamais su ce que fit l'abbé Basset « pendant les troubles ». Je sais seulement qu'il n'émigra pas, et qu'on le vit arriver tout joyeux, pour reprendre son poste, le jour même où les classes furent rétablies. Le collège ressemblait tellement, ce jour-là, à ce qu'il était dix ans auparavant, que M. Basset et M. Gehanno purent s'imaginer qu'ils avaient fait leur classe la veille.

Jean-Louis, une autre épave des anciens temps,

sonna la messe à huit heures précises ; puis il courut allumer les cierges à la chapelle. C'étaient peut-être les anciens cierges à demi-brûlés à la messe précédente, séparée de celle-ci par un espace de douze ans. Rien n'avait été changé dans la maison. Les bâtiments étaient inachevés, comme ils l'étaient avant la Révolution. L'immense cour, qui n'avait jamais été ni sablée, ni plantée, était comme autrefois encombrée de graviers et d'herbes folles. Les classes, dans chacune desquelles auraient tenu quatre classes de nos lycées d'aujourd'hui, avaient gardé leur mobilier, qui consistait en deux énormes bancs adossés de chaque côté à la muraille et en une chaire très primitive, très élevée, à laquelle on accédait par une échelle. Le pavé était formé par d'énormes pierres, comme les pavés des vieilles églises. Elles étaient un peu déchaussées, ce qui donnait l'idée d'une ruine ; l'herbe croissait dans leurs interstices ; l'eau y séjournait après les grandes pluies, parce que le rez-de-chaussée, par je ne sais quel caprice de l'architecte, était en contrebas de la cour. On descendait dans les classes par une demi-douzaine de marches, formées par de grandes pierres mal équarries. Les fenêtres étaient vastes ; trois d'un côté, trois de l'autre, sans aucune préoccupation des courants d'air. Les châssis (toujours du temps de Louis XVI) ne fermaient plus depuis longtemps, mais les vitres, qui n'étaient pas plus grandes que la main, demeuraient intactes.

La chapelle, qu'on peut voir encore, mais que je

n'ai pas revue depuis 1831, était l'éternelle chapelle des jésuites, avec une voûte en pierre qui nous paraissait superbe, et qui l'était peut-être. On avait fermé la porte de la chapelle, en 1792, avec une grosse clef qui était encore là ; on avait constitué séquestre le citoyen Jean-Louis, qui était là, en 1802, à côté de sa clef ; et comme il n'y avait pas autre chose à la sacristie qu'une chasuble, une chape, une étole, peut-être un surplis ou deux, et quatre énormes chandeliers peints à l'huile, on avait laissé ces trésors à la garde du séquestre, qui avait eu soin, pendant douze ans, de n'ouvrir aucune fenêtre, de ne balayer aucun plancher et de n'épousseter aucune toile d'araignée. Je crois bien qu'il avait soigneusement gardé la porte, mais par le dehors, et sans jamais avoir la témérité de l'ouvrir.

Il réservait tous ses soins pour le Barbin. Le Barbin était une chambre qui servait de prison, au rez-de-chaussée d'une grande tour carrée, située au milieu des bâtiments. La mise au Barbin était une affaire terrible ; elle se renouvelait tous les quatre ou cinq ans. On en parlait dans la ville, parmi les avocats, à la salle des Pas-Perdus. On disait ensuite : « Yvon Le Goannec fut mis au Barbin en 24 ». J'ai été moi-même témoin d'une mise au Barbin prononcée par M. Le Nevé (1). Le pauvre Jean-Louis se mit à trembler de tous ses membres, comme s'il avait été chargé de traîner le patient sur la claie, et de lui couper le cou. C'était un bon petit homme

(1). M. Le Nevé était principal du collège.

tout rond qui avait passé ses soixante-dix ans. Nous nous levâmes tous, en poussant des cris lamentables, pour attendrir M. Le Nevé, qui avait compté sur notre intervention. S'il avait, réellement et effectivement, mis un élève au Barbin, le pauvre cher homme en aurait perdu le sommeil pour le reste de sa vie.

On y était d'ailleurs fort commodément, avec une bonne fenêtre, toujours ouverte et pour cause, une bonne chaise de paille, dont les barreaux, au moins, n'avaient pas été entamés par les souris, et une table de sapin, grande comme cela, pour écrire son pensum, à laquelle il ne restait que trois pieds.

Je vous dirai ce qu'il y avait dans la longue enfilade du premier étage. En 1830, on fonda, au collège, une chaire de physique et chimie, qui fut confiée à M. Merpaut. On n'avait jamais vu chez nous chose semblable. On prit une pièce au premier étage où M. Merpaut s'installa avec un exemplaire dépareillé de l'abbé Nollet, qui contenait toute sa science. Jusqu'à la veille de sa nomination il n'avait jamais rien enseigné, ni rien su. C'était un juge de paix de campagne qui passa professeur de chimie par avancement. Il prit sa promotion à cœur, et composa un poëme en cinq chants, de mille vers chacun, sur la coupellation des métaux. Dans le premier chant, la rime n'est pas riche ; elle est de deux lettres seulement ; elle est de trois lettres dans le second chant ; de quatre dans le troisième ; de six dans le cinquième. « C'est fort commode, disait-il, parce qu'en prenant un vers isolé, vous savez tout de suite à quel chant il appartient ». Et vous-même, lecteur, rien qu'en lisant ces deux vers qui me sont restés dans l'esprit, à cause de leur beauté et de leur ironie puissante :

> Dieu nous a-t-il créés, dans ses desseins profonds,
> Pour faire avec du blanc, des barres et des ronds ?

vous devinez, immédiatement, qu'ils appartiennent au quatrième chant.

Nous n'étions pas trop disciplinés, excepté pour les prêtres, pour M. Le Nevé, qui était notre idole, et pour M. Géhanno, moitié laïque et moitié prêtre, une sorte de prélat laïque, que je vois encore avec ses souliers à boucles d'argent, ses bas de laine noire à côtes, ses culottes et son gilet de satin noir, et sa redingote tabac d'Espagne qui lui battait les talons. Mettez là-dessus une toute petite tête, avec des cheveux tout blancs et des yeux perçants comme des vrilles. Il ouvrait tous les offices en disant le *Veni, Sancte Spiritus,* agenouillé au bas de l'autel, ayant le célébrant à sa droite.

Il avait un répertoire d'une vingtaine d'anecdotes qu'il nous contait perpétuellement en éclatant de rire, que nous savions par cœur, et qui nous rendaient parfaitement heureux, chaque fois qu'il nous faisait l'honneur de les répéter. Il n'était pas dans les ordres. Il n'était pas marié non plus, et n'aurait pas vécu autrement, quand même il aurait été moine. Il portait toujours la même perruque, il demeurait dans la même maison, il sortait aux mêmes heures pour aller au collège, emportant le même portefeuille et probablement le même exemplaire de Virgile. Je regrette d'être obligé d'avouer qu'il nous lisait quelquefois de beaux passages du *Génie du Christianisme*. C'était la seule concession qu'il fît aux modernes. Il ne sortait pas de Bossuet, de Bourdaloue, de Vertot ; il croyait faire un sacrifice à notre jeunesse quand il y joignait quelques pages de Fénélon.

Nous étions en respect devant lui et devant les prêtres ; mais nous rendions les laïques malheureux comme les pierres, quand par hasard on nous en donnait un. Je ne me rappelle plus le nom d'un professeur de mathématiques que nous eûmes avant M. Peslin. Il ne savait pas les quatre règles. Il avait un bonnet de coton, qu'il se mettait sur la tête au commencement de la classe, et des lunettes d'une dimension surprenante. Nous étions là quatre-vingts ou cent, car les classes étaient bondées d'écoliers, dont aucun ne se souciait de l'arithmétique, par la bonne raison que l'arithmétique n'est pas du latin. Nous passions notre vie à faire enrager le bonhomme. Un jour, à son profond étonnement, il nous trouva tous assis et silencieux, la tête cachée dans nos mains. Il monte en chaire, dit le *Veni Sancte* et appelle au tableau l'élève Le Breton. L'élève Le Breton piochait son Bezout, et en savait plus long que le maître. A ce moment, toutes les mains s'abaissèrent, toutes les têtes se levèrent, coiffées de quatre-vingts bonnets de coton, et regardèrent le bonhomme à travers quatre-vingts paires de lunettes. Le pauvre vieux se mit à pleurer ; ce fut toute une révolution ; nous pleurâmes comme lui, en renfonçant dans nos poches les lunettes, qui du reste, n'avaient pas de verres, et les bonnets de coton. Nous lui jurâmes fidélité ; mais on lui trouva une autre place en dehors de l'enseignement.

Je voulais vous parler du premier étage. Il était occupé, vers 1750, par les chambres particulières des Pères Jésuites, qui n'étaient plus que des trous à rats, en 1828, et par la bibliothèque. La bibliothèque était toujours restée fermée « depuis les troubles ». Nous étions possédés du désir d'y pénétrer, peut-être parce que cela était sévèrement défendu. Il ne nous fut pas difficile d'y parvenir. Le père Jean-Louis n'était jamais là que pendant les classes ; la grande porte sur la place n'était jamais fermée ; aucune porte des bâtiments au fond de la cour ne fermait, excepté celle de la bibliothèque mais nous la jetâmes par terre, d'un coup d'épaule. C'était une poussière et une odeur à être étouffés et asphyxiés. Quand nous pûmes enfin discerner quelque chose, nous vîmes des corps de bibliothèque sans aucune valeur. Les livres, en très petit nombre, avaient été jetés pêle-mêle au milieu de la pièce. Il était clair qu'on en avait volé ou lacéré la plus grande partie. Peut-être avait-on vendu au poids ces livres de théologie. Destutt de Tracy disait dédaigneusement que ce serait rendre un service à l'humanité que de rassembler tous les livres de théologie et de les brûler. « Car, disait-il, si on les vendait au poids comme du papier de rebut, ces méchantes loques pourraient encore être lues par des imbéciles ! »

Il ne restait que des in-folio dans un état misérable. Ils nous parurent insignifiants, ce qui ne veut pas dire qu'ils l'étaient. Nous fûmes bien désappointés de ne rien trouver sur ces planchers, qui avaient peut-être porté des trésors.

Il y avait alors, à Vannes, plusieurs érudits du plus grand mérite, comme il y en a encore à présent. Il est assez probable qu'ils avaient sauvé du naufrage tout ce qui méritait d'être conservé.

Vous croyez peut-être que je vous parle d'écoliers de douze à seize ans. Il y en avait très peu au collège de Vannes. C'est moi qui avais quinze ans ; Guérin, l'illustre chirurgien, et son frère, le premier président, en avaient quatorze. La plupart des autres avaient tiré à la conscription. Un écolier de vingt-cinq ans était moins rare qu'un écolier de quinze ans. Ces jeunes gens avaient été d'abord garçons de charrue. Leur curé les avait dégrossis, et quand ils avaient su lire, et répondre une messe, l'ambition de porter la soutane leur était venue, et ils étaient entrés au collège de Vannes.

Quand nous couvrions la place, le dimanche, avant d'entrer à la chapelle pour entendre la grand' messe, on voyait les costumes de tous les villages du diocèse. Ils étaient fort pittoresques et d'une grande variété, depuis le saunier de Sarzeau, jusqu'au pêcheur de Larmor. Tout cela vivait dans la joie et dans la misère. On n'allait pas jusqu'à mendier ; mais on se livrait à toutes sortes de métiers : cordonniers, tailleurs, boulangers ; quelques-uns étaient domestiques pour leur pain. Du reste, très considérés des habitants de la ville, et le méritant par leur bonne conduite. Quand ils arrivaient en rhétorique, l'évêque donnait aux meilleurs d'entre eux un chapeau à haute forme et une longue redingote bleue. Ils avaient alors l'air de messieurs. Nous cessions de les tutoyer. Ils chantaient au lutrin le dimanche. Ils aidaient Jean-Louis à balayer l'église. M. Gehanno les appelait *monsieur* en leur parlant. L'un d'eux, *monsieur* Allanic, qui avait dix ans de plus que moi, existe encore. C'était le roi du collège. Il passait, non sans raison, pour être plus habile que les professeurs. Il a fait un brillant chemin. Sa vie entière s'est passée à Brest, où il était devenu adjoint au maire et professeur de philosophie au collège royal. Il méritait bien son bonheur, car c'était un homme d'esprit et un excellent homme.

Il y a soixante ans que j'ai quitté le collège. Je me rappelle les noms de tous les professeurs, quoique je n'en aie revu que deux depuis ce temps-là, M. Monnier, à l'Assemblée législative dont il était membre, et M. Peslin, à Paris, où il vint me voir pour me demander un singulier service. Il avait, disait-il, traduit le *Discours de la Méthode* du latin en français, et il me priait de lui trouver un éditeur. « Je sais qu'il y a une ancienne traduction, mais lourde, surannée, obscure ». Le malheureux parlait ainsi du texte immortel de Descartes. Il prenait pour l'original, la traduction latine de De Luynes. Cette aventure me fit alors beaucoup de peine, à cause de la déception qu'il éprouva, et de la honte dont il fut saisi. Nos autres maîtres étaient des prêtres bons et grossiers, comme l'abbé Le Baille, ou futés et onctueux, comme l'abbé Ropert. Nous n'avions que deux bacheliers au collège, M. Peslin, bachelier ès-sciences, et M. Monnier, bachelier ès-lettres, qui se fit recevoir licencié pendant que j'étais son élève en rhétorique. Cette dignité nous inspira pour lui un respect sans bornes. Quand on demandait à l'abbé Le Baille, s'il avait un grade, il répondait : « J'ai ma soutane ».

Tous ces prêtres étaient d'anciens paysans. On l'aurait deviné à leurs manières ; on le sentait dans leur langage, ce qui était malheureux pour nous. Ils parlaient le français correctement, mais comme on parle une langue étrangère. Ils pensaient en bas-breton. L'abbé Ropert, l'abbé Gaudin s'en excusaient ; l'abbé Le Baille s'en glorifiait. Il disait que le breton était une langue plus ancienne et plus énergique que le français. Il nous en faisait admirer les beautés, ce qui ravissait la plupart de nos camarades, dont le français était fort défectueux. En revanche, tous nos professeurs savaient le latin, et ne se contentaient pas de le savoir ; ils l'aimaient.

Ils aimaient aussi leur métier. Chacun d'eux connaissait sur le bout du doigt les auteurs de sa classe, en développait très bien les finesses, et accompagnait ses explications littéraires d'une glose historique et scientifique très bien faite. Comme ils étaient entrés presque tous dans l'enseignement, en sortant du séminaire, pour y rester dans la même classe jusqu'à l'extrême vieillesse, ils n'avaient pas d'autres amis que leurs livres et leurs écoliers. Que nous enseignaient-ils ? Du latin et encore du latin. On allait, en cinquième, de l'*Epitome* au *Cornelius Nepos* ; en quatrième, des *Métamorphoses* aux *Bucoliques*, et ainsi de suite. En seconde, on commençait à découvrir la langue française. On lisait Delille, Chênedollé, le *Génie du Christianisme*. M. Le Nevé, qui avait de l'audace, nous lut, en rhétorique, quelques morceaux de Lamartine, et même de Victor Hugo, « un barbare, disait-il, mais qui n'était pas sans génie ». Il se hasarda aussi, car il était secrètement libéral, à nous lire le *Vieil Habit* de Béranger. « C'est bien dommage, disait-il, qu'il ait écrit tant de choses qu'un honnête homme ne peut pas lire ».

Mais le latin revenait toujours comme l'étude principale, et presque unique. Nous passions la moitié de la classe à expliquer les auteurs mot à mot, et à les traduire « en bon français » ; l'autre moitié à en réciter de beaux passages, à corriger des thèmes, à faire au tableau des thèmes instantanés ; on nous habituait même à parler familièrement le latin. Nous étions surtout de grands fabricateurs de vers. Nous ne faisions que des alexandrins et des distiques. Nous ne connaissions guère d'autres poëtes que Virgile et Ovide. Horace était suspect. On se contentait de nous en faire admirer quelques beaux morceaux. Je me rappelle que je faisais des vers latins presque aussi facilement que de la prose, et qu'un discours latin ne me coûtait pas plus à improviser, qu'un discours français. J'avais des correspondances en vers latins, avec mon ami Leblanc, qui a été, depuis, député à l'Assemblée de 1848, et supérieur du petit séminaire d'Auray.

Quidquid conabar dicere, versus erat

Il paraît que ce latin n'était pas trop mauvais, puisque M. Jos. V. Le Clerc m'a fait, cinq ans après, un succès de latiniste à mon examen de doctorat.

Vous me demandez peut-être ce qu'on nous apprenait, outre le latin, et un peu, très peu de français? Je vous l'ai déjà dit; nous avions, au collège, un professeur de mathématiques et un professeur de physique. Le professeur de physique ne savait pas le premier mot de la science qu'il était censé nous enseigner. Il avait la bonhomie de l'avouer. Nous passions toute la classe à jouer aux petits palets avec les disques de la pile de Volta, sous prétexte de les dérouiller. M. Merpaut était adroit à ce jeu; cela le relevait dans notre estime, et nous faisait oublier la coupellation des métaux. Quant à M. Peslin, il nous aurait fort bien enseigné les mathématiques, si nous avions voulu l'écouter ; mais nous étions, comme nos professeurs, imbus de l'idée qu'il était uniquement question d'apprendre le latin.

Et le grec ? On nous en parla une fois, en 1829 ; c'était M. Ropert. Il nous dit que c'était une fort belle langue, mais fort originale. Il ne la savait pas, mais il avait vu des livres écrits en grec, et il en connaissait l'alphabet, qui était fort différent du nôtre. Cet alphabet contenait, entre autres, une lettre appelée *phi*, de sorte qu'on n'avait besoin que de six lettres pour écrire le mot de philosophie, qui, en français, en emploie onze.

On nous enseignait l'histoire à peu près autant que le grec. Il y avait un cahier d'histoire, fort long, que le professeur de troisième, et le professeur de seconde, nous dictaient à leurs moments perdus. C'était au-dessous de tout, comme érudition, et comme style. D'idées, il n'y en avait pas trace. Le professeur de troisième arrivait, à la fin de l'année, à un chapitre, n'importe lequel ; il repassait alors le cahier à son collègue de seconde, qui dictait à ses nouveaux élèves le chapitre suivant, et ainsi de suite. Chaque génération ne voyait qu'un coin de l'histoire du monde. Mes camarades et moi, nous tombâmes sur Aétius, qui nous assomma pendant deux ans, et dont je n'aime pas à parler, car c'est mon ennemi mortel.

Il y avait aussi un cahier de philosophie où était surtout développée la théorie du syllogisme.

Syllogisme en barbara et en baralipton. C'est là que j'ai appris la définition de l'idée : *Idea est representatio mera objecti circa mentem realiter præsentis.* Je n'y ai pas appris autre chose. Nous avions pourtant chaque semaine, des Sabbatines, auxquelles les avocats et les séminaristes prenaient part, et où nous argumentions en baroco et en latin à faire trembler.

J'étais à cette époque le roi du collège de Vannes. Je ne sais si je dois le regretter ou m'en féliciter. Je crois, au fond, qu'il aurait mieux valu pour moi être simplement le premier de ma classe, mais on me faisait une situation absurde. Je n'eus pas un moment l'idée de prendre ces exagérations au sérieux, mais quand, deux ans après, je fus élève de l'Ecole normale, il y eût une telle différence entre la supériorité qu'on m'avait attribuée, et l'humble rang où j'étais descendu, que je me sentis absolument découragé, et que je fus près d'une année à me remettre de ma chute. Je me demande même comment j'ai pu être reçu. On m'aura tenu compte de ce que je venais de loin. J'avais fait mes études cent cinquante ans avant mes camarades.

Je vous ai parlé de mon vieux collège, de ses maîtres, de l'enseignement qu'on y donnait, mais je ne vous ai pas dit comment j'ai pu continuer mes études ; je ne vous ai rien dit de ma vie, elle était assez dure, malgré tous les honneurs. Alors que j'étais au collège de Lorient, ma famille était entièrement ruinée, et avait même résolu de me faire entrer comme apprenti horloger. On tenta pourtant un petit effort, et c'est ce qui me permit même d'aller à Vannes, et de finir ma troisième, comme pensionnaire à prix réduit, au petit séminaire tenu par un lazariste, le père Daudé.

Il n'y avait ni professeurs, ni répétiteurs chez M. Daudé. On nous conduisait au collège que je vous ai déjà fait connaître ; une fois de retour à la maison, on nous mettait tous ensemble dans une seule étude, sous la surveillance d'un seul maître ; nous étions une centaine, mais personne ne bougeait, et on aurait pu bien travailler, sans la multitude des exercices religieux qui mangeaient tout notre temps. Le moindre souci de nos maîtres était nos succès au collège. M. Daudé me regardait comme un élève de mauvais exemple parce que j'étais constamment le premier dans ma classe. A la fin de l'année, la veille de la première composition, on disait une messe solennelle pour obtenir la faveur de n'avoir pas de prix.

Les premiers sujets, comme l'était Allanic en philosophie, et comme je l'étais moi-même, en troisième, adressaient à Dieu de ferventes prières pour avoir le premier rang dans toutes les compositions. M. Daudé, ce jour-là, faisait lever les élèves de son séminaire à cinq heures ; il les conduisait à une messe qu'il disait lui-même, à cinq heures et demie, dans sa propre chapelle, pour leur donner le temps d'être à sept heures à la chapelle du collège, et d'y entendre l'autre messe et le *Veni Creator* avec leurs camarades externes. Cela faisait, comme vous voyez, deux messes, mais deux messes bien différentes; car, dans cette messe de cinq heures et demie, notre cher supérieur se tournait vers nous, au moment de l'offertoire, et nous adressait ces paroles : « Mes enfants, nous allons prier Dieu, par l'intermédiaire de Marie, de nous accorder la grâce de ne pas avoir de prix, afin d'être rangés parmi les faibles d'esprit comme nous méritons de l'être en réalité ». Il prononçait alors le *Sub tuum præsidium* ; et, la messe finie, nous partions pour le collège.

Là, nos professeurs étaient aussi des prêtres, mais des prêtres d'une autre paroisse. Je contai mon chagrin à l'abbé Le Baille, qui était régent de troisième. « Va ton train, mon garçon, me dit-il en riant. Il n'y a que cette messe-ci qui soit bonne. Demande à Dieu d'avoir tous les premiers prix, et quelque chose me dit que tu les auras ». Il y a beaucoup d'abbés Le Baille dans le clergé, mais il y reste peut-être encore des abbés Daudé. Il ne faut pas tirer des conclusions trop absolues de cette anecdote : il ne faut pas non plus la négliger. J'avoue qu'elle est fort ancienne, mais dans l'Eglise, rien ne vieillit, rien ne périt.

Le Père Daudé nous faisait, chaque matin, une homélie assez vulgaire, car c'était un esprit grossier. Il était avec nous familier et dur, et ne savait pas se faire aimer. Son second était le Père Bouino, un jésuite, disait-on dans la maison. Je me demande comment un jésuite pouvait être détaché dans la

maison d'un lazariste, et sous sa direction. Le Père
Bouino était très aimable et très aimé, quoiqu'il
maintînt fermement la discipline. Il y avait un
troisième prêtre qui ne m'a laissé aucun souvenir.

Les maîtres étaient aidés dans la direction, par
quelques-uns de nos camarades, qui, à proprement
parler, n'étaient autre chose que des espions. Cela
était très bien accepté dans la maison ; rien ne
ressemblait moins à un collège que ce collège. Les
deux principaux élèves de rhétorique avaient été
minorés par grâce spéciale de l'évêque, et portaient
la soutane. Ils s'appelaient l'abbé Allanic et l'abbé
Teissier. Je ne sais ce que Teissier est devenu.
Je vous ai dit ce qu'était devenu Allanic.

Mon ami particulier chez M. Daudé, était M. Frélaut, plus âgé et plus avancé que moi. Il se destinait
à la prêtrise, comme tous mes camarades du pen-
sionnat, car j'étais, je crois, le seul laïque de la
maison. Je l'étais de cœur et d'âme. Si on m'avait
interrogé, dans ce temps là, sur les vocations,
j'aurais dit que Frélaut se faisait prêtre malgré lui.
Il était de Larmor, un gros bourg voisin de Lorient.
Je connaissais sa famille. Son père était un bourgeois, quelque chose comme un commis de la
marine, ou un contre-maître retraité. Il avait épousé
une paysanne. Sa femme et ses filles portaient le
costume de la campagne, et s'occupaient des soins
de la ferme, portaient le beurre, le lait et les œufs
au marché de Lorient ; mais le père Frélaut était
toujours en chapeau tromblon et en redingote ; il ne

portait jamais de sabots ; il lisait son journal, occupation qui lui prenait toute la journée. On l'appelait M. Frélaut. Il tenait les écritures du maire pour quelque argent (il n'y avait pas alors de maître d'école à Larmor), et jouait sa partie de boules, toutes les après-midi, avec les autres bourgeois de Larmor. Mon ami Frélaut était bourgeois comme son père ; c'était un monsieur, comme lui ; et à midi, on servait le dîner de M. Frélaut, auquel son fils participait pendant les vacances ; un dîner de bourgeois : un plat de viande ou de poisson et des légumes. Ces messieurs étaient servis par la mère et les sœurs, qui s'asseyaient quand ils avaient fini, et mangeaient du lait et des galettes, quelquefois un morceau de lard. Quoique je fusse du pays, ou du moins de la ville voisine, ces mœurs me paraissaient étranges ; mais elles n'étonnaient personne à Larmor : il en était de même dans presque toutes les familles.

Une autre singularité, quand mon ami était là, c'est qu'il faisait le signe de la croix en se mettant à table, et disait son *benedicite* tandis que son père mangeait sa soupe sans paraître remarquer cet acte de dévotion. Le chef de la famille ne mettait jamais les pieds à l'église, où sa femme, ses filles et son fils étaient assidus. Mon camarade revêtait même une soutane et un rochet le jour de la fête des Vœux, et figurait à la procession avec le clergé, c'est-à-dire avec le curé et son vicaire. Son père, dans ces occasions, évitait de se trouver sur le passage du cortège. Il allait se promener au bord de la mer, avec les autres gros bonnets, tous voltairiens et mangeurs de prêtres. Frélaut, mon camarade, semblait trouver cela très naturel.

Ce qui, assurément, ne l'était pas, c'était la volonté formelle de son père de faire de lui un prêtre, ou, comme il disait d'un ton de mépris, un calotin. Quelque dévotes que fussent sa mère et ses sœurs, s'il avait voulu se soustraire à sa destinée, je suis persuadé qu'elles auraient cédé, tout en gémissant, mais le père se serait montré inflexible. Il avait beau être voltairien jusqu'au bout des ongles, il y avait en lui deux résolutions : l'une, d'avoir un fils curé ; l'autre, de se convertir à l'heure de la mort. A cette heure seulement, pas une minute plus tôt.

J'étais tellement convaincu que mon camarade se laissait faire prêtre sans réflexion, comme sans résistance, que je crus devoir lui en parler un jour. Mais je donnai lieu à une explosion qui me jeta dans le plus profond étonnement. Il me sembla que j'avais évoqué un autre homme. Le compagnon simple et bon enfant, à l'esprit ouvert, au cœur chaud, disparut pour faire place à un fanatique violent, qui voulait, non seulement se donner à Dieu, mais donner les incrédules au diable. Je pensai, sur le moment, qu'il exagérait, ou que même, il jouait une comédie pour m'empêcher de recommencer. Je fus longtemps à me remettre de cette commotion. Il me la fit oublier, par sa bonne humeur, pendant les mois qui suivirent ; mais je la retrouvai toute vive, huit ans après, quand il était déjà prêtre, et moi professeur de philosophie.

Il finissait ses études, et entrait au grand séminaire, au moment où j'entrais moi-même en seconde. Il m'avait fait jurer d'aller le voir presque tous les jours, à la récréation d'une heure.

Mon court passage à la pension Daudé m'avait lié avec presque tous ceux qui étaient là : il y avait l'abbé Gauthier, qui fut plus tard curé de Malestroit, et qui est mort curé d'Hennebont ; l'abbé Mary qui était entouré d'un respect universel, et considéré comme un saint par tous ses condisciples ; l'abbé Poirier, qui se retira après sa seconde année de théologie, et qui est devenu juge de paix à Lézardrieux, dans le Finistère ; l'abbé Leblanc, qui était leur maître à tous, et qui fut, quelques années après, vicaire général du diocèse et supérieur de Sainte-Anne. Celui-là n'était pas du collège de Vannes : c'est au collège de Lorient que je l'avais connu. Nous étions destinés à nous retrouver sur les bancs de la Constituante de 1848 avec notre camarade Kerdrel. Leblanc est mort très jeune ; il n'a pas eu le temps de devenir évêque. Kerdrel est le sénateur du Morbihan, si généralement estimé pour son talent d'orateur et pour la loyauté de son caractère. J'étais comme chez moi au grand séminaire, en 1829. Tous ces jeunes abbés m'entouraient, dès que je paraissais dans l'allée de grands arbres, où ils passaient le temps de leur récréation à se promener ou à jouer aux boules. Je représentais pour eux le monde. Dieu sait que le monde ne me connaissait guère ; et moi, pour le dire en passant, je ne l'ai jamais connu : j'ai passé au milieu du monde comme un ermite. Frélaut et moi, nous nous échappions, pour aller dans les recoins les plus solitaires, où nous avions des conversations interminables.

Je disais à Frélaut, en riant : « Tu n'as jamais essayé de me convertir. — Non, disait-il, tu n'as pas la vocation. Tu es un libertin. » Ne soyez pas dupe des mots : « me convertir », cela voulait dire, en langage de séminaire, me pousser vers la prêtrise. Un « libertin », c'était un libéral. J'étais grand libéral dès ce temps-là ; Frélaut, grand légitimiste. Il fallait voir, après 1830, comme il parlait des Glorieuses, et de Louis-Philippe, et des renégats. Je lui disais : « Tu n'en es pas moins mon ami ». — « Je le regrette, répondait-il. Oui, je voudrais être assez pur pour te détester. Je l'ai demandé souvent à Dieu. Je ne devrais pas fréquenter un libertin ». Je me moquais de lui. Je me hasardai pourtant un jour à lui dire : « Je ne suis pas le seul libertin que tu aimes ».

Il garda le silence assez longtemps pour m'embarrasser. « Tu veux parler de mon père ? dit-il enfin. Mais tu ne le connais pas, et lui-même ne se connait pas. Il est chrétien. Il s'est accoutumé à parler comme les voltairiens, et je le déplore ; mais il ne mourra pas comme eux. Pour cela, j'en suis sûr ».

Je vis que ce sujet l'affligeait, et j'eus soin de ne pas y revenir.

Une chose m'étonnait. J'avais toujours pris Frélaut pour un esprit modéré. Il remplissait les devoirs de la religion ; mais il ne les dépassait pas. On ne le voyait pas s'agenouiller tout à coup, les bras en croix, comme Mary. Il ne s'imposait pas de jeûnes exceptionnels, pas de privations. Les *Méditations* qu'il lisait à ses condisciples, pour se conformer aux règlements, n'avaient point un caractère de mysticisme exalté. Cependant, quand on parlait de lui devant moi, c'était toujours pour le citer comme un chrétien rigide. « Je ne voudrais point l'avoir pour confesseur, » disait l'un. — « Je voudrais encore moins l'avoir pour juge », disait l'autre. Je m'efforçais, sans jamais y parvenir, de me rendre compte de cette réputation faite à mon ami. Je dis un jour à l'évêque, qui avait des bontés pour moi, que mon ami le plus intime était Frélaut. Il parut surpris. « C'est bien, me dit-il. Tâche de l'adoucir ».

J'étais comme tous les bourgeois de mon temps. J'avais dans la tête l'idée d'un prêtre fanatique et inquisiteur, que je détestais cordialement. Ce n'était pas mon ami Frélaut, toujours content et souriant. C'était un long échalas, tout décharné, n'ayant sur les os que des muscles pareils à des cordes de violon, avec une figure de squelette, des yeux enfoncés brûlant au fond de leur caverne, des sourcils formidables qui se rejoignaient au-dessus du nez, un nez en bec de corbeau, au teint terreux, des cheveux plats. Je pris le parti de confier ma peine à Frélaut lui-même.

Il m'accueillit d'abord par des éclats de rire. Puis prenant un air sérieux, et me mettant les mains sur les deux épaules : « Ecoute, dit-il, je ne suis pas ton spectre noir, mais je n'en suis pas moins ce que tu appelles un fanatique ». Il parlait si sérieusement que je sentis en moi comme un frisson. « Pour le spectre, ajouta-t-il en reprenant sa bonne humeur, laisse-le aux peintres qui font des Zurbaran et des Ribeira pour le commerce, et aux hommes de lettres qui font des Rodin pour le théâtre ».

Au bout de trois mois, comme il s'agissait d'entrer en seconde, mon père déclara qu'il ne pouvait pas aller plus loin, que ses ressources dernières étaient épuisées. Mais il y avait, dans ce bon collège, entre autres restes du passé, un usage qui me sauva la vie. Les bons élèves de seconde et de rhétorique, donnaient des leçons à leurs camarades de sixième et de cinquième, pour des prix dérisoires, qui, pourtant, les aidaient à avoir du pain. Je contai mon histoire au principal, et le priai de me trouver des leçons. Je n'avais pas quinze ans, mais j'étais la gloire du collège. Il ne voulut pas me laisser partir, et, à force de peine, me trouva quelques élèves que je réunissais pour former une petite classe. Je leur donnais une heure le matin et une heure le soir.

J'avais sept ou huit élèves qui me payaient chacun cinq francs par mois, et à qui j'enseignais l'orthographe et la conjugaison. Le collège par délibération spéciale, m'avait délivré de tous frais d'études, et le Conseil Général me fit présent de deux cents francs (1). Je payais avec cela ma pension à Madame Lenormand qui tenait la psallette de la cathédrale.

(1) Voici la copie d'une délibération du bureau d'administration du collège :

« Séance du Bureau d'administration du 24 Janvier 1832, où étaient MM. Lorois, Préfet, Président; Hervo, Procureur du Roi ; Claret aîné, Vice-Président du Tribunal civil ; Ducordic, Avocat, Député du département; Jollivet, Notaire, et Le Nevé, Principal, Secrétaire ».

« Le Principal expose que les succès distingués obtenus par le jeune *Simon*, élève de Philosophie, dont les parents sont sans fortune, ayant déterminé à lui proposer d'aller achever ses études dans un autre établissement, où il aurait sa pension gratuite et exemption de tous frais d'études, il serait de toute justice que l'administration du Collège de Vannes accordât les mêmes avantages à cet élève qui peut soutenir aux Concours généraux des Collèges de l'Académie, la réputation de celui qui l'a formé et *dont il est le principal ornement* ».

« M. le Préfet, prenant en considération l'excellente conduite et les brillants succès de *M. Simon*, et consultant les avantages du collège, déclare qu'il accordera à cet intéressant élève, sur les fonds destinés à encourager l'instruction dans le département, une somme de deux cents francs pour l'aider à terminer ses études à Vannes ».

« Le bureau d'administration, par les mêmes motifs, décide à l'unanimité que Simon sera exempté de toute rétribution collégiale. Il exprime le désir de voir ce jeune homme, qui donne les plus belles espérances, attaché comme Régent au Collège de Vannes, quand il y aura quelque vacance ».

Je vois encore notre petite table dans la salle à manger, à côté de la cuisine. Madame Lenormand présidait; j'étais à côté d'elle, comme l'hôte distingué de la maison, puis venaient, à droite et à gauche, les six enfants de chœur. Leur précepteur, l'abbé Gaudin, était en face de Madame Lenormand.

Je sortais le matin, à cinq heures, dans la nuit noire, pour aller donner mes leçons, et je parcourais les rues tortueuses, couvertes de neige et de verglas, en portant une petite lanterne, car les réverbères étaient rares, et commençaient à s'éteindre. A six heures du soir, je recommençais ma tournée. Je changeais de rôle de huit heures à dix, et je devenais élève à mon tour. Voilà comment je pus faire mes deux dernières années d'étude. Ce qu'il y avait de plus pénible dans mon affaire, c'était le froid, que le vent et le voisinage de la mer rendaient très intense. J'aurais pu m'acheter une bonne capote, mais que voulez-vous? J'étais un enfant, en dépit du sort qui me transformait en maître d'école, et j'avais acheté une lévite pour faire le faraud le dimanche. J'ai été plus pauvre que cela à Paris, dix ans après, et j'en suis encore à me demander si je dois me plaindre ou me féliciter de ces rudes commencements.

Mais quitterai-je mon pauvre collège de Vannes, après avoir dit ses misères, sans rendre justice à ses qualités? Comme instruction; il faisait de nous des latinistes ignorants de toutes choses, excepté du latin. Comme éducation, il nous donnait le goût du travail, des habitudes sérieuses, des sentiments religieux, un grand dévouement à la Patrie française et à la Patrie bretonne. Nous aimions nos maîtres du fond du cœur, et nos maîtres nous aimaient chaudement ; nous nous aimions entre nous, nous étions vraiment des camarades. Notre collège était une famille pauvre et ignorante, mais il était, dans la force du terme, une famille.

Ces braves gens sont cause que je n'ai jamais rien su, car on ne refait pas son instruction. C'est une erreur de le croire. Je souffre tous les jours de l'ignorance que je leur dois, et je leur en serai reconnaissant toute ma vie.

Nous reproduisons ici deux lettres intimes que Jules Simon, alors âgé de seize ans, adressait à son camarade Fortuné Frélaut, qui devait devenir plus tard prêtre et professeur du petit séminaire de Sainte-Anne-d'Auray.

Vannes, 27 Juillet 1831.

Monsieur le Surveillant,

Tu seras bientôt en vacances ; et moi, qui suis moi cependant, c'est-à-dire le plus grand amateur de vacances qu'il y ait au monde, tu ne sais pas que je n'irai point à Lorient avant le 1er Septembre ! O Temps ! O Sort ! Coquin de Sort ! Tu iras, heureux et content, promener tes douces rêveries sur le chemin de la terre natale ! Tu donneras un sou à Jacquot, pour ton passage ! Ton cœur palpitera en apercevant dans le lointain la flèche chérie, le toit paternel ! Tu verras ton papa et ta maman ! Tu jouiras en paix des doux plaisirs de la retraite. Tu te promèneras à ton aise au milieu des carottes de ton jardin ; tu feras tout cela et encore différentes autres choses, et celui que tu as appelé du doux nom d'ami, celui qui t'a donné tant de coups de poing chez Lebourgeois, ira de nouveau parcourir la route qui le sépare de Rennes pour concourir, malgré lui, pour la bienheureuse Ecole normale ; il ira, avec le bien aimé et féal Richard, visiter la ville des Rhedonnes et celle des Nannettes, Nannettes, bon Dieu ! pouah du choléra. Pourtant, il ira, il verra, il aura le choléra ; c'est-à-dire qu'il aura grand peur de l'avoir, car le poète l'a dit que le choléra est une mauvaise chose : tu connais la charmante tirade :

Hé ! Juste Ciel ! mon corps serait-il enterré ?
Offrirais-je pour moi le divin sacrifice ?
Le jour anniversaire aurait-il un service ?
Daignerait-on encore dire le *libera*
Pour un infortuné mort par le choléra ?
Voudrait-on sur mon corps jeter de l'eau bénite ?
etc...

Par conséquent, de peur de toutes ces vilaines choses, je ne veux point du tout de cette belle maladie. Je le lui dirai avec le poète :

Tu n'auras pas mes os.

Cependant il faut bien qu'on aille voir Nantes. Ainsi donc, Monsieur le Surveillant, en attendant le 1ᵉʳ Septembre, j'espère que vous voudrez bien m'écrire par le porteur du présent message, ou par un autre moyen.

(avant toutefois le 13 Août, car je vais à Rennes le 14).

J'y compte, Monsieur le Surveillant, et aussi sur votre amitié et votre bon souvenir pour votre bien humble.

Jules SIMON,
Bachelier ès-lettres.

10 Novembre 1831.

Monsieur Fortuné Frélaut,

Vannes, le jeudi.

Nunc tibi, ω παντων φιλοτατε j'envoie librum pedenen ; ce qui signifie en langue vulgaire, mon cher Frélaut, je t'envoie ce livre de prières que tu as laissé chez moi. Tu vas dire que ma langue vulgaire vaut cent fois mieux que l'autre ; mais, mon très cher, les loups ne peuvent pas rugir, ni les lions hurler, et Simon est obligé de parler le langage de la folie : chacun son lot. On m'a dit qu'on a trouvé des grelots sur mon berceau de clisse, quand je n'avais pas six mois ; j'ai été fidèle à ma vocation, je devrais être un grave philosophe, et pourtant j'ai des hochets et des grelots. A Dieu ne plaise que je te soupçonne de choses pareilles ; un abbé !... Tu ne dois plus parler que par poids et mesure, et cependant voudras-tu bien consentir à te charger du rôle d'interprète, pour répéter à de graves personnages ce que moi chétif veux et prétends leur dire ? Car, enfin, en voilà pour longtemps après cette lettre, et il faut bien donner à ces braves gens une marque de souvenir, puisqu'aussi bien leur souvenir ne me quitte plus. Dis donc aux deux compatriotes.. Quoi dire ? Que je les aime de tout mon cœur ? Ils le savent bien ; c'est égal, tu le leur rappelleras. Et à Even, et à Hanguy, et à Mary, que faudra-t-il que tu leur dises ? Que je les remercie de leurs bonnes visites. Rien de plus ? Non, pas un mot. Parlons d'affaires plus sérieuses.

D'abord je te rappelle que tu auras quelque chose à me dire dans trois mois, dans trois ans et dans quinze ans.

Souviens-toi aussi que tu me dois, vu mon amitié pour toi, de ne m'oublier jamais. Je te fais cette recommandation d'abord parce que je suis ombrageux, et tu as pu le voir encore l'autre jour, ensuite parce que je ne pourrais pas me passer de toi. Il me faut quelqu'un à qui je fasse part de *tout moi*. Je me crois digne de ta confiance, tu es digne de la mienne ; ne l'oublie jamais.

Mon caractère me porte à une joie ou à une tristesse immodérées. J'ai besoin d'épanchement. Tu as été mon confident jusqu'ici. J'ai besoin que tu le sois toujours. Au moins nous aurons tous les deux dans nos peines la satisfaction d'être certains qu'il est un homme qui y compatit comme aux siennes. Nous nous consolerons par là de la froide pitié des hommes.

Nous suivrons deux carrières différentes : nous arriverons à la mort par deux chemins différents. Mon voyage commencera bientôt, le tien vient de commencer ; c'est pour cela que je t'arrête aux premiers pas de la route, pour te rappeler nos conventions et te prémunir contre l'indifférence.

Ne regarde pas ceci comme des frivolités ; nous ne sommes, ni l'un ni l'autre, des hommes positifs ; l'amitié doit être surnaturelle ; son langage ne peut manquer d'être étrange. Si ton cœur m'entend nous sommes d'accord.

Parce que le reste des hommes fait consister l'amitié dans quelques services que je rendrais à un indifférent, est-ce une raison pour que nous fassions comme eux ? Tu m'aimes bien ; je t'aime de tout mon cœur, et c'est pour cela que toujours tu pourras lire dans moi. Je t'ouvrirai mon âme. Nos cœurs sont francs ; nos mains sont pures ; joignons nos mains pour nous soutenir et nos cœurs pour nous consoler dans les travaux de la vie.

Frélaut, ne doute jamais de moi. Quand mon âme sera triste, je reviendrai souvent à de pareils objets. Si tu es l'homme qu'il me faut, mon langage ne te sera pas étranger et tu ne regarderas pas mes méditations comme des choses frivoles. Le monde cache son cœur, parce qu'il est corrompu. Nous cacherons-nous le nôtre ?

Je voudrais bien que tu puisses me répondre à tout ceci, car je suis encore triste. Fais-moi l'amitié de conserver mes lettres, comme je conserverai les tiennes. Nous y mettrons quelquefois des réflexions de ce genre. C'est un aliment de l'amitié. Je sens bien que j'ai quelque chose en moi qui n'est pas comme les autres hommes. Aussi n'y a-t-il que toi qui m'entende.

Adieu ; puissent mes lettres te consoler, comme les tiennes me consoleront ! Notre vie, à tous deux, n'a pas toujours été riante, et c'est ce qui doit contribuer à nous attacher l'un à l'autre.

Je t'embrasse bien des fois et me recommande à tes prières.

Ton ami, Jules SIMON.

Lorsque Jules Simon quitta le collège de Vannes, il fut appelé par M. Dufilhol proviseur du Lycée de Rennes, comme maître répétiteur et fit des suppléances gratuites. Voici des lettres qu'il écrivait à son camarade Fortuné Frélaut.

Rennes le 10 Novembre 1832.

Mon cher Fortuné,

Quoique je fusse déjà à Rennes, quand ta lettre fut écrite, je l'ai néanmoins reçue, grâce à la complaisance de ma mère.

Tu vois, mon ami, que je suis un fidèle, car tu sais par toi-même, ce que c'est le service de maître d'études, et si tu y joins l'étude du droit et six répétitions pendant les classes, tu sentiras que le moment que je te donne est un moment qui m'est bien cher. Mais à qui pourrais-je mieux le consacrer ? Ce n'est pas tant l'habitude, ni même la conformité de penchants et de caractère qui perpétuent l'amitié, c'est l'abandon et une confiance sans réserve. C'est là ce que j'ai trouvé en toi, et les amis de cette espèce sont trop rares pour qu'on les perde par sa faute.

Quant à moi, il me semble que plus nos carrières sont différentes et plus mon amitié est forte : aussi, je me flatte que tu me conserveras une place dans ton souvenir, sûr d'avoir toujours la première dans mon cœur.

Tu me trouveras sentimental, mon bon Fortuné, ce sont ces malheureuses fonctions qui me rendent tel. Tu sais que j'ai une malheureuse tournure d'esprit ; le positif est bien loin de moi.

Un homme grave ne verrait dans notre état que des

enfants à punir ; j'y vois des hommes à étudier. Ne me fais pas l'honneur de croire que je les étudie philosophiquement ; la philosophie, dont je m'occupe toujours cette année, lorsque je suis à moi, ne peut trouver place dans mes pensées sitôt que je suis au service. Je suis tout entier à une sensibilité exagérée, à un avenir chimérique. Ce sont des rêves qui ont aussi leurs charmes ; quelquefois c'est le passé et quelquefois l'avenir qui m'occupe.

Je me promène le soir dans mon dortoir ; dans chaque lit, un gros garçon, bel enfant, le plus souvent espiègle ou diable quoique marmot, la face brillante de santé, les mains toutes sales d'encre, dort et ronfle de tout son cœur, sans penser à autre chose qu'à sa toupie et à ses pensums, ou tout au plus à sa classe et à ses prix.

Je suis là, pour faire des chimères à sa place ; celui-là sera-t-il militaire, prêtre ou magistrat ? Ne fera-t-il pas quelque jour une grande action ? Peut-être sera-t-il bientôt père d'une grande famille ? Quel sort l'attend au sortir d'ici ?

Les voilà tous qui dorment ! Combien dorment sur des écueils encore inconnus ! Le lycéen ne pense pas à ces billevesées. Il se lèvera demain matin au roulement, gai comme un pinson ; il mettra le bel uniforme du dimanche, l'habit bleu et le chapeau fin, et s'il réussit à me faire une niche, il sera content comme un gueux pendant plus de huit jours.

Pauvres enfants ! J'en ai condamné un à la prison, ce soir ; voilà deux heures qu'il est couché et je l'entends encore sangloter.

C'est une vilaine passe pour un homme qui adore les enfants comme moi ; mais il me faut faire le mauvais, si je veux qu'on soit bien sage. Dans un collège royal, les bonnes paroles ne sont rien, les récompenses pas grand chose, la sévérité tout.

Ecoute, Fortuné, ce n'est pas ainsi dans ton séminaire, vos élèves ne sont pas habitués à haïr, à railler leurs maîtres, à subir par jour, deux, trois, quatre punitions.

Je me rappelle souvent la galerie du grenier Daudé. Là, nous n'étions pas tous deux chiens de cour. Qui nous l'eut dit alors ? C'est que dans ce temps-là, notre rôle à nous était d'obéir et de murmurer ; aujourd'hui, c'est de gourmander et de punir, voilà la chose.

Puis, toi, tu ne fais pas une quatrième étude, tu as affaire à des jeunes gens ; tu les conduis par la raison, tu es un heureux chien. Nous, nous mordons du matin au soir. — On fait un peu de bruit ; je regarde avec mes yeux noirs ; une petite tête jolie sort de sous la couverture : « Ce n'est pas moi, Monsieur, je vous l'assure »; j'avais plutôt envie de l'embrasser, ou de rire, que de me mettre en colère. Bah ! l'atroce métier ! — Une heure d'arrêt à Révault pour parler sans nécessité. — Il faut en passer par là. On me reproche, cependant, de n'être pas assez sévère. Voilà la police des colléges royaux.

Ton Jules.

P. S. Quant à mes affaires, on me promet pour l'an prochain une chaire de philosophie. Je suis à bonne école pour m'instruire de cette science. M. Dufilhol me donne deux heures de leçon par jour ; j'en ai vu plus dans huit jours qu'avec Monnier dans un an.

Rennes, le 27 Mars 1833.

Monsieur l'abbé Frélaut au Petit Séminaire de Ste-Anne-d'Auray (Morbihan).

Mon cher Fortuné,

Il ne sera pas dit qu'au moment le plus solennel de ta vie, ton meilleur ami t'aura laissé manquer de ses consolations.

Tous les actes irrévocables, Frélaut, obligent l'homme pour toujours et laissent souvent dans l'âme une tristesse qui ressemble à la douleur. Pour toi, qui n'as pas agi légèrement, qui as mûrement pesé toutes les considérations, qui as suivi l'impulsion de ton cœur, tu n'as pas de remords à craindre et par conséquent pas de regrets ; car, crois moi, si une conscience calme n'empêche pas les regrets, elle ne tarde pas à les bannir.

Transmets à ta famille mes félicitations : elles sont sincères en ce que je me réjouis de tout ce qui peut lui faire plaisir. — Je me recommande spécialement à tes prières, mon ami ; demande à Dieu que le malheur ne m'apporte pas l'impiété. J'aurais bien désiré t'embrasser le jour de tes vœux ; car, cette même cérémonie, qui brise à l'avance tout autre lien, doit rendre plus sacrés ceux de l'amitié, et notre amitié, d'ailleurs, est assez pure, je pense, pour que tu puisses la porter aux pieds des autels.

Demande encore à Dieu qu'il nous la continue et la fortifie, si sa Toute-Puissance le peut. Rappelle-toi que mes souhaits et mes vœux t'accompagneront toujours, que mes prières et mes pensées ne seront que pour toi.

Stemfort a dû t'écrire, s'il m'a dit vrai. Il m'a témoigné de la satisfaction de te voir fixé. Que peuvent faire des amis, sinon applaudir à une détermination qu'évidemment la conscience et le cœur seuls ont dictée.

Quand tu seras en vacances, souviens-toi de ta promesse relativement à nos Bretons. Ta dernière lettre nous a fait beaucoup de plaisir et nous a été très utile.

Je t'embrasse de cœur et d'affection et j'attends avec impatience le moment de te voir. J'aurais voulu pouvoir t'embrasser le jour de l'ordination, mais porte ma lettre sur ton cœur et tu croiras y sentir ton ami.

JULES.

Voici d'autre part, deux lettres écrites par Jules Simon, à la même époque, à un autre de ses amis, M. Gallerand, qui devint vice-recteur en Corse, et proviseur à Marseille. Nous devons à l'obligeance de M. Prou-Gaillard, la communication de ces lettres ainsi que d'autres que nous donnons plus loin; quelques extraits en ont été déjà publiés :

Rennes, 11 Juillet 1833.

Mon cher ami,

Votre dernière lettre m'a fait un peu de chagrin ; je crois devoir vous affirmer que le proviseur ne m'avait pas dit un mot de votre lettre. Voulez-vous que je me justifie ? Quelle justification exige donc de moi ma mère à qui je suis resté des mois entiers sans écrire ; vous ne savez pas l'effet que le malheur produit sur moi ; il se concentre et je tombe dans l'inertie à force de passion. Vrai, j'ai passé une partie de mon année dans une atonie complète. Ne croyez pas néanmoins, que mon temps se soit écoulé sans que j'aie mille fois songé à vous. Ce serait mal connaître mon excessive sensibilité que de croire que mes affections sont superficielles et passagères. Celui qui ne veut pas de mon amitié, a ma haine ; mais je ne connais pas de milieu. Certes que je vous aime de cœur, j'ai besoin de vous donner cette assurance, car j'ai besoin d'espérer du retour. Il paraît que nous passerons l'année prochaine ensemble. Je bâtis mes rêves de bonheur sur le plaisir de notre intimité. J'espère trouver en votre commerce la sympathie, la douceur que je cherche en vain depuis longtemps. Nous essayerons au mois d'Août puisque vous y consentez. Nous aurons tant de choses à nous dire ! Les premiers moments s'écouleront vite. Je vous présenterai à vos futurs confrères. Ce sera pour moi, de toute l'année, le moment le plus agréable. Vous me trouverez comme autrefois, tantôt rêveur et mélancolique et tantôt d'une gaîté gênante. Je ne me dissimule pas les désagréments de mes relations. Je sais que je suis souvent trop exigeant, et que l'exaltation, l'exagération de mes sentiments ne convient pas à tous les caractères. Mais j'ose néanmoins présenter ma main avec confiance, parce qu'elle est pure et que celui qui l'a serrée une fois la retrouvera toujours ainsi. Vous avez souffert aussi, Gallerand, je vous plains. Je sais ce que c'est de souffrir, seul surtout. Nous parlerons de nos douleurs, comme nous avons parlé de nos amours, et malgré votre vieillesse prématurée, je sais que je retrouverai dans la fraîcheur de votre imagination et la sensibilité de votre cœur, ces consolations touchantes que je serais si heureux de pouvoir vous offrir.

L'apprentissage de la vie est un dur apprentissage, dites-moi, et il ne se fait pas sans serrement de cœur. Il y a bien des larmes dans nos premières années. Eh bien ! ma confiance en vous me soulagera. J'ai toujours vu qu'on était presqu'heureux quand on avait satisfait au besoin d'épancher ses peines. Je ne souhaite rien tant que de contribuer aussi de la même manière à votre bonheur. Je me fais une fête de vous servir de guide l'an prochain en qualité d'ancien habitant de l'endroit. Je n'irai pas comme cette année, promener dans la foule ma solitude. Je vous conduirai dans un champ, sur une promenade, et il y aura peu d'endroits où je ne pourrai pas vous dire : là j'ai pensé à vous. Vous me trouvez triste, ce sont vos doutes qui m'affligent ; puis je suis un peu malade. Les vacances vont me guérir ; j'en passerai la moitié à Pontivy chez mon frère.

Croyez à la ferveur de mon amitié et à l'impatience avec laquelle vous attend votre vrai et constant ami.

Jules Simon.

Il faut songer que j'étais malade quand j'ai écrit cette maussade épître.

13 Août 1833.

Je connais trop votre caractère boudeur et morose pour ignorer que, si vous êtes de mauvaise humeur, un retard de deux jours suffira pour m'attirer de votre part toute une série de reproches. Sachez néanmoins, jeune homme, que je suis actuellement plus en droit que vous de montrer une telle morosité. Malgré ma philosophie, je ne puis me défendre d'une certaine tristesse quand je me livre à des pressentiments fâcheux. Il y a tant de douleurs et d'obscurités dans mon avenir que l'âme la plus forte ne peut y entrer qu'avec dégoût, sinon avec crainte. Vous m'accusez de dissimulation, je veux me purger de ce reproche. Je veux verser dans votre sein fraternel les émotions qui se partagent le mien. Je vais vous découvrir ce que j'ai fait pour conjurer les rigueurs de ma destinée; j'ai fait repasser tous mes outils, et je me tiens prêt à gagner mon pain à la sueur de mon front, si l'implacable fortune s'obstine à m'accabler de ses coups. Que dites-vous, homme pusillanime, d'un héroïsme qui n'entre pas dans votre cerveau étroit ? Vous ne concevez pas, sans doute, la jouissance qu'on éprouve à polir une planche, à scier un arc-boutant ou à enchevêtrer une mortaise, vous êtes heureux que le sort vous ait amené dans le vaste cercle où s'étend mon influence industrielle pour que je vous fasse participer aux secrets que m'a appris la nature secondée de l'honnête Louis-Jean, ébéniste, rue du Port, n° 15. A l'aide des connaissances pratiques que je me propose de vous faire acquérir, vous pourrez vous dire à l'abri des coups du sort et prêt à résister au destin ou aux recteurs s'ils veulent vous envoyer à Ancenis ou s'ils refusent de vous employer ailleurs. Et, croyez-moi, la philosophie, Monsieur, ne marche pas sans le rabot. Après ces considérations préliminaires indispensables pour l'intelligence de ce qui va suivre, j'ai à vous dire, mon cher ami, que mon voyage s'est opéré sans aventures mal sonnantes et même avec tout l'agrément possible en compagnie de deux nouveaux avocats, mes camarades de collège.

J'ai été très content de ma réception à Vannes, où je me suis acquitté de votre commission. Je n'ai que de bonnes nouvelles à vous transmettre, et l'on a été charmé de recevoir des vôtres. J'aurais désiré, rien que pour vous le redire, voir la mince et délicate jeune fille glisser sur les chaussons, les mains dans les poches, en faisant la moue avec la bouche non moins franche que celle de la Esmeralda, mais, quoique j'aie eu la satisfaction de voir aller à la promenade ses bonnes amies, excellentes commères, la robe à carreaux écossais, escortée du tablier noir à petites poches et à dents de loup n'a pas paru de la journée. Il serait, j'imagine, inutile de vous parler de ma réception à Hennebont, du moins dans ma famille. Mes connaissances m'ont reçu avec la plus grande amitié. Et puis, vous voulez peut-être savoir le résultat de ma visite à M. Legrand, il consent à me laisser maître de retenue du Collège.

Il ne m'a pas dit, néanmoins, qu'il s'opposerait à ce que j'eusse une étude ; je ne lui en ai pas parlé. Le proviseur y songera, je pense. En voilà trop là-dessus. Parlons de vous, mon chéri, mon bijou, mon petit mignon. Pour commencer par le plus pressé (vous m'en voulez peut-être de ne pas l'avoir déjà fait) avez-vous reçu depuis votre départ quelques douzaines de lettres du bon Georges? Il est important que vous sachiez que j'aime cet enfant là à la folie et il faut que je vous en dise la raison ; c'est que je ne l'ai jamais vu. Après une pareille confidence, accusez-moi un peu de dissimulation. Je vais vous poser une seconde question, elle sera embarrassante. Louise Boint ou Goint je ne sais plus, comment vous a-t-elle reçu? Je pense avec toute l'amitié possible. Qui ne vous aimerait pas, mon pauvre garçon, surtout quand vous n'avez pas de caprices et je dois dire, à votre grand honneur, que nous n'avons pas eu cette année le moindre reproche à vous adresser à ce sujet.

Passez en paix et en repos la partie des vacances qui vous est laissée, donnez à votre famille et au travail les trois quarts de vos journées, gardez le dernier pour songer à Georges, et tâchez, dans les intervalles, de vous rappeler mon nom.

Je vous exhorte, et pour cause, de ne pas négliger votre Italien et votre Espagnol, et je me recommande à vos bonnes prières. A vous corps et âme.

Jules Simon.

Que je vous enjoigne de m'écrire sous peine d'encourir mon ressentiment et ne plaisantez pas avec moi, jeune homme. Qui ne veut pas mon amitié a ma haine. C'est beau et tragique et sentimental, c'est digne de moi.

Je vous embrasse fort.

Jules.

L'ÉCOLE NORMALE

L'Ecole Normale

J'arrivai à Paris en Septembre 1833. Je descendis de l'impériale de la diligence, dans la cour des Messageries, rue St-Honoré. Je jouais une forte partie. A la suite du concours écrit, on appelait vingt d'entre nous pour subir l'épreuve décisive du concours oral à l'Ecole normale. J'avais obtenu le n° 12. Il y avait dix bourses. M. Cousin trouvait le moyen de faire entrer quinze élèves, en divisant chacune des cinq dernières bourses en deux demi-bourses, mais comme j'étais parfaitement hors d'état de faire les frais d'une demi-bourse, si je ne parvenais pas à être classé dans les cinq premiers, c'est-à-dire à gagner au moins sept places, il ne me restait qu'à repartir immédiatement pour Rennes. Mon frère aîné m'avait donné toutes ses économies, et malgré cela, il me faudrait faire toute la route à pied, plus de quatre-vingts lieues, et accepter du recteur de l'Académie le premier poste qui me donnerait du pain. Nous prîmes ma malle, un camarade et moi, chacun par une poignée, et nous la portâmes jusqu'à l'hôtel d'étudiants de la rue des Mathurins-St-Jacques où il m'avait retenu une mansarde. C'est ainsi que je fis mon entrée triomphale dans la ville de Paris. Huit jours après, j'étais reçu le second à l'Ecole normale, et j'étais l'homme le plus heureux de la création.

L'Ecole normale, à cette époque, n'était pas établie dans les spacieux bâtiments de la rue d'Ulm. Elle habitait l'ancien collège du Plessis, qui avait servi d'asile, sous l'Empire, à la Faculté des Lettres et qui fait à présent partie du Lycée Louis-le-Grand, qui nous y donnait l'hospitalité.

Cousin était notre directeur. Nous étions, pour tous les gens du dehors, l'école de Cousin ; on disait l'école de Cousin, comme on aurait dit l'école du Duc de Luynes. L'école avait été bâtie en plusieurs fois, et les plus anciennes parties de l'édifice ne tenaient debout que par un miracle. Il y avait surtout un portail, donnant sur la rue St-Jacques, qui servait d'entrée particulière à l'école, et sous lequel on ne passait pas sans trembler.

On entrait donc par cette masure soutenue tant bien que mal, à l'aide de deux ou trois poutres, et dans laquelle le portier occupait une sorte d'échoppe. On avait devant soi une cour assez longue, où plutôt, une allée bordée, d'un côté par une haute muraille, et des trois autres par des bâtiments fort maussades, qu'on aurait pu prendre pour une caserne en mauvais état, ou pour un hôpital. Il y avait pourtant un essai d'embellissement : c'était une rangée d'arbres malingres, qui semblaient languir le long du mur, pour bien démontrer l'absence du soleil.

Nous avions là-dedans, au rez-de-chaussée, un réfectoire et deux salles de conférences, mal éclairés par de petites fenêtres ; à l'entresol, étaient : le logement du Sous-Directeur et la bibliothèque, toute petite bibliothèque, rangée sur des tablettes mal équarries, avec une table de sapin et des chaises de paille pour tout mobilier. C'est là que Cousin faisait son cours le dimanche. Le premier étage était occupé par une grande salle d'études, commune aux deux premières années des lettres, et par un dortoir unique où couchait toute l'école. La troisième année des lettres habitait le troisième étage, sous les toits. Nous y étions en liberté dans quatre chambres : la chambre des philosophes ; la chambre des lettrés ; la chambre des historiens et la chambre des grammairiens. Pauvres grammairiens ! C'étaient les fruits secs de la première année, ceux qui avaient échoué aux épreuves de la licence. Ils ne restaient que deux ans à l'Ecole, et se trouvaient ensuite relégués, avec de maigres appointements, dans les classes de cinquième et de sixième. Nous les regardions et ils se regardaient de bonne foi, comme des créatures inférieures. La grammaire a bien pris sa revanche depuis ce temps-là.

Nous avions quatre professeurs : M. Mablin, pour le grec ; M. Gibon pour le français et le latin ; M. Lebas pour l'histoire, et M. Theuillard pour la philosophie.

La première chose que je compris, malgré mon succès, dû à une certaine facilité de parole, ce fut que mes camarades d'école en savaient beaucoup plus que moi, sur toutes les matières. Les maîtres par malheur, ne manquèrent pas de faire en même temps la même découverte. J'apportai à M. Mablin la traduction en grec d'un chapitre de *Télémaque*. « Je ne puis vous corriger cela, dit-il, c'est une série de solécismes et de barbarismes ». Je le crois bien ! J'avais découvert le grec, l'année précédente, quand j'avais pensé à me préparer à l'Ecole. Mes professeurs de là-bas n'en avaient pas la plus légère idée. Même ignorance en histoire, en philosophie. J'aurais pu trouver grâce auprès de M. Gibon, car je savais assez bien le latin, et je tournais un discours français aussi bien qu'un autre ; mais j'eus le malheur de débuter par une rapsodie romantique, qui ne valait pas le diable, et qui me brouilla avec lui pour jamais.

Je travaillais de mon mieux à refaire mon éducation. La difficulté était énorme. J'étais en réalité un commençant. Je songeais avec amertume à tous mes prix du collège de Vannes, aux espérances qu'on fondait sur moi. J'amassai cependant quelques connaissances cette année-là. On me savait gré de tant d'efforts ; les bienveillants disaient que je n'étais pas plus bête qu'un autre, mais qu'on n'aurait pas dû me recevoir à l'Ecole, puisque je n'étais pas en état de suivre les cours. Quand je pus prendre sur moi de penser à autre chose, après le premier choc, je pensai à mon âme.

Nous croyons devoir ici, interrompre la suite des souvenirs, pour publier les lettres que Jules Simon adressait à cette époque, à ses deux plus chers amis, M. Gallerand et M. Frélaut.

Elles ont été écrites par Jules Simon à l'âge de dix-neuf ans, alors qu'il était à l'Ecole normale ; elles nous donnent dans l'abandon de l'intimité, ses impressions, ses sentiments, ses troubles d'âme, car c'est à cette époque que les questions religieuses le préoccupaient puisqu'il s'était mis à la recherche d'un directeur de conscience et s'était adressé en vain à Jouffroy et à M. Anadèle, procureur général des lazaristes.

Paris, le 13 octobre 1833.

Mon cher Gallerand, je ne vous avais pas promis de vous écrire avant l'examen, et vous voyez que je le fais. Ce n'est pas cependant dans la vue de vous faire plaisir que je m'y suis déterminé ; je me trouve ici si isolé, malgré ma compagnie, que j'ai besoin de bien me persuader que c'est à un ami que j'écris pour ne pas m'imaginer que je suis seul, tout seul dans le monde. Quoiqu'il en soit de cette petite circonstance, je vais faire maintenant deux choses. D'abord, vous parler un peu, parce que vous le voulez bien, de mes affaires, qui ne sont rien moins qu'agréables, et ensuite vous commencer d'interminables récits sur Paris et la banlieue, et sur mon voyage. Au plus pressé. Ce ne sont pas du tout des billevesées, ni des visions, ni des chimères que j'ai eues pour l'examen. La première parole que m'ait dite le directeur a été : tout est remis en question. Cependant, on ne renverra que trois candidats, peut-être que deux. C'est toujours plus rassurant..... les examens finissent dimanche (aujourd'hui en huit). Parlez de cela à Monsieur le proviseur. Je ne veux pas vous tourmenter des inquiétudes qui me trottent par la cervelle à ce sujet-là. Il ne faut pas que je vous rende ma correspondance désagréable dès le premier jour..... mais vous comprenez assez mes craintes. Oh! si je savais du grec la valeur de deux ou trois francs seulement, j'aurais bien plus de sécurité. Mais le directeur m'a dit que mon rang m'avait été disputé bien fort par le 13e qui est un élève de Louis-le-Grand. Enfin, je ne vous en parle que trop; seulement je vous prie de savoir à ce sujet-là l'opinion du proviseur, et de me l'écrire poste pour poste. Je vais vous donner quelques détails. Que l'incohérence de ma lettre ne vous étonne pas. Je suis dans la compagnie de deux gens qui comptent les occupations des autres pour rien du tout.

Le voyage s'est effectué sans accident ni maladie. Nous sommes restés 18 heures à Alençon. C'est un joli endroit, belles rues, larges, bien pavées, belle église, hôtels grand genre, maisons propres, petites et mesquines. Ce qu'il y a de plus beau sur la route, c'est Versailles. Vous ne sauriez croire comme le palais du roi y est beau. Des escaliers de 50 pieds de large et de 60 à 80 degrés, un parc de toute beauté. De Versailles à Paris, ce n'est qu'une rue. Je suis entré par la barrière de Sèvres. Jugez de l'enchantement : à droite la Seine avec le pont en fer, des quais superbes, le dôme de l'Institut, le palais des députés ; à gauche les Champs-Elysées, le Ministère de la Marine, la colonne de Napoléon, la chancellerie. C'est très beau ; aussi, je suis parisien en diable, et je vous réponds que, si je suis obligé de partir, ce sera pour moi un fameux crève-cœur : je ne m'y attends que trop ; je ne sais l'histoire qu'en gros, et du grec rien, et ma place m'a été disputée par un Louis-le-Grand ; vous jugez. Je suis à peu près décidé, si je ne vois pas à faire mon droit à m'engager dans le régiment de mon oncle. Mais je reviens encore sur un sujet dont je ne voulais plus parler ; c'est que, mon chéri, quand on fait d'une lettre un épanchement du cœur, et que le cœur est rempli d'une idée, le trop-plein cherche toujours à s'épancher au dehors.

Votre Jules.

Paris, le 19 Octobre 1833.

Mon Gabriel, c'est tout à l'heure que nous allons apprendre, je l'espère du moins, le résultat de l'examen. Les miens ont été terminés avant-hier. Cette lettre ne partira pas qu'elle ne puisse vous apprendre mon sort ; peut-être ne me précédera-t-elle que de quelques heures.

Je vais vous rendre un compte exact de la manière dont on s'y est pris pour *vérifier*, disait-on, le premier concours. D'abord, pour plus grande facilité, nous n'avons pas été interrogés publiquement. Nous avons pu voir de la porte des examens qui nous touchaient de trop près pour qu'on eût pu croire que nous n'y serions admis que pour notre propre compte. M. Dufilhol pensait que je remonterais. C'est son intégrité qui le trompe, parce qu'il cherche en lui la conduite de nos juges; mais je veux vous dire, Gabriel, que les trois victimes étaient désignées par eux. Lorqu'on les a appelées ici; il m'a été impossible d'en douter. Il y a eu quatre examens. 1° Philosophie. J'ai entendu, par raccroc, l'examen de Morin, sur l'objet et la division de la philosophie. Il a été si gêné par le professeur qu'il s'en est mal tiré à mon avis, et non pas au sien. Il en a été de même pour moi. Interrogé sur l'immortalité de l'âme, j'ai répondu par le désir de perfectibilité puis par cette preuve de Rousseau : tout ne finit pas avec la vie, tout rentre dans l'ordre à la mort. Ces deux preuves ont été regardées comme n'étant d'aucune portée, et le professeur, au lieu de m'en laisser faire l'exposition et le développement, s'est mis à épiloguer sur le mot immortalité, et m'a conduit de subtilités en subtilités, de niaiseries en niaiseries, à une discussion tellement stupide, que je me suis vu contraint de lui dire : Monsieur, quand vous m'avez demandé la preuve de l'immortalité de l'âme, me faisiez-vous une question de grammaire ou de philosophie? Il m'a ensuite interrogé sur l'analogie et a trouvé très mauvaise la définition de Reid, que je lui ai donnée; puis, sur l'association des idées, il m'a demandé si j'entendais par là une attraction physique, ou une assemblée de sociétaires, etc.,

etc.; enfin, les caractères d'une langue bien faite, et il a voulu me faire mettre le vague au nombre de ces caractères; sans le vague pas de sublime. Ce singulier animal se nomme Thuillier. Il est professeur dans un des collèges de Paris. Il disait à un de ses élèves admissible à l'école : allons, Monnier, voyons cette question de l'existence de Dieu : vous vous souvenez : c'est la dernière que vous avez traitée à Louis-le-Grand. L'autre a débité son chapelet comme des pâtenôtres. 2° Grec. Le professeur Lebas a été très bon. Je n'ai pas fait de contre sens comme à Rennes; quelques mots que je ne savais pas. C'était du Xenophon. 3° Histoire. J'ai bien su, excepté des dates, et j'ai eu le tort de dire à Monsieur Michelet que j'avais eu peu de ressources pour l'histoire. Au total, il a paru content. 4° Latin. Tacite, Horace et rhétorique. Le professeur Gibon, m'a dit que c'était très bien, très bien. De fait, je me suis bien tiré de cet examen. Somme toute, si on me renvoie, c'est qu'on le voudra bien. Mais jugez : chaque examinateur était dans une chambre à part; ils nous ont fait à chacun des questions différentes. Quel jugement assoieront-ils sur cette base ? Le fin mot, et cela n'est pas un secret dans l'école, c'est que, n'ayant pas osé, pour les compositions, donner aux trois derniers (tous trois de Paris), un rang qu'ils n'avaient pas, ils ont pris le parti de les appeler avec nous, de faire tout dépendre d'un examen. Et qui empêche un professeur de faire à son élève une question sur laquelle il le sait en état de répondre ? Pitié, voilà le compte-rendu de l'examen. Le résultat..... nous l'attendons.

Même jour. — 11 heures du matin. — On vient de nous dire que la commission ne s'assemblerait que demain dimanche, et qu'on ne saurait le résultat que lundi. Ces messieurs seraient trop bons de se déranger. Il ne s'agit que de fixer le sort de quinze jeunes gens !

Lundi 21 Octobre, 5 heures du matin. — Je ne sais pas si je vais terminer ma lettre à l'école ou si on m'enverra la finir à l'hôtel Corneille. Tout le monde croit que je m'en vais — ma position n'est pas agréable, enfin c'est le lundi aujourd'hui. — 9 heures. On vient d'appeler chez le Directeur les trois victimes : le 5e, le 6e et le 8e du premier examen. Tout le monde, beaucoup de monde, c'est-à-dire, est étonné que je n'en sois pas. Le plus étonné, c'est encore moi. Il est souverainement injuste qu'ils soient renvoyés et que je reste ; plus injuste encore que les trois derniers restent ; ils sont de Paris, et les exclus de province ; c'est là le mot de l'énigme. On nous a dit que le premier est Madol, auparavant le neuvième. Je saurai la place de Morin et la mienne avant de clore ma lettre.

Je puis donc vous donner quelques détails sur notre école, je dis notre, mon chéri, puisque vous y serez l'an prochain. A l'important, on n'impose pas de devoirs : chacun travaille à son choix ; nous avons en première année des conférences : 1° de philosophie ; 2° d'histoire ancionnne et romaine ; 3° de sciences, physique et algèbre ; 4° de langue latin, grec, anglais, allemand. On sort les jeudis et dimanches jusqu'à 8 heures du soir. On est bien nourri et très mal couché. On se lève à 5 heures, on se couche à 10. Voilà quelques renseignements. Je vous tiendrai au courant de tout. Recherchez les occasions de m'écrire, je n'y manquerai pas de mon côté.

Dites au censeur, si vous croyez que cela l'intéresse, que je me trouve le 3e à cet examen-ci, à ce qu'il paraît, et Morin le 7e.

Paris, le 27 Novembre 1833.

Le petit bout de lettre que vous m'avez écrit dans celle d'Ayrault, Gabriel, tout minime et un peu glacé qu'il m'a paru, n'a pas manqué de me faire beaucoup de plaisir comme tout ce qui me vient de vous. Je serais quelquefois tenté de vous faire des reproches en voyant que vous m'avez quasi-abandonné; mais, voyez, j'aime mieux vous prêcher d'exemple. Puis je vous connais trop bien, pour n'avoir pas de sécurité; ainsi je vous prie seulement, et je ne vous gronde pas. Vous ignorez sans doute le délaissement où je suis, et voilà pourquoi vous êtes tranquille; mais figurez-vous bien que jamais St-Jean ne fut plus seul dans le désert que je ne le suis à Paris. Il n'y a qu'une différence, c'est que lui, au moins, il pouvait vivre avec ses pensées, et moi j'ai beau faire effort pour vivre aussi en dedans de moi, il y a toujours, sur 60 que nous sommes ici, quelque importun qui m'entraîne au dehors. Si vous saviez la peine que cette interruption me cause chaque fois, vous auriez pitié de moi vraiment. Vous comprenez qu'il faut qu'on n'ait trouvé au dehors que désappointement et dégoût, quand on est obligé ainsi de se replier et de se concentrer en soi-même. Il y a un monde où j'ai toujours été, et je sais bien qu'il faut s'isoler pour y être, mais un isolement complet abat, c'est à deux qu'on est heureux de se séparer du reste.

Je n'ai d'autre ressource que de vous écrire, mais tenez, si vous sentiez comme moi maintenant le vide et le faux qui regorge dans la vie, si nous étions ensemble à nous dire tout cela, nous nous comprendrions et nous consolerions mieux. Enfin, vous, du moins, vous avez Ayrault à qui vous pouvez parler ; ici, si je veux dire quelque chose de semblable, autant parler aux murs. Et c'est pour cela que je vous prie de m'écrire. Vous ne doutez pas que chaque jour ne contribue à m'éloigner de l'amitié de Morin ; d'abord il repousse la mienne de toutes ses forces et puis il ne m'entendrait jamais. Vous savez bien, car je vous l'ai dit que c'est de niais qu'il me traite. Je veux bien. C'est que c'est bien facile quand on n'est pas organisé d'une certaine manière de traiter avec dédain ceux qui sentent autrement. Je vous assure que j'aime mieux encore me ronger de besoin d'avoir quelqu'un à chérir que de me croire un grand homme parce que je crois vivre en me suffisant à moi-même. Je serais bien fâché de vous faire croire qu'il y a de l'animosité dans ce que je vous dis. Je connais toutes ses grandes qualités, et j'ai pour lui la même estime que toujours, mais le moyen, je vous le demande, vous qui pensez comme moi, d'être lié avec quelqu'un qui n'a ni modestie ni sensibilité ? Ce que je vous dis de lui, appliquez-le à tout le reste de l'Ecole, excepté deux qui ont passé de l'autre côté, et se sont jetés dans l'affectation. Ne vous étonnez pas, après cette confidence, que je vous appelle ici de toutes mes forces ; c'est qu'ayant toujours trouvé en vous ce que je cherchais, je crois qu'une fois ensemble, nous pourrons nous passer du reste. Vraiment la vie d'un élève de l'Ecole Normale n'est dure qu'à condition d'être isolé. Vous verrez comme nous caresserons l'avenir, comme nous aimerons toutes les pensées de bonheur qui nous viendront dans le présent, comme nous aurons de quoi nous consoler de l'indifférence. Je ne crois pas que le cœur puisse être desséché par les mécomptes et l'indifférence de tout le reste, quand on a un cœur pour appuyer le sien. N'est-ce pas que vous me comprenez ? Les autres seront 58 et nous serons deux. Je pense à cela, le jeudi et le dimanche, quand je cours les rues tout seul, tout seul, en pensant que j'ai une famille, que j'ai des amis, et qu'ils sont là-bas à plus de cent lieues. Il faudrait m'écrire, voyez-vous, Gabriel; je lirais vos lettres en sortant de Notre-Dame de Paris ; car c'est ici le seul être avec lequel j'aie des conversations, c'est-à-dire que c'est en y allant seulement que je trouve quelque chose qui soit en harmonie avec les pensées vagues, grandes et douces qui me remplissent. J'ajoute ce petit commentaire de peur que vous me traitiez de romantisme, parce que je sais que vous ne l'aimez pas, et que moi je ne l'aime guère non plus, du moins quand il passe les bornes. Mais vous savez bien que j'ai l'habitude d'écrire les mots qui me viennent, c'est pour cela que mes lettres sont quelquefois si drôles, que je voudrais ne pas les avoir écrites ; mais je n'y peux mais, il faut que j'écrive comme je vois, ou bien j'imagine tout de suite faire un discours de rhétorique. Avouez-moi à présent que depuis que vous lisez ceci, vous vous impatientez que je ne parle autant dire que de moi, et que vous cherchez force détails sur l'Ecole. Je ne vous en donnerai pas cependant, et la raison c'est que Morin doit en avoir donné au Proviseur, et qu'il recevra de moi par la première occasion une lettre qui en contient je pense davantage et qui est toute faite ; en sorte qu'il en saura autant que nous. Je vais néanmoins vous dire mon opinion sur la direction que vous devez donner à votre travail, et je me fonderai sur ce que je sais de la manière de nos professeurs. Je crois la connaître maintenant d'une manière suffisante. D'abord, pour la philosophie, il faut que vous vous imaginiez que M. Dufilhol est tout un autre homme que M. Thuilier, et que sous ce rapport vous tomberez ici du pré dans la lande. La seule chose que je trouve commode, c'est que nous suivons l'ordre du programme, programme qui au reste lui déplait, et qu'en suivant cet ordre nous nous préparons tout directement à l'examen. Ainsi voilà un premier point; soit que vous procédiez ainsi dans vos leçons ou non, pour vos études particulières, faites un cadre pour la réponse de chaque question du programme et exercez-vous sur ce cadre à soutenir vos propositions, et à les expliquer par des exemples pris dans la nature extérieure. Si vous pouvez vous habituer à la discussion, rien ne vous sera plus utile ici. Tâchez aussi d'avoir des idées bien nettes sur la synthèse et l'analyse, sur l'objectif et le subjectif, vous êtes à bonne école, profitez-en. Je vous tranche un peu tout cela, voici pourquoi : c'est qu'en effet je suis sûr de mon affaire. En faisant ce que je vous dis là, vous éviterez le reproche qui m'a été fait à mon examen de ne pas être assez accoutumé à la discussion et de ne pas me servir d'exemples vulgaires. Pour vous montrer néanmoins, qu'on n'est pas ici d'une force majeure, c'est que j'étais le second pour la philosophie. Il est vrai que le premier et même 4 ou 5 autres sont plus forts que moi; mais enfin la bonne place que j'ai eue est un encouragement pour ceux qui savent combien je suis médiocre en cette matière. Je vous laisse pour dernier conseil sur la philosophie d'étudier uniquement Reid et D. Steward.

Ce sont les auteurs de première année à l'école. Gardez-vous bien de vous occuper exclusivement de philosophie. Etudiez le grec à force en faisant des thèmes dans Télémaque et en vous familiarisant, le plus possible, avec les formes des verbes et les accents. Quant au texte, on vous demandera ou Hésiode ou Thucidyde, etc..., mais l'explication mot à mot est très peu importante. En traduisant du français en grec deux pages par semaine, vous ne serez pas rejeté comme moi en grec au numéro 10, et comme Morin au n° 12.

Je passe à votre partie de prédilection. Vous serez examiné par l'idole de l'école, M. Michelet. Malheureusement il ne fait que les cours de deuxième année. Si vous voulez mon avis, commencez par savoir une foule de dates parce que une moitié du temps de l'examen est consacrée à cela, ensuite étudiez les faits autant que possible, pour l'histoire ancienne, dans les originaux comme Hérodote principalement, Diodore de Sicile, Josephe, etc.., seulement pour les époques importantes. Lisez de même pour les faits essentiels les auteurs de l'histoire moderne, surtout *l'histoire de la Civilisation* de Guizot et *l'histoire de France* de Michelet, qui parait maintenant. Pour le menu des détails, les cinq précis que vous prêtera M. Vallée sont tout à fait suffisants. Peut-être avez-vous déjà fait tout cela. Je ne puis pas vous dire mon numéro en histoire ; d'ailleurs, peu importe, puisque vous ne savez pas ce que je sais en fait d'histoire. Parlons du latin, car cet examen est au moins aussi important que les autres. Je vais vous consoler tout à fait pour cet article-là ; demandez ma force à M. Dufilhol, il vous dira que j'explique bien, mais que j'écris mal. Cela est bien vrai, surtout dans la dernière partie. Pourtant le professeur m'a dit hier que c'était moi qui écrivais le mieux, et à l'examen, j'étais le premier pour le latin. J'aurais bien mieux réussi si j'avais lu Lucrèce, Plaute, (surtout Plaute) Térence et beaucoup d'auteurs latins. Voilà les principales choses; si vous avez le temps, étudiez l'anglais, vous verrez comme ça vous sera d'une immense utilité. Je vous garantis qu'en travaillant de la sorte vous ne pourrez pas manquer d'être le premier, au moins au deuxième concours qui est le seul dont le résultat reste, comme vous avez pu voir par l'ordre où étaient nos noms sur le moniteur du 12 Novembre. N'ayez pour le reste aucune hésitation. Je vous assure, si j'ai le droit de juger de vous par moi, qu'étant ici tous les deux, nous nous y plairons beaucoup. La seule chose qui ne me plaise pas, c'est le caractère des élèves, et nous saurons bien les laisser. Pour parler de choses plus sérieuses, je vous prie de me dire, en quelques mots seulement, dans votre prochaine lettre, où vous en êtes pour la religion. Vous ne pouvez pas douter que l'isolement où le monde me laisse ne m'ait ramené vers Dieu avec plus de force que jamais. Au moins, celui-là ne répond pas à l'amitié par l'indifférence, l'égoïsme ou le mépris. Il n'y a qu'avec lui qu'il n'y a pas de mécompte. Je suis entré dans une voie un peu dure, et c'est encore une des raisons pour laquelle j'ai besoin de causer avec vous. C'est mon refrain perpétuel, une lettre! Morin a bien de la religion, c'est vrai, mais que je vous dise, il la fait consister à dire ses prières et à faire maigre le Vendredi..... principalement sans doute, car il pratique aussi la morale et mieux que je ne ferai jamais. Pour moi, avoir de la religion, c'est d'abord avoir un avenir et un appui, et vivre conséquemment avec ses croyances. Ce qui est de la discipline, ne vient qu'après. Je ne vous réitère pas toutes les questions que je vous faisais dans ma dernière, ou mon avant-dernière, je ne sais plus; car je vous écris tout, moi. Il n'y a que vous qui soyez paresseux. Comme vous n'y avez pas répondu, elles restent pour votre prochaine, et puis je voulais vous dire aussi, il faut que vous me disiez si vous avez de l'amitié pour moi ; vous finissez votre lettre en me disant que vous m'aimez, mais c'est bien vite dit ; je crois presque que j'en dirais autant à Lestyr. Vous voyez bien que je suis exigeant, la raison en est simple ; elle est toute dans mon affection pour vous. Je vous gâte, mauvais que vous êtes, vous ne m'en aimez pas mieux. Voici une étude que je perds à vous écrire, parions que vous ne seriez pas capable d'en faire autant, hein ? Surtout si vous toussiez comme un malheureux depuis 15 jours ? Enfin je ne veux pas trop faire valoir mon mérite dans la crainte de vous éclipser. Il faut que je vous avoue que j'ai fait avant-hier à la paresse, et un peu à la santé le même sacrifice que je vous fais : je suis resté jusqu'à 7 heures au lit. Je ne sais si vous vous intéressez à savoir que l'heure du lever est à 5 heures. Au fait, je puis vous tracer rapidement le réglement de l'école. A 5 heures lever, étude jusqu'à 7 1/2, déjeuner au pain sec à l'étude même jusqu'à 8 heures, étude jusqu'à midi moins un quart. Diner et récréation jusqu'à une heure et quart, étude jusqu'à 4 heures et demie, récréation jusqu'à cinq, étude jusqu'à 8, souper et récréation jusqu'à 9 moins un quart, étude jusqu'à 10 heures. Les jeudis et dimanches sortie de midi à 8 heures. Quant aux conférences, elles ont lieu pendant une partie des heures de classe. Et puis, une chose, c'est qu'il n'y a qu'une étude pour la première et la seconde année. Or comme on choisit, entendez que nous serons voisins. Je vous exhorterai à venir à Paris 15 jours avant, d'abord pour visiter la ville avec moi qui ne vais pas en vacances, puis pour vous livrer à l'examen sur mes cahiers, ce qui sera excellent parce qu'ils sont les résumés des questions de vos examinateurs; enfin pour avoir le choix du lit, de la table, etc... Et j'allais oublier une chose bien importante, c'est que j'ai entendu dire vaguement que l'an prochain on admettra tout au plus 3 ou 4 élèves à la bourse, et ensuite une vingtaine en payant demi-pension (460 fr.). Il est possible aussi, que ceux d'entre nous qui seront dans la seconde moitié après les examens de fin d'année soient soumis à la même mesure; et alors, il n'y aurait rien d'impossible à ce que vous vinssiez prendre ma place ici et moi la vôtre à Rennes. Au reste, je vous donne cela pour des ouï-dire, ce n'est même pas le bruit de l'école, c'est au collège Rollin qu'on me l'a dit. A propos de collège, on s'y croit presque retourné les premiers temps qu'on est ici, parce qu'on se tutoie et que nous avons le même ordinaire, la même infirmerie, les mêmes vêtements que le collège Louis-le-Grand qui est dans la même maison que l'école. Seulement notre habit et notre redingote sont de forme bourgeoise, à la mode, avec les palmes au collet, mieux cependant, quoiqu'assez ignobles, que celles de vos normaliuncules de Rennes. Du reste, encore une fois, je m'y plais pour tout ce qui n'est pas du cœur. Quoique j'aie chargé Ayrault de mes respects pour le proviseur, obligez moi de lui parler de moi; on ne lui dira jamais assez combien je le regrette et quel plaisir m'a fait sa lettre. Ce sera ma dernière parole pour aujourd'hui; croyez-moi, mon chéri, aimez-moi de tout votre cœur, ce sera une charité; et puis, après tout, ce serait encore l'acquittement d'une dette.

Votre Jules.

Quand vous viendrez au mois d'octobre, je vous ferai voir l'Opéra, c'est magnifique. Il faut pourtant que je me détermine à vous quitter pour une nomenclature chimique. Adieu, mon bon, soyez sûr qu'il n'y a pas de creuset ni de cornue qui fera tourner en vapeur mon amitié pour vous.

Bonjour à Casimir.

Quoique je demande une lettre pour tout de suite, çà ne m'empêche pas de compter avec autant de force sur un énorme cahier par Caurant. Donnez-vous bien garde d'y manquer, jeune homme.

Je vois par votre lettre que vous étudiez Cousin, rien de mieux, mais, encore une fois, les auteurs adoptés ici sont : Reid et D. Stewart. Il ne faut pas vous mettre dans la tête que c'est Cousin qui interroge. Faites marcher les deux ensemble, ou plutôt consultez le proviseur. Je lui parle aussi de tout cela dans la lettre que j'ai pour lui.

Suite du billet à lire après la lettre. Ce n'est pas une raison pour faire le sauvage, mais je sais bien que vous mentez.

Je vous quitte. Ayrault a dû recevoir une lettre de moi ces jours-ci. Savez-vous ce qu'il me dit, qu'il a eu de la peine à vous arracher de vos bouquins pour m'écrire. Si c'était vrai je serais solidement en colère. Adieu, bon ami. Rêvez aussi de moi le soir.

Votre Jules.

Je suis un peu malade de la poitrine, mais ça ne sera rien.

C'est moi qui ai recacheté la lettre comme vous le voyez par le cachet.

Jules SIMON.

Paris, 7 Décembre 1833.

Voyez, mon chéri, je commence ma lettre le jour même où je reçois la vôtre, n'est-ce pas exemplaire ? Je doute cependant que vous puissiez la recevoir de suite, car il me faudra la faire à bien des fois. J'ai peu de temps, et puis, pour vous dire tout, quoique certes ce ne soit pas le travail qui me fatigue, il s'en faut beaucoup que j'aie une bonne santé; mais le moyen qu'il y ait en moi quelque chose de bien! C'est pure misère, laissons cela. Pour cette fois vous n'attendez plus de détails d'école. Je ne vous en ai que trop ennuyé; il ne vous faut pas non plus de nouvelles exhortations d'y venir, vous y êtes décidé, je le vois, mais il vous reste du découragement. Vous ne croyez pas votre pauvre ami qui a risqué sa parole d'honneur uniquement sans doute pour se jouer de vous ? Mais vous ne voulez pas non plus que je plaisante, et vous avez raison; elle n'est pas plaisante votre lettre, mon ange, elle m'a fait mal. Mes plaisanteries à moi sont quelquefois sérieuses, Gallerand; elles partent plus de l'amertume que de l'enjouement. Je ne vous ai parlé de mon amitié qu'en plaisantant, dites-vous. Oh! vous savez maintenant qu'il n'y avait que la forme; ni vous ni moi ne sommes assez forts pour nous jouer de l'amitié. Plutôt se jouer de la vie ! Ma raison, Gabriel, c'est cela qui m'arrête longtemps avant de me découvrir à nu, à moins de l'entraînement de la conversation (car vous n'oubliez pas l'enfer, je suppose ?) c'est que je crains de devenir triste au cœur des autres; parce que le mien ne me fournit pas souvent de joie, et qu'il y a, dans mon existence, un grand fonds d'ennui et de douleurs. J'avais peur, voyez-vous, de désenchanter vos illusions, parce que, en dépit de vos lettres, je les ai longtemps cru riantes; mais puisqu'enfin vous êtes malheureux aussi, Gabriel, et que je ne crains plus de vous communiquer la contagion de la misère, laissez, je ne vous dirai souvent que trop sérieusement mon cœur. Si je pouvais remonter votre énergie, vous rendre votre vigueur, vous rappeler à tout ce que le découragement vous fait oublier, je serais trop fier de la puissance de mes consolations. Vous savez que je ne peux les puiser que dans mon amitié; mais quelle raison a-t-on de se plaindre si cruellement quand on a un cœur pour appuyer le sien? Tant d'autres passent leur vie au milieu du monde comme des solitaires contraints de l'être ! Et vous, la nature vous a accordé, dès le commencement, toutes les affections que l'homme peut avoir. Vous avez un père et un guide dans le proviseur, vous avez à jouir de la candeur et de la bonté de votre Georges; vous pouvez rêver à loisir, dans un avenir rapproché, la bonne petite

Léonie, et grouper toutes vos idées, tous vos plans autour d'elle; je ne parle pas de moi, et pourtant si je m'interroge, je sens que c'est une consolation encore que d'avoir un ami qui fait la même route que soi et dont l'affection et le dévouement ne savent pas avoir de bornes.

Eh bien, de tous ces bonheurs-là, qu'est-ce que vous avez fait ? Vous avez tout subordonné à un problème, et puis, quand une fois toute la masse de votre félicité à venir a été attachée dans votre mauvaise tête, à votre admission dans l'école, vous vous êtes figuré qu'un pareil bonheur ne pouvait pas être espéré, et voilà comment vous vous êtes fait des monstres à propos de rien. Oh! mon chéri, de la confiance en Dieu ! De la foi à la providence ! c'est tout, tenez; Foi, Confiance, il n'y a de vie que là, il n'y a d'espoir que là; je me jette tous les jours de plus en plus dans cette croyance, et si j'ai quelque énergie, c'est là que je voudrais la concentrer. Nous sommes heureux au moins, nous allons ensemble, et laissez-la faire, la providence; puisqu'elle nous a faits pour nous soutenir, elle saura bien nous mettre ensemble, et alors, voyez-vous, nous serons un à nous deux, et nous aurons un trésor de consolations pour tous nos chagrins. Vous savez ce que je suis, je sais ce que vous êtes ; ce que je vous demande ce n'est pas une amitié terre à terre, d'ici-bas, qui s'effraie d'un monde au-dessus du positif. J'ai placé mes devoirs plus haut; il me faut donc un dévouement, parce que moi, qui suis si petit à mes propres yeux et à ceux des autres, je crois que je grandis quand il faut couvrir un ami et le protéger contre le désespoir. Croyez-vous donc que je sois heureux aussi ? Nous sommes malheureux tous les deux, malheureux de ne pas être compris, malheureux de ne pas pouvoir aimer avec sécurité autant qu'avec passion. Plutôt que de nous désoler et de nous décourager, nous n'avons qu'à nous réunir; et quand nous serons forts de l'amitié l'un de l'autre, quand surtout nous croirons qu'il y a une providence, nous aurons du courage assez. Ainsi, vous me demandez une part de mon cœur, vous voyez que je suis tout prêt à me donner à vous. Nous n'en chérirons que mieux nos idoles. Car, voyez, l'amitié et l'amour vont bien ensemble; et moi je ne pense pas que ce soit trop de deux affections pour un cœur comme les nôtres. Si je croyais maintenant que vous ne me comprenez pas, que vous n'avez pas assez d'énergie et de vérité dans la sensibilité pour voir que je n'exagère rien ici, que je ne fais que sentir avec passion et dire comme je sens, c'est alors que je serais découragé tout le premier. Mais vous me comprenez, j'en suis sûr comme je suis sûr que j'existe. Je ne vous laisse pas froid dans ce moment, vous voudriez me serrer la main, n'est-ce pas? comme le premier jour! mais nous étions plus heureux alors, nous avions plus de fraîcheur et d'ignorance. Pauvre Gabriel, vous travaillez, dites-vous, oui, oui il faut travailler et en même temps il faut croire. Est-ce que je suis capable de vous mentir? Est-ce que je vous dirais que je suis sûr que vous réussirez si je n'en étais pas sûr?

Que j'aie le bonheur de vous voir relevé dans votre prochaine lettre. Ecrivez-moi longuement; je n'attends de lettre que par Caurant; ainsi, faites comme moi, votre lettre par jets chaque fois que votre cœur sera plein. Ah! comme j'avais besoin de dire tout, moi. J'ai été à l'infirmerie longtemps, mon Dieu, tout seul !.....

Au reste, puisque vous êtes jaloux, ce dont je vous remercie de tout mon cœur, je vous tranquillise une fois pour toutes; je n'ai qu'un Gabriel au monde parce que je n'ai que votre amitié qui réponde à mon idéal. Il y en a souvent qui recherchent mon amitié; mais ils ne viennent à moi que quand ils ont besoin de consolations; leur amitié n'est qu'un besoin, et il faudrait de plus qu'elle fut un dévouement.

Voyez comme l'habitude de la solitude me rend rêveur ! Vraiment je deviens un véritable songe-creux. J'ai si bien tourné et retourné dans ma tête tout ce que je ferai, tout ce que je m'arrangerai quand je serai une fois hors d'ici, que je me surprends quelquefois le soir avant de m'endormir, à faire pour le lendemain les projets les plus extravagants du monde, comme une belle leçon à mes élèves, un cadeau à D., un arrangement à mon jardin. Voyez comme j'ai la tête folle. En vérité je ne rêve pas toujours de si belles chimères; il me passe quelquefois des idées noires comme à vous. Et puis ça me décourage et m'abat; comme, par exemple, que je ne resterai pas les trois ans à l'école, et je vous ai dit qu'il était aussi difficile d'y rester que d'y venir; puis mille autres choses qui ne sont pas agréables, tant s'en faut, et qui ne sont que trop vraies. Mais bah ! Dieu aura soin de moi, c'est pour associer d'autres êtres à mon bonheur que je désire être heureux. Ainsi j'ai droit de l'être et puis je chasse tout. Voilà comment vous faites aussi, n'est-ce pas, chéri ? mais c'est bien difficile quand on est tout seul; l'année prochaine, car je vous en parle toujours de l'année prochaine, je n'ai pas la moindre crainte, moi. Le Directeur disait l'autre jour qu'on en recevrait peut-être 20. Par exemple, les 10 derniers paieront, mais seulement 400 francs. Ce n'est que plus avantageux pour vous, parce que la perspective de payer éloignera beaucoup de monde. D'ailleurs, le proviseur a bien du crédit à Paris, mon bon. Sans lui je ne serais pas reçu, j'en suis sûr. Vous serez bien mieux préparé que moi, vous; car je suis un maudit paresseux, il s'en est bien fallu que j'aie profité des soins de M. Dufilhol comme j'aurais dû le faire; mais je suis excusable; si vous saviez tout ce que j'ai souffert cette année! je vous dirai...... je ne veux aujourd'hui que vous féliciter de votre goût au travail qui vous amènera au concours plus fort, si vous voulez, que je ne serai jamais.

Jules.

Le 4 Février 1834.

Je m'en veux de ne vous avoir pas répondu le jour même puisque vous avez du chagrin; mais, vilain, on ne finit pas avec vous, on trouve toujours quelque chose à dire, tandis que vous avez le secret de finir toujours tout de suite. Au reste, je ne sais ce qui fait cela, mais ça me fait honte de chercher à consoler avec une malheureuse lettre. Si nous étions ensemble, mon chéri, j'aurais foi à mes consolations, parce que vous verriez de vos propres yeux que j'ai toute votre peine dans le cœur. Mais qu'est-ce que des mots peuvent signifier? et puis vous avez une autre consolation, je le sais bien, vous avez Dieu. On est heureux assez quand on a Celui-là pour appui. L'habitude de penser à lui place si haut qu'on n'a plus de douleurs pour toutes les petites misères de la vie. Je dis les petites misères, et, de fait, nos plus grands malheurs ne sont guère que cela, puisque Dieu est la fin de tout. Enfin j'ai toujours bon espoir que vous n'avez pas besoin d'exercer votre résignation. Non, non, est-ce que Dieu n'est pas le maître ? Est-ce qu'il nous veut du mal ? Vous êtes toujours alarmé trop tôt. Il ne faut pas prendre une inquiétude pour un malheur déjà arrivé, et surtout il ne faut pas s'exagérer les conséquences. Voyez les choses comme elles sont, je vous en prie, et ne vous tourmentez pas hors de raison. Tout n'est pas si noir autour de vous que vous ne puissiez pas reporter la vue sur des images plus gracieuses. Si j'étais à votre place, au lieu de me faire des fantômes, je m'attacherais de toutes mes forces à toutes les espérances. Je vous assure, moi, que votre avenir n'est pas compromis. Allez, nous parlerons de Léonie l'année prochaine. Nous n'en parlerons pas dans les sales rues de Paris. Mais nous irons dehors tout seuls, le plus loin que nous pourrons, et nous ferons les projets les plus beaux du monde. Alors, comme Dieu est bon, nous aurons l'espoir de les voir se réaliser. Il faut bien qu'on soit malheureux puisque c'est la destinée de l'homme, mais ça ne durera pas toujours ; ayons ensemble l'espérance. Je ne suis pas trop heureux dans le moment non plus. Tenez, aujourd'hui, ma sœur qui est ici fait sa profession; ensuite on me fait des injustices à l'Ecole parce que je n'ai pas de protecteurs ; et puis, malgré l'amitié de Madol, je m'ennuie souvent, surtout les jours de sortie, car la plupart du temps, il est à travailler ou en visites. Je n'ai guère d'autre plaisir que d'écrire à vous et à une sœur de Lorient, et il est vrai que c'en est un grand. Dites-moi un peu, est-ce que ça ne vous fait rien de penser à moi ? Je vous fais là une question bien naïve. Mais en vérité c'est que moi, toutes les fois que je m'aperçois qu'on me juge mal, je me réfugie à penser à vous ; dans votre dernière lettre vous ne m'avez pas dit du tout où vous en êtes pour la religion. Moi je suis des conférences de Lacordaire qui m'intéressent assez et ne lèvent pas mes doutes ; en sorte que je n'ai encore d'autre religion que l'Evangile, c'est-à-dire que je suis protestant, mais ça ne remplit pas assez le cœur. Je vous embrasse des millions de fois.

Votre Jules.

Parlez-moi fort de vous et aussi de ce que vous faites. Dites-moi, vous ai-je assez recommandé d'apprendre l'anglais ? On m'a dit une chose qui m'a étonné. Ma composition de philosophie a été une des causes de mon admission parce que M. Damiron a prétendu que je connaissais l'histoire de la philosophie, aussi il ne faudrait pas la négliger.

8 Février 1834.

Hélas, elles sont bien noires, mes idées ; plus je pense à moi, et plus elles le sont. Oh ! pourquoi Dieu a-t-il voulu que nous fussions nous, pourquoi ne pouvons-nous pas vivre dans un autre? Il n'y a rien de triste comme d'être obligé de songer à ses propres intérêts, à son propre bonheur. C'est trop petit, c'est trop vide. Vous arrive-t-il, comme à moi? Quand j'ai réfléchi quelque temps à la vie humaine, je ne sais comment, j'ai au fond de moi une immense pitié pour tous ceux qui vivent. Il me semble que la vie est une crise, une angoisse, tout comme la mort; seulement, la mort ça passe tout de suite et la vie, ce sont des siècles!

Pardon, bien pardon, mon chéri, de ces lamentations qui vous attristent peut-être. Voyez un peu si je ne suis pas impardonnable; j'avais pourtant pris la plume avec l'intention de vous consoler, c'est une intention que j'ai chaque fois que je vous écris, et il faut bien que je l'aie, puisque je ne puis faire pour vous que cela; mais je vous l'ai déjà dit, je crois, je n'ai pas foi en mes propres consolations, il n'y a que Dieu qui console.

Je voudrais pouvoir prier pour vous, chéri, c'est encore ce qu'il y a de mieux, et Dieu sait bien que je le fais quand je prie pour moi!

Mais exhortez-moi donc à vivre un peu avec Dieu, car, en vérité, j'ai beau avoir depuis quelques mois un immense désir d'être à Dieu, toutes sortes de mauvais penchants, la paresse, la honte, je ne sais plus quoi, me retiennent comme un vrai lâche. Ecoutez, quand vous serez ici, il faudra me prêcher bien souvent, si vous avez comme moi (quoique vous ne me fassiez pas l'honneur de me donner le moindre détail), si vous avez, comme moi, le plus souverain mépris pour les pauvres misères qui sont autour de nous, si vous êtes pressé de rapporter votre vie à un appui qui ne soit pas aussi fragile qu'elle. Nous tâcherons, si vous voulez, de nous aider ensemble à devenir tout à fait, tout à fait des hommes de bien.

Je ne crois plus maintenant qu'il y ait d'autre tranquillité, ni d'autre repos. Si vous saviez; mais vous ne me connaissez pas du tout; je suis quelquefois bien malheureux depuis quelque temps.

Imaginez-vous qu'à Rennes, j'ai été endormi toute l'année; mon esprit, mon cœur, tout. Dès que je me suis trouvé absolument seul, je me suis réveillé tout d'un coup et, depuis ce jour-là, toutes les fois que je pense que je ne suis pas encore parfaitement fixé dans ma foi, j'éprouve l'anxiété et la peine d'esprit la plus inexprimable. Le pauvre ami que j'ai ici m'a trouvé une fois dans une espèce de délire qui n'a fini que quand j'ai pu pleurer; et je crois qu'il y avait bien des années que je n'avais pas versé une seule larme. Mon Dieu, mon Dieu! je ne peux plus comprendre à présent comment on peut oublier qu'il faut bien qu'on vienne et qu'on aille quelque part; je crois bien que cette pensée ne me quittera plus. Je pense quelquefois que vous devez être tout à fait la même chose, parce que je ne peux pas me persuader qu'il m'arrive quelque chose qui ne vous arrive pas. Au moins, si nous étions ensemble et que vous eussiez pour moi confiance et abandon, nous nous dirions tout ce que nous aurions dans le cœur. Nous irions prier le bon Dieu ensemble, et je n'aurais pas de ces crises redoutables comme l'autre jour. J'ai tant de peur que vous soyez dans le même état! Pour moi, c'est la solitude qui me fait cela; car vous savez bien que je serais moins seul sans personne qu'avec 60 indifférents. J'excepte sans doute M.; mais je ne peux mettre ma tête sur cette poitrine-là, et pourtant Dieu sait qu'il a un bien bon cœur. Mais il s'occupe trop de ses sciences, de mille choses. Je voudrais quelqu'un qui voulût vivre avec Dieu et qui vît tout le reste d'en haut. Je sais bien qu'il n'y a que nous deux qui ferons cela ensemble. Voyez-vous, mon chéri, quand nous serons prêts de nous en aller du monde, nous n'aurons plus rien à nous reprocher; nous aurons vécu en hommes de bien; et Dieu, ce sera un troisième ami qui nous attendra de l'autre côté de la tombe. Voilà 10 heures, je vais me coucher en pensant à Dieu, à la vertu et à vous; ce sont trois idées qui ne me quittent pas. A demain, chéri.

9 Février, Dimanche.

Je viens de relire ce que je vous ai écrit hier et j'ai été encore au moment de le déchirer; pourtant je le laisse, car je veux que vous me répondiez là-dessus du long et du large. Savez-vous bien une des raisons qui me font soupirer si ardemment pour être marié ? C'est qu'il me semble que D. et moi nous passerions notre temps entre Dieu, l'amour et l'amitié; car rappelez-vous bien que Léonie ne doit pas me faire oublier, et que le même cœur est assez grand pour l'amitié et pour l'amour. Dites-moi, je voudrais bien savoir si le désir de vous rendre meilleur n'entre pas pour beaucoup dans votre amour pour Léonie. Il me semble que c'est l'intention de Dieu. Il a donné à l'homme et à la femme des vertus différentes pour qu'on se corrige l'un par l'autre. Et puis, il faut que je vous avoue encore une chose; vous croyez peut-être que je suis devenu comme un anachorète; cependant c'est tout le contraire, et je veux justement vous demander conseil là-dessus. Est-ce que vous croyez qu'aller au spectacle et au bal, pourvu que ce soit rarement et par pur délassement, ce soit un mal? Moi, je vous avoue, je ne le crois pas. J'y vais quand je puis parce qu'on a toujours besoin de distractions, et je considère cela comme un plaisir innocent. Par exemple, je vais au bal et à l'Opéra ce soir avec Madol; je vous assure que si je croyais mal faire je n'irais pas. Il me semble que la sagesse n'est pas de fuir le monde, mais d'en user modérément.

Le 12, Mardi.

Je suis bien aise, mon ami, de ne pas avoir fait partir ma lettre Dimanche, parce que je me suis jeté à plein collier dans le monde avant-hier et que j'ai besoin de rafraîchir mes idées en vous écrivant. Vous pensez bien néanmoins que, dans une nuit passée entre l'Opéra et le bal masqué, je n'ai rien fait que de très innocent. Ceux que de pareilles choses excitent au vice font très bien de n'y pas aller; pour moi, je vous avoue que leur influence est nulle. Aussi j'y vais sans scrupule et j'en reviens sans remords. Pourtant je serais bien malheureux d'y aller plus de deux ou trois fois dans l'année. Non, non quand on dit que le bonheur n'est pas là, ce n'est pas une déclamation, c'est une grande vérité. Le bonheur est dans les sentiments du cœur; j'en fais la comparaison maintenant. Les pensées que m'a inspirées Taglioni ne ressemblent guère à celles qui m'occupent en vous écrivant. Il m'est resté de tout cela de petits fantômes blancs couverts de paillettes qui dansent lorsque je ferme les yeux, et puis un bruit de musique qui bourdonne, puis encore un grand vide dans la tête, et voilà trois jours que je n'ai pas dormi. Aussi, comme je ne pourrais vous écrire que des stupidités, je vais clore ma lettre. Vous en recevrez une autre dans huit jours par une occasion. Je tâcherai d'être plus aimable et moins fatigué. Je sais bien qu'aimable ou non, vous m'aimerez toujours; Dieu ferait plutôt un miracle que de permettre à l'un d'oublier l'autre.

Je vous embrasse comme on s'embrasse dans le ciel.

Votre Jules.

18 Mars 1834.

Vous savez bien le plaisir que me font toujours vos lettres, n'est-il pas vrai, mon cher Gabriel ? Jamais aucune ne m'en avait fait plus que la dernière que j'ai reçue de vous. Je ne sais pas, pourtant, me rendre raison de cette circonstance, car quelle peut être la raison qui me fait tenir à ce point aux témoignages de votre amitié, puisqu'il me serait maintenant aussi impossible de douter de votre affection qu'il serait déraisonnable à vous de ne pas être certain de l'amitié exclusive que j'ai pour vous ? Ceci, mon ami, est presque un reproche; mais c'est un de ces reproches, comme vous savez, que l'on fait avec tant de plaisir ! Vous avez l'air de craindre qu'un an de séparation, qui n'est plus maintenant que quatre mois, me fasse oublier un sentiment dont la vivacité, la pureté, et je serais tenté de dire la naïveté, est presque tout ce qui m'est resté des plaisirs de mon enfance. Non, Gabriel, vous êtes le dernier ami que je me suis fait, nous sommes à chacun le dernier ami que nous nous sommes fait en entrant dans la vie sérieuse; et croyons fermement, et disons maintenant avec conscience de ce que nous disons, que ce sera le seul ; que les liaisons de la jeunesse, désillusionnées dès l'abord, et desséchées par un cérémonial, d'autant plus sot qu'il se croit le droit de mépriser et de traiter d'enfantillage l'enthousiasme si saint de l'amitié, que ces liaisons passagères ne seront pas pour nous un sentiment de toute la vie. On n'a qu'une fois un ami tel que vous l'êtes pour moi ; c'est à vous que je rattache maintenant tout ce qui m'est cher dans le passé, tous mes premiers rêves, toute la poésie de mon enfance ; et je voudrais que vous fussiez ici pour voir avec quelle confiance je le dis aussi, Gabriel : vous n'aurez qu'une fois un ami tel que je le suis pour vous. Si un de nous deux pouvait oublier l'autre, ce ne serait pas pour un nouvel ami, ce serait pour n'en plus avoir. Ah ! qu'est-ce que nous avons, l'un et l'autre, que nous n'ayons pas mis en commun dans notre amitié ? Vous arrive-t-il de séparer du mien votre avenir et votre bonheur ? Est-ce que vous priez quelquefois pour vous sans prier pour moi ? Que voulez-vous maintenant que je donne à un autre ? Non, Gabriel, ne le pensez plus. Je ne suis pas plus ferme qu'un autre, mais mon cœur n'a jamais changé et il ne changera pas, vous en avez ma parole. Je vous ai parlé quelquefois de certaines personnes que j'aime. Eh bien ! oui, Dieu m'a fait la grâce d'avoir, de temps en temps, cette consolation de trouver quelque sympathie autour de moi. Ce sont des affections bien agréables et qui me resteront toujours, mais cela n'a rien de commun avec l'amitié, comme nous la comprenons ; non, pas même quand on vient à se confier ses secrets. Oh ! vous vous trompez bien, je vous assure, si vous croyez que mes amis de Paris me consolent de ceux que j'attends. Ne vous ai-je pas dit bien des fois que je passe mes sorties seul et désolé, la plupart du temps? Il est vrai que je vois Madol à cinq heures, parce que nous dînons ensemble. Mais il ne nous arrive de passer l'un avec l'autre une journée entière que lorsque nous couchons en ville. Ensuite, dans les récréations à l'école, il est constamment à travailler; et, comme les élèves de troisième année et quelques-uns de ma conférence me recherchent beaucoup, je passe mon temps à m'ennuyer, tantôt avec celui-ci, tantôt avec celui-là.

19 Mars.

Quels détails je vous donne là, mon Dieu! et qu'avez-vous besoin de ces niaiseries? Moi qui ai tant de choses à vous dire! Mais, tenez, il faut bien que je vous fasse, une fois pour toutes, mon apologie : Il ne faut pas m'imputer tout ce qu'il y a de décousu et de non-sens dans mes lettres. Je ne réussis jamais à avoir un quart d'heure de suite pour vous écrire, tant nous sommes pressés d'ouvrage.

20 Mars.

Même maintenant, voyez un peu ma position : Dans quinze jours, je dois lire à la conférence de littérature, une analyse du Rudens de Plaute; après-demain, une dissertation à celle de philosophie; et la semaine prochaine, toute l'histoire des Séleucides, ce qui est un travail immense, car il me faut extraire de Justin, de Nepos, de Plutarque, Diodore de Sicile, Polybe, Photius, etc. Outre toute cette besogne, voilà quinze jours que je dois une réponse à maman, deux à ma sœur et une à Gustave. C'est coquetterie de ma part de vous dire tout cela, mais il faut, en vérité, tout le désir que j'ai de vous écrire, pour vous préférer à tout ce monde. Vous savez bien, chéri, qu'il n'y a personne que je vous préfère, non, pas même mon frère Gustave, et c'est un ami, cependant, et un bon ami, je vous jure, le meilleur des amis, si je ne vous avais pas. Il est bien heureux, maintenant, Gustave ; papa et maman sont allés demeurer du côté de Pontivy : il demeurera presque chez eux. Si vous saviez comme je me repose avec sécurité sur lui, du soin de rendre maman heureuse. Hélas! Mon Dieu, il est bien temps assez qu'elle se repose, ma pauvre mère ; elle a passé par bien des tribulations, et Dieu sait bien si je n'ai pas souffert toutes ses douleurs. Dites-moi, chéri, ne vous figurez-vous pas que, quand nous serons bien vieux, et que nous aurons des enfants, ils auront aussi de la pitié pour nous? Après le ciel, c'est toute la consolation qu'il faut espérer, je crois. Eh bien! si on a trouvé un ami, fidèle, sûr, fervent, si on a eu sa Léonie pour chérir et pour vivre, si on a des enfants qui vous aiment bien, et puis, si on a rempli sa tâche et fait sa portion de bien, quel droit a-t-on pour se plaindre? Nous devrions bien penser à cela souvent, au lieu de nous donner la fièvre, à force de creuser et de maudire. Vous voyez bien que dans votre dernière lettre il n'y avait que du découragement; mais, malheureux, est-ce que vous n'avez pas une église au collège? Tenez, l'année dernière, j'avais des moments à passer qui me font peur quand j'y songe. Voici ce que je faisais. J'allais à la petite tribune qui est au fond du dortoir d'en bas, j'y allais sans pouvoir ni prier, ni pleurer, rien. Je m'asseyais là, et puis, comme c'était tranquille, comme il n'y avait pas de monde, là, comme il y avait un crucifix et un tabernacle, au bout d'une heure j'étais à prier, Gallerand.

Oui, je vous assure que pas une fois, je ne m'en suis allé de là, aussi malheureux que j'y étais venu. Et vous avez bien raison de dire que je dois être tourmenté et dévoré comme vous. Croyez-vous que je n'ai pas honte de chercher à vous rassurer et à vous tranquilliser ? Moi qui ai des moments où je ne sais presque plus s'il y a encore quelque chose dans le monde. Mais c'est une folie, mon ange, et il faut tâcher de nous guérir ; une vraie folie, parce que, quand il n'y aurait que cela pour moi, il y a toujours votre amitié, n'est-ce pas vrai ? Et pour vous la même chose. Et puis, si la vie est malheureuse partout, que voulez-vous ? On finit toujours par espérer.

L'année prochaine, dans cinq mois, nous aurons deux années devant nous, deux années, chéri ! Nous nous dirons tout ce qu'on peut dire pour se tranquilliser, pour se consoler, et vous verrez comme nous deviendrons confiants et comme nous aurons de la sérénité dans l'âme. Est-ce donc que vous ne voulez pas y penser ? Quand vous parlez de venir à l'Ecole, vous ne songez qu'aux thèmes et aux versions. Mais ne voulez-vous pas encore me désespérer ? Je n'ai pas besoin de vous dire que si je vous engage à venir, c'est que j'y vois votre avantage. Vous vous trompez complètement, vous. Les travaux de la première année à l'Ecole sont assez ennuyeux, mais ils sont utiles, et quant à la société des élèves, nous réussissons aussi bien à être tout seul que si pas un n'était là. J'ai ici à côté de moi, au quartier, une place qui sera la vôtre. Nous travaillerons ensemble tout ce qui est commun aux études des deux années. Vous me donnerez des leçons d'espagnol. Nous repasserons tout ensemble. On permet d'aller deux par deux dans des chambres pour faire ce qu'on appelle des conférences particulières. Les jours de sortie, nous irons à la campagne, dans les musées, dans les églises. Vous verrez comme on apprend une foule de choses, rien qu'à voir Paris. Et puis, ne vous faites pas d'illusion sur le travail de l'École ; chacun choisit ses sujets ; n'ai-je pas donné l'autre jour des mœurs bas-bretonnes ? Je m'attendais à des moqueries parce que je parlais de religion ; au contraire, trois ou quatre sont venus me serrer la main après la conférence, et il y en avait un qui pleurait ! Vous pensez bien qu'il ne pouvait pas y avoir là, matière à vanité, puisque ce n'étaient pas des applaudissements pour du talent, mais de la sympathie pour une pensée ; eh bien ! vous ne sauriez croire combien j'en ai été ému, et combien j'ai reconnu que je m'étais trompé sur bien des caractères. Il y en a plus d'un qui ne me parlait pas avant et qui, depuis, m'a donné occasion de reconnaître que l'avenir de l'enseignement n'est pas perdu, quoique, n'en doutez pas, je vous parle ici du petit nombre. Vous verrez, chéri, vous verrez, parce que vous viendrez, et qu'il est trop indigne de vous de ne pas faire une chose que vous aviez résolue.

21 Avril 1834.

Il faut que je me vole, Monsieur, pour vous répondre, dût mon ouvrage rester tout entier sans être fait ; car, en vérité, je n'ai pas une aussi belle raison que vous pour excuser ma négligence ; je ne puis pas dire de Paris comme vous de Châteauneuf qu'il ne s'y trouve pas de bureau de poste. J'ai reçu votre lettre avant-hier. Je ne pense pas que M. Dufilhol soit parti depuis. Je présume que vous trouverez bien un instant pour écrire à un vieil ami, Gabriel, qui peut bien faire un petit reproche maintenant, mais ne le ferait pas sur une trop grosse voix, je vous assure, si vous étiez à Paris pour l'entendre. Je veux pourtant vous parler bien sérieusement, mon ami, je vous vois tout enchanté d'aller en Corse; je ne demande pas mieux que vous y alliez, mais si vous avez assez de confiance en moi, pour recevoir un simple conseil de celui qui ne fait pas de distinction entre votre avenir et le sien, je ne vous laisserai pas d'autre alternative que de ne laisser échapper aucune chance de venir à l'école ou de renoncer à l'instruction; c'est-à-dire cependant, que si vous vous occupez tout de suite et sérieusement de votre agrégation vous avez encore des chances pour vous, quoique bien peu de parties, surtout l'histoire, puissent être travaillées en Province avec succès. Quant à rester dans l'enseignement des collèges communaux, vous n'y songez certainement pas, ne fut-ce qu'à cause de Léonie.

La protection de M. Dufilhol ou de tout autre ne peut pas aller plus loin dans l'agrégation que vous donner une chaire de 1500 francs dans un pauvre collège avec des confrères sans instruction et sans talent et des élèves mal élevés. Votre peu de confiance en vous-même vous fait bien tort, s'il entre dans la résolution que vous prenez. Je vous assure que Morin et moi, (il me l'a dit plus d'une fois), nous vous regardons comme ayant toutes les chances pour vous. Au surplus, à moins que vous me le défendiez, il est sûr que j'en parlerai à M. Dufilhol si je suis assez heureux pour le voir. Tâchez de réfléchir un peu sérieusement à ce que je vous dis et d'y répondre nettement. Je vous avoue que vous me ferez plaisir. Je crois que vous ne considérez pas sainement, pardon si je me trompe, ce qui concerne votre intérêt matériel. Ce sont pourtant des choses qu'il ne faut pas mépriser, mon ange, si ce n'est pas pour soi, du moins pour ses amis.

Croyez-vous que je consentirais à vous voir manquer votre carrière ? N'en parlons plus. Dites-moi, vous avez donc été à Châteauneuf, et vous voilà oncle maintenant ? Vous devez avoir acquis bien de la gravité. Ai-je vraiment fait une conquête aussi charmante que vous me le dites ? Il est vrai qu'à 150 lieues de distance, il n'y a pas d'aliments pour la vanité. On vous aime donc si fort, qu'on est contraint à toute force d'aimer ceux qui vous aiment ? Ah ! je le conçois bien, moi je voulais aussi vous parler de Léonie. Comment ? une correspondance ? Croyez-moi, mon bon frère, il y a trop d'innocence dans un attachement comme le vôtre pour que Dieu ne vous aide pas.

Vous verrez s'accomplir ma prédiction. J'irai vous voir, s'il vous plait, vous ne serez pas tellement jaloux que vous m'empêcherez d'aller vous voir dans votre petit paradis, et vous expliquerez à Madame Léonie que je suis le petit écolier qui est devenu un grand Monsieur. Ayez un peu des images riantes dans l'imagination, mon chéri.

23 Avril.

Je vous assure que j'ai dans l'idée, (il faut bien pardonner des idées fixes à un pauvre fou comme moi) j'ai dans l'idée que vous vous abandonnez trop souvent à la mélancolie. C'est une maladie dont j'aurais l'espoir de contribuer à vous guérir si je pouvais espérer que nous habiterions jamais le même pays, ce qui n'est plus probable. Mon opinion est que cela tient à l'imagination d'abord, au défaut de croyances religieuses bien arrêtées ensuite, et puis au manque de confiance dans les amis. Je fais bien le sermonneur, n'est-ce pas ? Qu'y faire, je me sermonne moi-même pendant toute ma vie, et il faut bien que vous en ayez votre part. J'ai bien aussi quelque sujet de douleur, et je ne le supporte pas plus stoïquement que vous. Mais il me suffit de penser à Dieu, ou de vous écrire, oui, Gabriel, pour me trouver de la patience. Voyez-vous, il n'y a que la sympathie qui soit un baume ; il n'y a pas d'autre consolation que celle-là. Et puis, peut-être l'habitude du mépris pour le monde et ce qui s'y rapporte.

Comme vous ne me dites jamais à quoi vous pensez habituellement et que je ne puis juger du sujet de vos méditations que par quelques mots, tous douloureux, que vous me laissez dans vos lettres, je ne puis que conjecturer que vous prenez trop les peines à cœur. Voulez-vous que je vous dise à quoi je m'amuse ? Vous savez peut-être que je prends mes récréations le soir à 10 heures quand l'ouvrage est fini, et la journée, et que tout le monde se met à dormir. Je ne vais pas m'occuper comme un songe-creux des sottises que je puis avoir apprises, je fais tout bonnement des rêves, des châteaux en Espagne, les plus jolis du monde. Gabriel, vous en êtes, ma mère en est aussi, car Dieu sait si je me figure du bonheur sans elle. Je creuse mes chimères si loin que j'ai été jusqu'à tracer les plates-bandes d'un jardin entre nous deux où il y a la tonnelle de Léonie et celle de D. Et puis nous faisions à nous deux un très grand ouvrage sur les applications de la loi morale, la partie historique à vous et philosophique à moi. Je suis bien sot, pas vrai, de vous raconter des niaiseries pareilles ? Mais pourquoi ne me contez-vous pas les vôtres ? Est-ce que vous n'en pensez jamais, vous ? Moi je passe moitié de ma vie par ce monde là. Mais si vous vous en faites, il ne faut pas les garder pour vous tout seul. Oh ! vraiment la pratique de la vie est assez triste pour qu'on doive écarter, autant que possible, la tristesse de la théorie. Vous devez considérer tout ce que je vous dis là comme une preuve que j'exige de vous beaucoup de sérénité, et je veux en savoir quelque chose par vos lettres. Hélas ! mon ami, ne nous connaîtrons-nous donc jamais que par lettre ? Il doit être bien agréable de vivre deux amis ensemble ! Pour moi, je suis seul ici, bien seul ! Je n'ai jamais aimé M. de cœur, et maintenant je me suis aperçu qu'il a joué avec moi le rôle d'un hypocrite. Hypocrite d'amitié, chéri ! comprenez-vous cela ! Je me suis détaché de lui le plus facilement du monde, car ce n'était qu'une liaison de collège et je n'en ai tiré autre chose qu'une grande humiliation d'amour-propre, parce que j'avais la vanité de me croire bon jugeur d'hommes. Bien entendu que je n'ai pas eu de querelles et que nous nous parlons comme à l'ordinaire, mais j'évite sa société sans affectation. Je n'en ai pas le moindre regret. D'ailleurs, je suis bien avec tous les élèves d'ici. Il n'en est pas de même des professeurs. Celui de littérature est toujours à mon égard d'une injustice révoltante. Mais je m'en inquiète d'autant moins que le professeur de philosophie a évidemment de plus en plus bonne opinion de moi. En sorte que je me crois sûr d'être un de ses premiers sur la liste à la fin de l'année. Le professeur qui était avant lui m'en voulait beaucoup, ainsi j'ai gagné au changement. Vous me dites de vous parler de D. Je crois vous avoir dit que ma tante voulait parler de nouveau à sa famille, mais je m'y oppose, parce que j'aime mieux prolonger mon incertitude que d'avoir à craindre qu'elle ne m'oublie (trois ans), ce qui serait bien dur si elle m'était promise, et bien plus affreux si elle se sacrifiait pour accomplir une promesse. Non, non, ce n'est pas moi qui chercherai à la lier d'avance. Si je me croyais plus aimable, j'en courrais plus volontiers le risque, mais, d'ailleurs, j'ai des qualités qu'elle ne me connaît pas, et je ne vois trop comment je rivaliserais d'ici contre ceux qui la demanderont. Elle vient d'avoir une petite sœur. Louise est toujours sa meilleure amie et elle m'écrit qu'elles ne se quittent plus.

Je me borne, mon chéri, les examens de la fin de l'année me font peur, parce qu'on en renverra trois et qu'on serait bien content que ce fût moi.

Mais vous, écrivez-moi donc une longue lettre et dites-moi que vous m'aimez beaucoup.

Je vous embrasse bien.

Jules.

Le 3 Août 1834.

Mon cher Gabriel, encore un mot, puisque Muterse va vous voir, mais un mot aussi court que me le permettra une sotte querelle qu'on me fait actuellement. Mon Dieu, Gabriel, ou vous avez le cœur froid comme la glace, ou vous ne m'aimez pas du tout, ou vous avez deviné que je suis malade, malade d'ennui, d'isolement, de vexations. Vous ne pouvez pas croire comme ils sont égoïstes, froids, orgueilleux, exigeants, comme ils se plaisent à calomnier, à insulter pour des niaiseries, pour des riens qui font mal au cœur. Je n'y tiendrai pas, je n'y resterai pas ; il faut que j'aie bien du courage pour rester ici. Aucun succès, aucune amitié, oublié de toute ma famille, ayant à peine un Dieu.

Muterse vous parlera un peu de moi ; il vous dira que je me porte bien ; c'est, je pense, tout ce qu'il en sait. Nous le perdons, ce cher Muterse, et nous en avons bien du chagrin. C'était lui qui mettait en train les entreprises littéraires ; nous lui devions l'idée d'une sorte de réunion dont Martineau a parlé à Ayrault, je crois, en lui énumérant ses occupations de l'année prochaine. Que devenez-vous à Croizic ? Vous y pensez sans doute à vos amis, excepté à un, parce que celui-là est abandonné à 200 lieues de chez lui, au milieu de gens qui font ce qu'ils peuvent pour le ridiculiser et pour le dénigrer à l'administration.

Depuis Pâques, j'ai refusé deux duels, et j'en ai proposé un ; et nous ne sommes que 14 ! jugez cette vie. Un grand niais qui me rappelait tout de suite avec des yeux brillants une plaisanterie que j'ai faite il y a six mois... L'amour-propre offensé... vous savez le proverbe. Je vous jure que je n'y tiens plus. Ah ! qu'ils me renvoient donc, mon Dieu ! c'est la semaine prochaine nos examens. J'ai été malade une partie de l'année et d'autant plus que c'était des suites d'une petite vérole, qui n'a guère eu d'autre résultat qu'un affaiblissement ; mais on n'en tiendra nul compte. Tant mieux !

Adieu, Gallerand, je suis malheureux, je me plains à vous, à tous. Je suis fait pour vivre là où l'on pensera du bien de moi et non pas où l'on n'aura pour moi que de l'aversion. Adieu, mon ami, adieu ; je suis à peine fait pour avoir des amis. Il faut bien qu'il y ait en moi quelque chose de répulsif, puisque personne ne peut m'aimer, que vous, peut-être ?.... Et pourtant, vous n'avez pas voulu m'écrire deux fois de suite. Adieu, chéri, adieu... Ne soyez pas assez bon pour vous tracasser de ceci ; vraiment, j'ai bien peu de courage.

Je vous embrasse du plus profond de mon cœur.

Votre Jules.

J'ai été au moment de déchirer cette absurde lettre, mais je n'aurais pas le temps de la récrire, et je ne veux pas manquer Muterse. Dites-moi donc quand je vous verrai. Ne viendrez-vous pas à Paris, avec Ayrault, ces vacances ?

Paris le 5 Août 1834.

Je quitte Thucydide pour toi, mon cher Gabriel, et je te sacrifie sans regret un aussi grand historien. Je devrais bien m'en occuper jusqu'à dix heures, mais il faut nécessairement que je t'écrive, car après la stupide lettre que Muterse doit te remettre, je ne sais plus ce que tu penseras de moi. Voici comment je t'explique l'accès de méchanceté qui m'a poussé je ne sais comment, à t'envoyer toutes ces lamentations ; c'est qu'en effet, ennuyé que je suis et vexé de tous côtés depuis un an, et n'ayant personne à qui le dire, je me serai laissé aller à te le raconter d'une manière si déplorable ; et remarque bien que, ce dont je gémis, ce n'est pas de t'avoir écrit que j'éprouve des désagréments, puisqu'il fallait bien que je te l'écrivisse, mais c'est de t'avoir montré une âme désordonnée et d'avoir complètement manqué de courage ce jour-là. Je me suis pourtant fait toute cette année une morale stoïque qui m'a rendu si grave que ma gravité a passé pour du mépris et de l'orgueil et m'a beaucoup nui ; mais, vois-tu, j'ai fait l'expérience que, quand on a comme moi, un cœur de femme, une tête d'homme peut bien servir à diriger la conduite de l'extérieur, mais le courage n'est jamais qu'affecté, et il faut à toute force qu'on trouve quelqu'un avec qui pleurer, ou qu'on étouffe. Ainsi, pardonne-moi cette lettre funèbre et encourageons-nous tous les deux au contraire à résister fortement et avec mépris à tout ce qui est trop peu pour être entendu là-haut. Je ne trouve rien de beau comme un homme qui se met au dessus du découragement.

J'aime beaucoup, mon cher Gabriel, que tu aies vu tout ce que tu désirais visiter. J'espère que tu as pu, ces deux mois, inonder ton cœur de toutes les affections de famille les plus pures. Je te remercie de ne me parler jamais d'un tombeau sans me parler en même temps de prière ; sans la prière on aurait fort à faire de ne pas avoir peur de la mort, pauvre ami. Il me semble que la prière commence l'avenir dès le présent. Tu ramènes donc ainsi toutes tes pensées, tout ton amour vers le monde où il n'y a plus de sécheresse. Bénédiction sur toi, Gabriel, pourvu que tu ne te presses pas d'anticiper sur le ciel et que tu te souviennes qu'il faut que l'homme travaille et souffre. Je suis obligé, dans ce moment, de bien me le rappeler et de me le dire bien fort, car j'ai des velléités de m'en aller avant qu'on me renvoie ; mais je les chasse ; car enfin faut-il avoir de la consistance. Quant à ce que tu me dis, que je te fais rire avec mes appréhensions, je ne sais trop si tu ne ferais pas mieux de dire, avec mes espérances. Tu crois donc, puisque tu le dis, qu'on me connaît ici maintenant; tant pis pour moi si cela est, car je m'imaginais valoir un peu mieux. Il n'y a guère que M. Garnier qui ait une bonne idée de moi, et pour celui-là je crois qu'il exagère. Au surplus, je te dirai d'un bout à l'autre le résultat de mes examens, il sera bien piètre : j'ai été malade d'une part, et de l'autre j'ai passé des examens de droit. Dans tous les cas je m'en inquiète peu.

Avant de te quitter, laisse-moi te faire le reproche de ne pas t'inquiéter d'un avenir matériel. Je crois en avoir le droit et j'en use. Je veux bien que tu aies les moyens de vivre tranquille avec ta famille, mais pour Dieu ne va pas oublier que c'est dans la jeunesse qu'il faut faire sa vie. Je ne te dirai pas cette niaiserie sonore qu'on se doit à son pays et à l'humanité, mais je te dis tout simplement et franchement que quand on est apte à mener une vie active dans la société et à travailler utilement pour d'autres que pour soi-même et pour sa famille, on y est obligé en honneur et en conscience. J'ai quelque honte de te dire cela, parce que je sais que tu n'en doutes pas, mais enfin pourquoi ne pas continuer à faire ton droit ? et puis, si M. Dufilhol n'a pas une place disponible, je prévois que tu ne vas pas t'en inquiéter. Excuse tout ceci, n'est-ce pas ? Tu sais bien ce qui me fait te le dire. Il est vrai que tu m'interdis toute observation pareille, en ayant l'air, dans tes lettres, de te défendre de me faire un sermon. Fais-moi donc des sermons, au contraire. Car j'aime beaucoup être grondé, du moins par certaines personnes.

Adieu, mon Gabriel, aime-moi toujours beaucoup, de peur d'être en reste avec moi.

Ton Jules.

P. S. — 8 Août, 3 heures 1/2 du matin. Adieu encore. Raconte-moi un peu comment tu vas voir l'océan tous les matins, les champs, les paysans, le foin, la paille, tout ce qui est breton. Nous autres, ici, au dedans, nous n'avons que du grec et au dehors des cris, des marseillaises, des balles, et puis aussi une bonne vieille cathédrale que j'aime autant que Quasimodo ; adieu donc. Ecris-moi une autre belle lettre. J'aime bien les lettres qui sont bien remplies comme la dernière.

Voici maintenant deux lettres adressées à M. Frélaut :

Monsieur l'abbé Frélaut,
    Professeur au Séminaire de Ste-Anne,
        près Auray (Morbihan).

A Paris, le 1er Juin 1835

Mon cher Frélaut,

Je crains que M. Hourat ne t'ait pas remis la lettre dont je l'avais chargé pour toi, car je te priais de me donner acte de réception des deux petits cahiers que je t'adressais et tu ne l'as point fait. En tous cas, je tâcherai de t'en apporter d'autres aux vacances ; je regrette bien de ne pouvoir te procurer tout ce que tu voudrais avoir, mais au pis aller, nous pourrions prendre une huitaine de jours, pour une grande quantité de matières de vers et de composition grecque. Nous aurons cinq ou six semaines devant nous.

Je ne sais, mon cher Fortuné, si tu sais que j'ai été malade ? Cela t'expliquera le retard que j'ai mis à répondre à ta dernière lettre ; et de plus, je voulais trouver une occasion, à cause des paquets et j'ai eu beaucoup de peine à en trouver une. Je pense que tu n'hésites pas à croire que je n'écris à nul de mes amis avec autant de plaisir qu'à toi, mon ancien, mon bon, mon fidèle ? Il me sera bien doux de te revoir aux vacances. Y fussions-nous déjà ! Si tu savais ce que je souffre de toutes les manières et sous tous les points de vue. Je ne veux pas te fendre le cœur. Sois plus heureux, plus tranquille que moi. Les temps sont bien changés, depuis le temps que nous étions à Vannes. Qui nous aurait dit, à tous deux ?... Nous en causerons bien en septembre. Ne nous croirons-nous pas encore chez Lebourgeois ? Aux jours de grandes fêtes, sais-tu, quand tu faisais les cérémonies.

Si, comme je le pense, tu es avant moi à Uzel (je n'y serai que le 3 Septembre), tu viendras au devant de moi, avec ma famille. Je suis pressé de te voir prêtre ; je te crois digne de ce titre et je ne sache pas de plus bel éloge, mais je connais bien ta tête et ton cœur.

N'est-il pas vrai que tu me conteras tout ce qui est relatif à ces deux années pour toi ? Comment as-tu été à Sainte-Anne ? Que t'a coûté l'acte que tu as fait ? Surtout quel changement a porté dans ta situation l'arrivée de M. de Rancé ? Ecris-moi ce dernier article de suite, je t'en prie, parce que rien ne m'occupe plus que de savoir que ta position n'en reste pas moins solidement établie.

Pour moi, mon cher ami, je suis catholique, je ne

suis pas Philippiste, c'est assez te dire que je suis au plus mal avec mes chefs. Il n'y a pas de vexation qu'ils ne me fassent éprouver. Mais je suis avocat et si j'ai quelque talent, comme le disent mes amis de Paris, je saurai bien me passer d'eux. Je te rendrai compte de mes projets. Je ne les écrirai pas.

J'ai trouvé, l'autre jour, Crabot à la Sorbonne. Il paraît qu'il donne des leçons dans une pension. C'est étonnant comme on se rencontre. Leblanc, aussi, m'a écrit; si tu le vois, dis-lui bien que je lui répondrai incessamment.

Ma sœur Louise est maintenant à Vannes; elle est allée à Sainte-Anne, je crois même qu'elle t'a demandé, mais tu étais à Plémeur. Si tu vas à Vannes, va lui donner de mes nouvelles. Je pense que Fautray te dira son adresse. Sinon, demande-la à Madame Normand, car moi, je ne la sais pas.

Ecris-moi, mon bon ami, et parle moi des vacances. Fais mes amitiés à l'abbé Maurice. Si j'ai l'agrément de le voir aux vacances, comme tu me le fais espérer, ce sera avec le plus grand plaisir.

Adieu, mon cher Fortuné, prie pour moi, tu dois cela à ton plus ancien ami et n'oublie pas un homme qui t'aime de toutes les forces de son âme.

Jules SIMON.

Ne manque pas de me dire, en me répondant, si tu as reçu un paquet.

Compte encore sur quelques bribes, aux vacances, mais je suis bien honteux de n'avoir qu'une aussi mince provision. J'attends ta réponse avec impatience.

Adieu encore.

Paris, le 13 Janvier 1836.

Je te dois quelques mots de détails sur ma situation actuelle. A l'école je n'ai plus qu'un professeur unique, Victor Cousin, que tu connais sans doute de réputation et que je ne te souhaite pas de connaître autrement. Je m'occupe exclusivement de philosophie du matin au soir, c'est-à-dire de quatre heures du matin à dix heures du soir, et je fais une certaine traduction d'un certain livre d'Aristote qui sera publié à la fin de l'année par mon excellent maître sous son propre nom, grâce aux conseils peu utiles qu'il prend la peine de me donner. Mon espoir est que ce travail qui n'est pas mince me le rende favorable à l'agrégation; ça dépend en entier de son caprice; mais je doute qu'il me tienne grand compte d'un sacrifice auquel il sait que je n'avais aucun moyen de me soustraire.

Ceux qui n'ont pas été à l'école normale ne sauraient avoir l'idée de ce que sont trois années passées ici. Je ne recommencerais pas pour un million.

Nous reprenons les Souvenirs :

Cousin habitait dans la Sorbonne, un vaste et beau logement, aux dépens de la Faculté de théologie qu'il avait reléguée au second étage. Il venait de loin en loin, à l'heure de la récréation, causer avec « ses philosophes ». Il n'avait qu'un pas à faire. C'était une joie pour moi quand il apparaissait, avec son chapeau gris et sa houppelande de bouracan bleu, à triple collet doublé de rouge, au bout de l'allée plantée de petits arbres malingres, qui nous servait de lieu de récréation. Nous nous groupions aussitôt autour de lui ; il prenait la parole et la gardait tout seul pendant qu'il était là, parlant de philosophie, de littérature et même de politique, sans aucune suite et, à ce qu'il nous semblait, sans aucune surveillance sur les opinions qui lui survenaient. Il était si riche en aperçus nouveaux, et il avait des trouvailles si heureuses que nous restions là, tantôt enthousiasmés, tantôt amusés au plus haut point, et toujours ébahis. Je suppose qu'il n'était pas seul de son espèce ; mais, quoique j'aie connu beaucoup de causeurs, je n'en ai jamais rencontré de cette force.

Je ne vous cacherai pas que la dignité souffrait quelque peu de cette abondance, et que le grand philosophe s'oubliait parfois à n'être plus qu'un bouffon. Mais quel bouffon, quand il s'y mettait !

Un jour, comme il se préparait à nous quitter, nous entendîmes tout-à-coup un grand bruit, et nous vîmes courir d'un air effaré les gens de service. Ce n'était rien. C'était le portail qui s'écroulait en soulevant des flots de poussière ; mais comme personne ne passait dans le couloir en ce moment, il n'y avait ni mort, ni blessé. Le surveillant général accourait auprès de Cousin ! — Monsieur le Conseiller, autorisez-moi à faire venir des ouvriers pour parer au plus pressé, et pour déblayer le passage. — Non, dit Cousin, je ne vous autorise pas. — Mais ce pan de mur va tomber. — Qu'il tombe ! Nous avions prévenu l'Administration, nous sommes en règle. — Vous-même, ne pourrez pas sortir d'ici. — Je franchirai la barricade au risque de ce qui pourra m'arriver, dit Cousin, et vous ferez comme moi, si vous voulez aller dans la rue.

Puis, se tournant vers moi : « Je vais de ce pas chez Gillou, et je le ramène dans quelques minutes. En attendant, vous resterez où vous êtes comme un soldat en sentinelle, avec la consigne d'empêcher M. le Surveillant général et son concierge de *toucher à mes pierres*. S'il en manque une seule quand je reviendrai, on aura affaire à moi. » Il ajouta, pour adoucir ces mots de mauvais augure : « Saisset et vous, vous vous remplacerez d'heure en heure ».

Gillou était le rapporteur du budget. Il soutenait obstinément que nos murailles étaient solides, que si l'on accordait les dix mille francs réclamés par le Ministre (M. Guizot), pour les réparer, il faudrait mettre le budget de la France en déficit.

Comme je l'ai dit, nous étions logés, nourris, habillés par le collège Louis-le-Grand, et soignés par lui dans nos maladies. Il nous donnait aussi, le dimanche, un de ses aumôniers pour nous dire la messe. Cette messe était l'unique service que l'aumônier nous rendît. Il n'en faut pas conclure que nous fussions indifférents aux questions religieuses. Nous avions notre aumônier que nous avions choisi, que nous consultions quand il voulait bien nous écouter, et dont nous suivions les cours et les conférences avec des sentiments très divers. C'était Lacordaire. Nous faisions queue le dimanche pour assister à ses conférences de Stanislas, et plus tard à ses conférences de Notre-Dame. Il est probable que, si elles avaient eu lieu à l'Ecole par ordre supérieur, nous nous serions fait tirer l'oreille pour y assister.

La messe du dimanche était obligatoire, à notre grande indignation. Nous pensions qu'il était de notre dignité de bien montrer que nous y allions malgré nous, et nous avions imaginé d'y aller les bras ballants, sans nous encombrer de livres de messe. Le Directeur, qui était M. Guigniaut, intervint aussitôt. Il donna l'ordre d'apporter un livre. Mais il ne dit pas quel livre ; et quand il l'aurait dit, le surveillant, M. Milfaut, ne pouvait se tenir à la porte pour constater la présence de ce livre dans les mains de chaque élève entrant dans la chapelle. Amédée Jacques inventa un nouveau genre de protestation. Il apporta un livre, puisqu'il le fallait, mais ce livre fut un Lucrèce.

Il prit un volume de Lucrèce traduit par Lagrange et publié en deux volumes grand in-8° par Bleuet, libraire sur le pont Saint-Michel, Paris, 1768. La dimension inattendue du format ne pouvait manquer d'attirer l'attention de M. Guigniaut. Il prit le livre des mains de Jacques, le regarda attentivement et le lui rendit avec gravité. Jacques se demanda pendant toute la matinée à quel genre de martyre il allait être soumis. Il reçut de la direction, au moment de sortir, un petit paquet soigneusement ficelé contenant une note sur la traduction de Lagrange, sur la valeur du texte imprimé en regard et un charmant exemplaire du Lucrèce imprimé à Londres en 1713, par Jacques Tonson et Jean Watts, en format in-18, avec des notes excellentes. On insistait surtout sur le format in-18, on voit pourquoi et sur l'absence de traduction. Une traduction, fi donc ! Un élève de l'Ecole, et surtout un philosophe, ne doit lire Lucrèce que dans le texte.

Cousin recevait son régiment deux fois par an : à Pâques et aux grandes vacances. Il y avait dans Paris deux foires d'hommes aux environs de Pâques : celle des comédiens, qui se tenait au Palais-Royal, entre le Théâtre-Français et la Montansier (vieux style), et celle des Philosophes, qui se tenait à la Sorbonne, de sept heures du matin à midi. On se promenait dans la cour, on encombrait l'escalier, et, à chaque sortant, celui dont le tour était venu pénétrait dans le sanctuaire. Le maître savait tout : ce qu'on avait fait, ce qu'on n'avait pas fait ; les propos tenus en classe et hors de la classe. Il écoutait les requêtes, faisait quelques questions, jugeait ensuite la situation en deux mots avec beaucoup de clarté et de justice, et prononçait un jugement sans appel. On disait à demi-voix dans l'escalier : « Où vas-tu ? — à Poitiers ». La nouvelle circulait jusqu'au fond de la cour, et c'était ainsi jusqu'à la fin de la revue. Jamais il ne prenait une note, tout cela était classé dans son incomparable mémoire.

Il en était autrement des gros bonnets ; il délibérait sur eux devant eux ; c'était sans doute de la franchise, c'était aussi un peu de maladresse, car il faisait naître des espérances qui étaient quelquefois trompées, et il froissait inutilement des amours-propres. La visite de ces chevronnés se prolongeait quelquefois longtemps, au grand désespoir des simples soldats qui attendaient dans la cour. Ordinairement, il retenait les philosophes de marque pour déjeuner ou dîner avec lui par groupes de trois ou quatre. Il voulut une fois les héberger tous ensemble. Justement, ce jour-là, la compagnie d'élite était très nombreuse. Ce fut un véritable festin à organiser ; il m'en chargea. J'invitai en son nom au moins vingt personnes. Je l'en avertis ; mais il était en belle humeur : « Allez chez Pinson et commandez un bon dîner de vingt couverts ». Il faisait bien les choses dans ces occasions, sans aucun faste, mais avec convenance et abondance.

Tout était bien arrangé depuis deux heures quand je montai comme un fou son rude escalier de pierre, qui ressemblait à une échelle. Il n'était pas sorti, c'était un grand bonheur. Je franchis toutes les salles en laissant les portes ouvertes : « Mais qu'a-t-il donc ? Que fait-il ? » J'avais appris que nous étions au vendredi saint. Cousin avait invité vingt philosophes à dîner le vendredi saint. Ce fut Théodore Bac qui s'en aperçut.

— Et que va dire Veuillot ? Et que dira Montalembert ? Il ne faut pas qu'ils le sachent. Courez après vos philosophes et dites leur que c'est pour lundi, je les invite à dîner chez Pinson avec tous ceux que vous rencontrerez encore. — Mais je ne sais où les prendre. Ils sont aux quatre coins de Paris. Il ne faut pas même y songer. — C'est évident. Vous vous tiendrez à la porte de chez Pinson, et à mesure qu'ils arriveront vous les enverrez ici. — Pour faire une émeute dans la rue de l'Ancienne-Comédie ? Et comment les ferez-vous dîner ici ? Sur quelle table ?

Mme Blanchard exhiba la table qui était faite pour douze couverts au maximum.

— On ajoutera une petite table.—Il faudra prendre le bureau de Monsieur. — Il n'est pas mobile. — Il n'y a que six couverts d'argent.— On en empruntera.

L'heure passait pendant ce temps là. Mme Blanchard déclara qu'il était trop tard pour aller aux provisions. Il fallut en revenir à Pinson. « On obtiendra de lui le secret et le silence. — Commandez un dîner maigre. N'épargnez rien. Un cabinet obscur sur les derrières ». Nous nous trouvâmes à sept heures, tous les vingt fort ébahis, devant une soupe à l'oignon plantureuse et un saumon magnifique.

On fit contre fortune bon cœur. Le maître, ayant pris son parti, fut plus étincelant que jamais. Vacherot et Franck versèrent des trésors de métaphysique. Au dessert, Cousin songea à la nécessité d'attendrir Pinson et de l'éblouir. Il réclama sa présence. Pinson parut aussitôt, et s'arrêta sous la porte principale ébloui par la majesté de l'assemblée. Cousin excellait à se tirer d'une position ridicule à force d'esprit. Il fit à ce pauvre Pinson, qui n'y comprenait rien, le plus admirable discours sur la grandeur de la philosophie et la dignité de ses maîtres. « Ne dites à personne... que personne ne sache jamais par vous... » Ces exhortations nous ravissaient d'autant plus que tous les dîneurs de la maison entouraient Pinson et encombraient toutes les portes, depuis qu'ils avaient su que Cousin était là et qu'il était en verve. Ce fut le lendemain le récit de tous les journaux. « Nous l'avons échappé belle », disait Cousin, qui ne les avait pas lus. Veuillot fut assez indulgent. Il n'était pas ennemi d'un bon dîner si j'en juge par ses portraits et par la qualité de sa phrase abondante et lippue. D'ailleurs où était en tout cela le panthéisme ? On n'en voyait pas la moindre trace.

Je pourrais compléter le dîner de Cousin par le déjeûner de M. Dutrey. Je sais bien que c'est sortir de l'école normale. Mais c'est la même doctrine, voyez-vous ; et au fond, ce sont les mêmes personnes.

Nous étions donc une vingtaine de professeurs à la Sorbonne, en train de corriger les compositions du concours général. Comme nous étions là toute la journée, l'Université nous donnait à déjeûner. Ce n'était pas un de ces déjeûners que Pinson aurait pu servir. Le nôtre venait de chez Flicoteau, tout simplement. Flicoteau, c'est tout dire. C'est chez lui, au coin de la place de la Sorbonne, que j'ai dîné une année entière au prix de treize sous, y compris un sou pour la bonne. Pauvre fille ! Je la vois d'ici. Elle n'avait que la peau et les os. Evidemment elle mangeait de notre dîner. Nous voilà donc réunis à onze heures, sous la présidence de M. Dutrey, inspecteur général, pour consommer notre provende. Des côtelettes de bois, des biftecks minuscules, quelques pommes de terre frites et de l'abondance. M. Dutrey, à cet aspect, entre dans une sainte colère : « Des biftecks, dit-il, des côtelettes, du poulet ! Voilà ce qu'on ose servir à l'Université un vendredi ! Qu'on aille chercher Flicoteau ! Qu'on lui explique que s'il ne nous sert pas un déjeûner maigre dans l'espace de dix minutes, son adjudication sera rompue ! » Ceux d'entre nous qui ne mangeaient pas de biftecks du tout ou qui croyaient à l'authenticité de ceux de Flicoteau, gémirent de cet anathème ; mais c'était le président, il fallait se soumettre. Nous restâmes assis et inactifs autour de notre déjeûner pendant les dix minutes de répit accordées au pauvre Flicoteau. Il ne se fit pas attendre. A l'heure prescrite nous vîmes entrer une procession de garçons et de plats telle qu'on n'en avait vu jamais dans l'antique Sorbonne. D'abord un maître d'hôtel portant sa serviette, puis un autre portant deux homards sur un plat, entourés d'un persil réjouissant ; puis une salade de pommes de terre, puis une omelette. On se jeta avec avidité sur cette manne céleste. Je réfléchissais pendant cela, comme un professeur de vingt-quatre ans pouvait le faire. Je me disais que l'Université était sauvée puisqu'elle pouvait faire maigre. Aucun règlement ne l'obligeait à faire maigre effectivement, ni même à être catholique. Après délibération, je conclus que les droits de la liberté de conscience ne seraient vraiment sauvegardés que si le corps du délit, qui était un maigre et triste poulet, ne demeurait pas inattaqué. Je le pris donc, non sans un secret frémissement, et je détachai les quatre membres avec dextérité ; après quoi, saisissant avec ma fourchette ce qui me parut être une aile, je la plaçai dans mon assiette sans oser lever les yeux autour de moi. A ce moment, une main s'avança sur le plat que je tenais encore, le saisit, s'empara de la fourchette, et je reconnus avec terreur la main et la face de l'inspecteur général. Mais cette face était souriante ; cette main était caressante : « Permettez-moi, me dit-il, de réclamer mon tour ». Et il se servit l'autre aile avec du cresson et de la gelée. Les deux déjeuners furent expédiés en un clin d'œil, et la cuisine de Flicoteau ne fut jamais à pareille fête.

M. Cousin n'abandonnait aucun de ses philosophes. Il leur donnait ses avis sur la conduite qu'ils devaient tenir dans le lycée où on les envoyait. Il connaissait tous les recteurs, tous les proviseurs, tous les professeurs de Faculté, et naturellement les philosophes mieux que les autres. Si quelqu'un d'eux avait écrit un livre, une thèse, une brochure, un article dans quelque journal, il le savait, il en savait la valeur. Il savait aussi le contenu des bibliothèques publiques et privées. « Voilà les livres que vous aurez à votre disposition pendant toute l'année. Les autres sont à la Mazarine où vous les étudierez pendant les vacances ». Il se faisait aussi rendre compte des cours. « Il faut pendant vos deux premières années d'enseignement, établir vos cahiers ». Dans le monde où il fréquentait, monde politique et monde lettré, on s'amusait beaucoup « de son régiment ». Il écoutait sans sourciller les plaisanteries, sachant bien qu'elles cachaient un fond d'admiration, et que cette phalange de jeunes hommes instruits, laborieux, intelligents, qu'il avait derrière lui et qu'il faisait mouvoir à sa guise, était pour lui une force considérable. Il bénéficiait de tous nos succès, qui, en effet, étaient en grande partie son œuvre.

L'organisation du « régiment » était très savante. D'abord on entrait à l'Ecole normale. Les étrangers, ou non normaliens, étaient rarissimes. Cousin approfondissait tous les détails du personnel de l'Ecole. Il choisissait ses philosophes, il les étudiait, il les interrogeait. Il présidait le concours d'agrégation qui les introduisait définitivement dans la compagnie. Il leur assignait un emploi, il était maître de leur avancement. Les règlements de l'Université donnent aux professeurs la propriété de leur chaire; mais Cousin, qui ne voulait pas de résistance, avait trouvé le moyen de tourner la difficulté. Il ne nommait pas de titulaires; on était seulement chargé de cours. Un chargé de cours faisait tout ce qu'aurait fait le titulaire, mais il ne touchait que la partie du traitement qu'il plaisait à Cousin de lui assigner, et surtout, il était révocable *ad nutum*. Au moindre écart, il pouvait être envoyé de Paris à Carpentras. On le savait, et on était d'un bout à l'autre en respect et en obéissance. Le régiment était un prolongement de l'Ecole normale.

J'avoue que M. Cousin nous paraissait, il y a cinquante ans, absolument insupportable quand il voulait nous imposer sa philosophie comme philosophie d'état. Moi qui avais été son élève et qui étais de son avis, au moins pour les doctrines qui faisaient partie de notre enseignement officiel, je souffrais d'enseigner par ordre les choses mêmes que j'aurais enseignées par conviction, si on m'avait laissé faire; je me disais que si j'avais été dissident sur certains points, j'aurais brisé ma carrière sans hésiter, plutôt que de servir d'organe à une opinion qui n'aurait pas été la mienne.

Je pensais cela, et c'est parce que je le pensais que je fondai une revue au bout de quelques années. Je l'appelai : *la liberté de penser*; nous entendions par ce titre pompeux, et alors assez nouveau, la liberté de penser autrement que M. Cousin; mais quand je fis cette entreprise, je n'étais plus dans l'enseignement secondaire, auquel je n'ai appartenu que pendant deux ans.

L'autocrate était impitoyable quand il punissait et quand il réprimandait. Il avait établi une discipline si exacte, qu'il avait eu rarement besoin de recourir à ces moyens extrêmes. En général, il était bon prince, accessible aux petits comme aux grands, paternel et familier pour les grands, dont il tirait, en livres et en enseignement, tout ce qu'ils pouvaient donner.

Aux deux vacances (vacances de Pâques, grandes vacances), tout ce qui était un peu compté dans le régiment, accourait à Paris pour se présenter à M. Cousin; c'était de règle. A huit heures du matin, la grande cour de la Sorbonne était pleine de philosophes. On entrait à son tour. Mme Blanchard, et plus tard son gendre, qu'elle éleva à la charge de valet de chambre, ne connaissaient pas la faveur. Les διπολλοι étaient expédiés en un instant; il n'était question, avec eux, que de leurs places. Les autres étaient retenus quelquefois pendant des heures entières pour parler d'une question historique, philosophique ou bibliographique ; quelquefois le maître les emmenait dîner avec lui dans un restaurant. Il était très simple et très aimable dans ces occasions, soit qu'il y eût un seul philosophe, ou toute une petite bande. Ce n'étaient pas des festins ; mais il n'était pas question d'avarice dans ces occasions. Sans la peur terrible qu'il nous faisait, nous l'aurions idolâtré. Nous l'accusions de caprice ; il n'était que juste, mais, comme il outrait l'éloge et la réprimande, nous avions peine à reconnaître la justice sous les exagérations. Quelques-uns d'entre nous l'aimaient; tous, nous l'admirions sans réserve. Il ne nous paraissait pas qu'il pût avoir son égal.

Toutes ses fantaisies, et Dieu sait s'il en avait, étaient pour nous des oracles.

Quand il faisait son cours à l'Ecole normale, je suis persuadé qu'il ne savait jamais, en s'asseyant sur sa chaise de paille, de quoi il allait parler. Le sujet officiel de son cours était le douzième livre de la métaphysique d'Aristote. J'en traduisais quelques pages pendant la semaine, et la leçon du dimanche devait être employée à rectifier ma traduction et à commenter le texte. Nous avons accompli cette tâche; et même la traduction que j'ai faite, et qui ne vaut rien, malgré les corrections de Cousin, figure sous son nom dans ses œuvres. Je ne m'en plains pas, pour deux raisons : la première, c'est qu'elle ne me ferait aucun honneur, et la seconde, c'est qu'un protecteur peut prendre à son compte une traduction soi-disant faite sous sa direction par un de ses élèves.

Cousin, quoiqu'il eût été professeur de seconde à Henri IV, ne savait pas le grec, ou le savait très mal. Il n'avait qu'une idée vague de la philosophie d'Aristote. Il n'avait lu presque aucun de ses ouvrages. Il aurait pu prendre pour nous la peine de lire le chapitre qui devait faire l'objet de la leçon; mais il se fiait sur la puissance de son génie philosophique pour tirer d'un texte d'Aristote l'occasion d'une belle théorie. Nous avions sous les yeux les traductions allemandes, les traductions de Marsile Ficin qui fourmillent de contre-sens. Nous faisions du mot à mot, mais le plus souvent Cousin dissertait sur quelque point de philosophie indiqué ou effleuré par notre texte. Quand il y avait de grandes beautés, il les faisait ressortir avec sa rare éloquence et très souvent avec une véritable profondeur. Souvent, au début de la leçon, il introduisait tout à coup la question du jour, une discussion à la Chambre, un livre qui venait de paraître, un homme qui faisait parler de lui, un système qui venait de germer dans sa tête. Il ne faisait pas de tout cela une leçon, mais une conversation ; et cette conversation, souvent enjouée, touchait quelquefois au sublime. C'était son art particulier de passer de la plaisanterie à l'épopée. On le suivait sans étonnement, et on l'admirait également sous ces deux aspects. Tout autre que lui, s'adressant à quatre jeunes gens pour leur développer avec enthousiasme les plus hautes théories de la psychologie, de l'histoire, de la morale, de la politique, aurait été ridicule. Nous en avions pour une semaine à ressasser ce qu'il nous avait dit, et à en vivre. Où il était seulement amusant, mais franchement amusant, c'est quand il entreprenait de nous apprendre à vivre dans le monde. Il nous jouait des comédies incomparables avec des gestes, des intonations et des trouvailles ! Il avait de ces mots que St-Simon lui aurait enviés, et, quand il le voulait, une grâce charmante. La leçon durait quelquefois quatre heures. Quand le coup de midi sonnait, il était là depuis huit heures du matin, nous étions tentés de dire : Déjà !

Dans les salons, on se l'arrachait. Il y était un peu bouffon ; mais ses plaisanteries étaient relevées par un si grand air et mêlées de vues si éblouissantes, qu'on sentait le grand homme bien plus que le comédien. Il était l'un et l'autre. Sur la fin, il avait renoncé en fait à la philosophie, pour se faire romancier et coureur de ruelles ; mais il portait toujours son étiquette de philosophe. Il avait quitté l'apostolat ; mais il a exercé son pontificat jusqu'à sa mort.

Il eut à l'Ecole deux souffre-douleurs, M. Guigniaut qui le quitta et M. Viguier qu'il mit à la porte. Il chercha à mordre aussi sur M. Dubois, qui était un Breton hargneux, difficile à entamer. « Je suis un homme de second ordre », disait ce Dubois ; mais il donnait du fil à retordre aux hommes de premier ordre, et à Cousin tout le premier.

Cousin avait, dans l'Ecole, un rival : c'était Michelet. Si on lui avait dit qu'il le craignait, il aurait rejeté cette injure avec un dédain superbe. C'est de Michelet qu'il a dit ce mot terrible : « Je l'ai connu honnête et médiocre ». Il le craignait mortellement. Michelet n'était ni conseiller, ni membre de l'Académie française. Il n'était pas orateur. Mais il avait, comme orateur, des succès qui égalaient ou surpassaient ceux de Cousin. Il l'égalait pour la verve, et ils n'étaient ni l'un ni l'autre égalés par personne. On peut dire qu'il semait les idées, et plus que les idées, les sensations. Il avait une science historique immense, et toutes sortes de sacs remplis de perles et de diamants, dans lesquels il puisait à pleines mains. L'Ecole se divisait entre ces deux hommes. Ceux qui les admiraient également étaient bien rares. Ils passaient pour des tièdes. Il fallait être passionné, enthousiasmé. Pour les juges du dehors, l'Ecole appartenait à Cousin et à lui seul.

Paris encombrait tellement ma pensée, quand j'entrai à l'école normale, que je profitais des jours de liberté pour le parcourir : non pas le Paris de Philippe-Auguste ou de Louis-le-Grand, mais le Paris qui avait guillotiné Louis XVI, battu monnaie sur la place de la Révolution, massacré les prêtres de l'abbaye.

Je visitai la place sur laquelle s'était dressé l'échafaud et où ne s'élevait pas encore l'obélisque; la prison de l'Abbaye, dont je ne vis, bien entendu, que les dehors; l'enclos des Carmes, où le public pouvait pénétrer; le cachot de Marie-Antoinette, converti en une sorte d'oratoire. Je me disais que je verrais sans doute, parmi les maîtres et les visiteurs de l'Ecole, les hommes qui avaient joué les plus grands rôles dans la tragédie qui venait de finir.

Je me trompais. L'Ecole était fermée à la politique. Nous ne parlions que d'elle entre nous, dans nos récréations, mais nos maîtres n'en parlaient jamais. Les plus obscurs seulement, tels que M. Mabellini, que nous appelions en français Mablin, avaient vu la Révolution; les autres étaient nés avec elle : Cousin, Michelet, Ampère. Il fallait sortir de chez nous et aller à la Sorbonne et au Collège de France pour trouver La Romiguière, Lacretelle, Geoffroy Saint-Hilaire, dont nous étions les auditeurs et non les élèves. La Romiguière passait pour avoir oublié, comme l'abbé Mabellini, l'abbé Bouchitté et quelques autres, qu'il était prêtre. C'était le plus doux des hommes. M. Daunou, qui avait été vicaire général de Paris, ne nous apparaissait que dans les solennités académiques. Nous voyions passer Talleyrand dans son carrosse ; mais celui-là n'avait pas nos sympathies, et nous en voulions mortellement à nos maîtres de l'admiration que la plupart d'entre eux professaient pour lui. Je dus à « mes opinions politiques » d'être admis de loin en loin chez quelques grands hommes : Alexandre Dumas, Victor Hugo, Sainte-Beuve, pour lesquels la politique d'opposition était plutôt un agrément qu'une profession. Je connus aussi Armand Carrel, aujourd'hui bien oublié, alors tout puissant sur l'esprit de la jeunesse. Mais tout se bornait à quelques mots échangés, à quelques poignées de mains, et, dans les occasions, à quelques discours que je prononçais au nom des étudiants de ma coterie. C'est par un universitaire que je fus vraiment introduit dans le monde républicain. M. Philippe Le Bas, mon professeur d'histoire à l'Ecole normale, m'accueillit chez lui, et me fit accueillir dans quelques familles restées fidèles aux souvenirs de 1793.

C'était le fils du conventionnel Le Bas, ami et disciple de Robespierre. Il était fier de la renommée de son père. On raconte même qu'avant d'être membre de l'Institut, il se faisait annoncer dans les salons sous ce titre : « M. Philippe Le Bas, fils du conventionnel ». J'avais désiré voir de près des survivants de la Révolution ; mon succès dépassait mes espérances, puisque je me trouvais transporté d'emblée dans le monde de Robespierre. J'étais comme un jeune débutant qui aurait voulu goûter d'un vin généreux, et à qui on aurait versé abondamment de l'alcool. J'avais assez de fermeté pour m'accommoder à peu près des Girondins, mais je fus sur le point de perdre l'esprit en me trouvant au milieu des amis de Robespierre.

La veuve du conventionnel Le Bas qui accoucha quelques semaines après de celui qui devait être mon professeur, était une des filles du menuisier Duplay. Cette famille Duplay était devenue la famille de Robespierre. Il y demeurait ; il était, quand il mourut, fiancé de Mademoiselle Eléonore, la sœur de Mme Le Bas. La fiancée prit le deuil de Robespierre et le porta jusqu'à sa mort. Toute cette famille était étroitement unie, et le souvenir du grand mort ne contribuait pas peu à cette union. Le Comité de Salut Public, universellement condamné et maudit, avait encore quelques amis dans ce coin du monde ; et pour ces survivants, pour ces persistants, la famille Le Bas était l'objet d'un respect particulier.

Du reste, le menuisier Duplay avait donné à ses filles une éducation excellente. Ce menuisier était un entrepreneur de menuiserie ; il remplit pendant quelque temps les fonctions de juge au Tribunal révolutionnaire. Son petit-fils, celui qui fut mon maître à l'Ecole normale, était l'homme le plus doux et le plus bienveillant du monde. Quand il n'avait plus à s'expliquer sur son père et les amis terribles de son père, il parlait et agissait en homme cultivé, ami de la paix, et préoccupé, par dessus tout, de ses recherches d'érudition. Il avait été précepteur d'un prince. Il est vrai que ce prince était le prince Louis-Napoléon, celui-là même qui, contre toute attente, devint Empereur des Français. L'avènement de son élève au rang suprême ne changea rien ni aux idées de Philippe Le Bas, ni à sa conduite, ni à son langage, ni à sa vie. Il resta jusqu'à la fin tel que je l'avais connu en 1834, *M. Philippe Le Bas, fils du Conventionnel.*

On savait parmi les familiers de M. Le Bas, que je ne connaissais personne à Paris ; et c'était une raison pour eux de m'inviter à dîner ou à déjeûner le dimanche. Je fus invité une fois avec des formes solennelles et mystérieuses qui me donnèrent lieu de penser que j'allais assister à quelque événement d'importance. J'arrivai à l'heure dite. Il y avait quelques convives, tous républicains avérés et rédacteurs des journaux du parti. Près d'une heure s'écoula ; la personne qui avait donné lieu à la réunion se faisait attendre. Je pense que tout le monde, excepté moi, était dans le secret ; mais j'étais trop timide pour faire une question. Enfin un grand mouvement se produisit, la famille se porta tout entière dans l'antichambre pour rendre la réception plus solennelle, et nous nous rangeâmes autour de la porte, pendant qu'à côté de nous on échangeait des propos de bienvenue.

On n'annonçait pas dans cette modeste maison. Je vis entrer une femme âgée qui marchait péniblement et qui donnait le bras à la maîtresse de la maison. Elle était venue seule. On la salua très profondément ; elle répondit à ce salut en reine qui veut être aimable pour ses sujets. C'était une femme très maigre, très droite dans sa petite taille, vêtue à l'antique avec une propreté toute puritaine. Elle portait le costume du Directoire, mais sans dentelles ni ornements. J'eus sur le champ, comme une intuition que je voyais la sœur de Robespierre. Elle se mit à table, où elle occupa naturellement la place d'honneur. Je ne cessai de l'observer pendant tout le repas. Elle me parut grave, triste, sans austérité cependant, un peu hautaine quoique polie, particulièrement bienveillante pour M. Le Bas, qui la comblait d'égards ou, pour mieux dire, de respect. Quand la conversation devint générale, elle y prit peu de part ; mais écouta tout avec politesse et attention. S'il lui arrivait de dire un mot, tout le monde se taisait à l'instant. Je me disais qu'on n'aurait pas mieux traité une souveraine.

Le nom de Robespierre ne fut pas même prononcé. Au fond, c'est à lui que tout le monde pensait, et c'est de lui qu'on parlait sans le nommer. C'était l'habitude dans ces familles dévouées. Je ne l'attribue à aucune appréhension de se compromettre en prononçant ce nom qui était là, révéré, et exécré partout ailleurs. On ne le prononçait pas, parce qu'il était sous-entendu dans tous les discours.

Il y a deux Robespierre : le Robespierre féroce et le Robespierre raisonneur et sentimental. Le culte de ses fanatiques s'adressait également au dictateur et à l'orateur humanitaire. Les revenants avec lesquels j'étais attablé n'appartenaient pas à 1834. Ils voulaient être, ils étaient de 1793. Les grandes tueries n'étaient pour eux que des actes nécessaires de gouvernement. A peine les Thermidoriens eurent-ils renversé le Comité de Salut Public qu'ils s'exercèrent à le copier. Au 18 Fructidor, La Réveillère-Lepeaux, le plus dur des hommes, déporta des Directeurs, des représentants et des journalistes à Sinnamari. Pendant un quart de siècle, la proscription fut dans les mœurs. Je crois bien qu'on excusait les tueries de 1793 autour de moi, que peut-être même on les glorifiait. Mais on pensait surtout au disciple de Jean-Jacques Rousseau, aux discours contre la peine de mort et sur l'Etre suprême, à l'auteur de tant d'homélies attendrissantes sur la fraternité et la vertu. Je suis sûr que Charlotte le revoyait dans ses rêves, précédant la Convention à l'autel, le jour de la fête religieuse, en habit bleu clair et en cravate blanche, et portant dans ses bras une gerbe de fleurs.

Melle Robespierre avait soixante-quatorze ans lorsque je la vis. Je savais qu'elle avait passionnément aimé ses deux frères et que, quand Maximilien s'était installé chez les Duplay, elle s'était montrée irritée et jalouse. Elle faisait à ces nouveaux amis un crime de leur amitié. Elle allait jusqu'à prétendre qu'Eléonore avait employé la ruse pour se faire épouser. Elle vécut loin d'eux après la catastrophe. Le Premier Consul lui fit une pension de 3.600 livres, qui fut plus tard réduite de plus de moitié, mais qu'elle toucha presque sans interruption jusqu'à sa mort. Elle vivait de cette faible ressource dans un isolement absolu. Elle publia des Mémoires qui roulaient sur des événements connus, et ne piquèrent point la curiosité. Je suppose qu'elle consentit à laisser faire cette publication dans un moment de détresse. Sans doute, elle avait voulu, aux approches de la mort, oublier son ancienne rancune. Elle s'était souvenue avec attendrissement d'une femme vénérable qui avait failli être la sœur de son frère. Elle avait voulu se rapprocher un moment de cet homme déjà célèbre, dont le père avait été le plus fidèle ami de Maximilien. Elle sentit enfin que ceux qui s'étaient rencontrés dans ces jours lugubres devaient être réunis dans le souvenir comme ils l'avaient été dans la vie.

Je croyais rêver et je rêvais en effet. Les deux femmes qui étaient là, quel que fut leur nom, avaient vécu dans l'intimité de Robespierre, écouté sa parole comme celle d'un pontife, admiré sa vie comme celle d'un héros et d'un sage. Les questions se pressaient en tumulte dans mon esprit, et je me demandais avec effroi si j'oserais interroger mon maître et si je ne me laisserais pas opprimer une fois de plus par ma maudite timidité.

Il me conduisit jusqu'à la porte pour me dire d'un air triomphant : « Comment la trouvez-vous ? » Je m'enfuis et je me dis tout en courant à travers les rues de Paris, que je n'étais pas à ma place dans ce monde-là. Tout, dans ce temple, était respectable, excepté le Dieu. J'eus le souvenir de mes morts et, en même temps, de ma haine.

J'avais voulu, quand j'étais au collège de Vannes, voir un condamné allant au supplice. J'y réussis ; je fus porté tout près de lui par la foule immense. Je vis ce mort ambulant, avec sa charrette à côté, et cet homme par derrière qui le tenait dans ses cordes. Je ne fis que l'entrevoir, car je fermai les yeux aussitôt.

Certainement, après être sorti des écoles, j'ai eu une grande période d'activité. J'ai fait beaucoup de livres ; je rougis de dire que j'ai publié plus de trente volumes. J'ai écrit dans beaucoup de journaux et de revues. On ferait plus de cent volumes avec les articles que j'ai publiés de tous les côtés ; je ne conseillerais à personne de les lire. J'ai été professeur à l'Ecole normale, à la Sorbonne ; j'ai représenté successivement quatre départements ; j'ai été conseiller d'Etat, ministre, je suis sénateur ;

j'ai fondé deux revues ; je fais partie de beaucoup d'académies et d'une quantité d'associations presque innombrables. J'étais, au corps législatif un des députés les plus verbeux, et je trouvais le moyen, tout en occupant fréquemment la tribune, de faire des discours au dehors. Il n'y a pas un bourg de l'Hérault, de la Gironde, des Côtes-du-Nord, de la Marne où je n'aie péroré ; il n'y a pas une salle à Paris où je n'aie prononcé des discours ; les théâtres, les cirques, les ateliers, les greniers, les salles de mairie, les amphithéâtres de toutes les écoles, les palais les plus splendides, les bouges les plus misérables ont retenti de ma voix, qui n'est pas, tant s'en faut, une voix de tonnerre.

Tous ces discours, tous ces voyages, ces articles semés de tous côtés, m'empêchent de travailler à une œuvre sérieuse, ils m'épuisent, ils me fatiguent, ils me font passer pour un courtisan de la popularité, ou du moins, si le mot paraît trop gros, de la publicité, tandis que mon plus grand plaisir serait de rester tranquille dans un coin, et d'écrire l'histoire de quelques-unes des histoires auxquelles j'ai été mêlé comme comparse ou comme spectateur. J'ai donc eu, jusqu'à ces derniers temps, jusqu'à ce temps, une vie agitée et, comme on dit à présent, mouvementée. Eh bien ! c'est seulement par réflexion que je m'en aperçois. En réalité, tout ce que je vois et tout ce que je fais depuis cinquante ans me donne peu d'émotion. J'y donne peu d'attention. C'est un chemin qu'il faut suivre ; ce sont des incidents qu'on ne peut éviter ; mais qu'est-ce que cela auprès de la vie véritable ; auprès de ma vie d'il y a cinquante ans !

Paris était à nous. Nous avions Victor Hugo et Alfred de Musset dans la poésie, avec toute une pléiade de grands poètes pour les escorter ; Balzac et Georges Sand, dans le roman ; Armand Carrel, dans le journalisme ; Alexandre Dumas partout ; le général Foy, Berryer, Thiers, à la Chambre ; Cousin, Guizot, à la Sorbonne ; Lacordaire, à Notre-Dame ; Arago, à l'Observatoire. Au Théâtre, il y avait lutte entre *Hernani* et *Bérénice*. Nous n'étions rien dans tout cela, mais nous étions de tout cela. C'était notre monde, notre patrie. Victor Hugo et Dumas nous donnaient des poignées de mains. Si nous écrivions quelque barbouillage dans un journal de notre quartier, nous l'adressions bien vite à Victor Hugo, qui nous écrivait bien vite que nous avions du génie. Il faut vous dire que Paris était très petit dans ce temps-là. Il se composait des théâtres, d'une douzaine de salons et du jardin des Tuileries. Tout le monde connaisssait tout le monde, au moins de vue. Hugo, qui nous voyait à toutes ses premières, ne savait pas nos noms, mais il savait nos visages.

Michelet, dans sa chaire, n'était pas un professeur, ce n'était pas un historien, c'était un magicien. Il avait soin de nous dire qu'il était l'ami particulier de chacun de nous. Et il l'était. Celui-là, nous ne nous contentions pas de l'admirer. Nous l'aimions et il nous aimait. Je crois réellement qu'il avait plus d'influence sur nous que tous les autres. L'histoire qu'il nous faisait était de l'histoire, et pourtant, c'était tour à tour un roman et un drame.

On a, à présent, des salles de conférences où l'on assiste à des cours publics, à des discours étudiés. Je ne sais pas si c'est M. Lissagaray qui les a inventés ; en tout cas, il en a été assez vite le directeur et l'impresario ; c'est lui qui les a rendus célèbres : c'est à lui, en réalité, qu'on les doit. Sa première salle de conférences était dans la rue de Richelieu, où il y a eu longtemps une sorte de jardin public, puis un bal, puis les conférences de Lissagaray, transportées depuis au boulevard des Capucines. Nous n'étions pas si solennels auparavant. Nous avions, au quartier Latin, un assez grand nombre de petits amphithéâtres qu'on nous louait à très bon marché, et qu'on éclairait le soir avec un ou deux quinquets. L'idée ne nous venait pas d'y admettre le public. Nous nous réunissions entre nous pour discuter les questions de poésie, d'histoire, de droit, de médecine. Ce n'était pas comme la conférence Molé, où on discutait gravement sur le droit et la politique : ordre du jour, règlement, bureau, rappel à l'ordre. Nous n'avions ni règlement, ni police, ni président, ni ordre du jour. Le romantisme était à l'ordre du jour, tous les jours. Nous avions une façon d'entendre l'histoire où il entrait autant de Victor Hugo et d'Alexandre

Dumas que de Michelet. Guizot était déjà un ancien. On le connaissait, à la Chambre, comme grand orateur ; on savait qu'il avait été autrefois un historien très grave et très ennuyeux. Notez que c'est de nos erreurs et de nos fantaisies que je parle. Le catholicisme était presque aussi à la mode que le romantisme. Il était très romantique lui-même. Ce n'est pas en vain que nous passions notre vie avec la Esmeralda et Claude Frollo.

Il fallait nous voir, dans nos antres, quand il y avait un nouveau roman ou une nouvelle pièce. On discutait aussi dans les cafés et les divans ; mais c'était un autre monde, le monde des étudiants qui n'étudiaient pas. Nous étions, nous, les étudiants qui étudiaient. Nous suivions réellement les cours, nous passions les examens, nous assistions aux concours, nous prenions parti pour Velpeau en chirurgie, et pour Royer-Collard en médecine. Cela ne nous empêchait pas d'aller siffler nos favoris, quand une fois ils étaient nommés, s'ils abandonnaient les saines doctrines. Je me rappelle quelques-uns des grands événements de mon temps. Parmi les pièces de théâtre *Chatterton*. L'effet d'*Hernani* a été plus sérieux et plus profond ; mais *Chatterton* s'était emparé absolument de nos esprits. Il y avait une Kitty Bell descendant l'escalier dans la grande scène du désespoir, qui nous paraissait une scène de Sophocle. Nous aimions aussi l'acteur qui personnifiait Chatterton, M. Geffroy, avec ses manchettes qui remontaient jusqu'au coude. Il y a toujours une différence entre les agitations du moment et la grande résultante historique.

Les deux livres qui, de mon temps, furent une sorte de révolution dans notre fourmilière, furent l'*Ahasvérus* d'Edgar Quinet, et les *Paroles d'un croyant* de Lamennais.

Les *Paroles d'un croyant* n'étaient qu'un pamphlet très court, très enflammé, terriblement apocalyptique, écrit dans la belle langue de Lamennais, avec beaucoup de passions et très peu d'idées. Je doute fort qu'il ait beaucoup de lecteurs à présent. Quand il parut en 1835, tout le monde le lut, tout le monde l'acheta. On faisait queue à la porte du libraire. Cela coûtait vingt ou trente sous. On dut le vendre par centaines de mille. J'avoue que je n'en fus pas aussi émerveillé que mes camarades.

J'étais, au contraire, grand admirateur d'*Ahasvérus*, et je n'ai pas changé d'avis en vieillissant, quoique je sois naturellement devenu plus calme. Je connais bien des poèmes qui ne sont pas à moitié aussi poétiques que cela. J'avoue qu'*Ahasvérus* est écrit en prose, mais c'est de la prose d'Edgar Quinet.

Michelet et Quinet étaient déjà, en 1835, des amis inséparables. Nous étions, à l'Ecole normale, fort alléchés par les annonces d'*Ahasvérus*, qui avaient été faites. Michelet vint à trois heures faire sa conférence. Il avait sa redingote couleur de fumée d'enfer qui lui battait les talons, et un grand in-8° tout flambant neuf sous le bras. Il traversa rapidement la salle d'études ; la classe était au bout, une toute petite classe, blanchie à la chaux, avec une unique fenêtre, garnie de rideaux de vitrage en coton blanc. Une table de sapin, deux bancs, une chaise de paille en mauvais état pour le professeur, un vieux poêle qui fumait horriblement. J'ai passé là quelques-unes des plus belles heures de ma vie, à entendre Cousin et Michelet. Il n'y avait sur les murs qu'une inscription en mauvais latin, que je vais mettre ici pour la postérité. Il faut savoir qu'une des plaisanteries de Cousin consistait à promettre comme une faveur inespérée la chose même dont on avait peur. Pontivy était le plus petit, le plus mal situé et le plus mal payé des collèges royaux. « Je ne puis pas vous promettre d'envoyer à Pontivy celui d'entre vous qui sortira avec le n° 1. J'essaierai, je ferai de mon mieux ; mais franchement, je ne puis pas le promettre. » C'était pour consacrer cette déclaration que Lorquet avait écrit sur la muraille, avec un morceau de charbon :

Memento, philosophe, quia pauper es et ad Pontivy mitteris.

Michelet en arrivant avec son volume, nous trouva tous les douze, rassemblés autour du poêle, et très persuadés à l'avance que ce volume n'était autre chose qu'*Ahasvérus*. C'était *Ahasvérus*, je le vois encore : une couverture bleue, de grandes marges, un volume magnifique. Michelet le jeta sur la table avec force : « Messieurs, je vous annonce que la France, qui n'avait pas de poëme épique, en a un, à partir d'aujourd'hui. Le voici ! ». Nous aurions tous voulu le tenir déjà dans nos pattes ; mais nous nous attendions à ce qui allait suivre : « Comme on ne peut pas aujourd'hui parler d'autre chose, je vais vous en faire l'analyse. » Il la fit. Un poëme de Quinet raconté par Michelet, je vous laisse à penser quelles délices. Il dépassa de beaucoup l'heure de la leçon. Il avait pour le moins autant de plaisir à parler que nous à l'entendre. Nous lui pressions les mains après qu'il eût fini, car il n'était pas solennel avec nous, et il nous permettait de faire voir notre admiration, qui allait jusqu'à l'adoration. Il nous laissa le volume : « ce n'est pas le mien, ce n'est pas non plus celui de la bibliothèque. J'ai demandé cet exemplaire à Quinet pour vous ; pour que vous le lisiez... demain », il prononça ce mot : demain, en souriant. Il était six heures du soir. Le volume était gros. La brochure fut décousue, et quatre élèves eurent chacun la disposition immédiate d'un fascicule. Il y eut trois relais dans la soirée et dans la nuit. Nous avions tous dévoré *Ahasvérus*, quand minuit sonna. Je fus obligé de commencer ma lecture par le troisième livre, mais je m'y retrouvai, les autres aussi. Nous étions dans l'enchantement. Le lendemain, par bonheur, était un jeudi, chacun de nous trouva un auditoire dans le quartier des écoles, et notre succès fut si grand qu'on nous demandait encore *Ahasvérus* un mois après.

J'aime beaucoup nos étudiants d'aujourd'hui. J'ai eu plusieurs années de défiance. Je croyais qu'ils étaient devenus parfaitement sages. Que voulez-vous ? Il faut être sage, il ne faut pas l'être parfaitement. On me représentait les étudiants comme de petits saints, — des saints laïques, — bien brossés, bien pommadés, bien gantés, passant leurs examens le plus correctement du monde, notaires et substituts, même sur les bancs, jusqu'au bout des ongles. J'aimais mieux cela, pour la raison, que les étudiants un peu échevelés de ma jeunesse, qui remplissaient de leurs cris les ruelles du quartier Latin, et ma chère rue Saint-Jacques, où l'on ne voyait pas clair en plein midi. Mais mon cœur était avec les étudiants de mon temps.

« Messieurs les étudiants s'en vont à la Chaumière »

La Chaumière ! C'était bien risqué. Je n'ai jamais mis les pieds à la Chaumière, et je suis loin de demander qu'on la ressuscite ; mais les parlottes où l'on se provoquait en duel pour la gloire d'Alfred de Vigny, et les théâtres devant lesquels on faisait queue cinq heures durant, les pieds dans la boue, en injuriant les romantiques d'un côté et les classiques de l'autre, et les cours du collège de France où l'on en venait quelquefois aux mains en sortant du cours de Lerminier, et les articles enflammés, dont l'auteur mourait de faim, et où il y avait presque du génie, voilà ce que j'appelle des écoles, avec énormément de passion et un peu d'extravagance ; de la jeunesse jeune, qui n'a rien à démêler avec Thomas Diafoirus.

Les étudiants d'à présent renaissent tout à fait.

Ils ont l'esprit de corps, ce qui est un des ingrédients du patriotisme. Ils fraternisent avec les étudiants des autres Universités étrangères pour y montrer le drapeau des écoles françaises, qui est un drapeau doublement français. Je serai parfaitement content si on m'apprend qu'il y a parmi eux des luttes de doctrines. Doctrines littéraires, doctrines philosophiques : je préfère les discussions philosophiques, mais ce que je demande surtout, c'est la passion. Une jeunesse trop calme n'entendra jamais rien ni à la procédure, ni à la physiologie.

Le Paris d'autrefois, si incomplet, si inférieur à celui-ci, je le regrette de tout mon cœur.

La rue St-Jacques et la rue de la Harpe, qui encadraient mon quartier Latin, n'ont jamais été que des ruelles d'une lieue de longueur, irrégulières, mal bâties, dans lesquelles le soleil pénétrait à peine. La rue Vivienne et la rue Richelieu étaient, dans ces temps reculés, les deux belles rues de Paris. On en admirait la largeur. On avait pour uniques promenades le jardin des Tuileries et le Palais-Royal. On nous abandonnait le jardin du Luxembourg, qui paraissait être au bout du monde. La ville était bien plus petite qu'aujourd'hui, et elle nous paraissait plus longue, avec cet enchevêtrement de rues tortueuses.

Mais savez-vous ce qu'il y avait de charmant ? C'est que tout le monde se connaissait. Mon Dieu, oui. Quand on allait au spectacle, on savait le nom de tous les spectateurs et la place qu'ils allaient occuper. Vous entendez bien que je ne connaissais que de vue les duchesses et les grandes coquettes ; mais à force de les voir tous les jours, on les regardait presque comme des amies ; on savait leurs histoires, on s'intéressait à leurs conquêtes. Rien de ce que vous voyez à présent ne peut vous donner une idée des premières ; ces salles-là étaient comme un salon, ou comme une Académie, avec cette différence, au profit des spectacles, que la passion littéraire était ardente ; ardente ne suffit pas, c'est violente qu'il faut dire. Elle était quelquefois violente jusque dans les salons. Dans notre quartier Latin, nous la poussions jusqu'au délire. La première fois que je serrai la main de Victor Hugo dans la cour de l'École Normale, en 1834, je me sentis transporté au troisième ciel. Nous avions le culte du génie, nous l'adorions et nous mettions au rang des hommes de génie bien des écrivains et des artistes qui n'étaient que des *dii minores*. Nous sentions, en quelque sorte, le besoin d'admirer. Nous retrouvions un peu de sang-froid pendant les vacances ; mais dès que nous mettions le pied sur le pavé de Paris, nous avions la fièvre.

J'étais de ceux qui, à la passion littéraire et à la passion philosophique, mêlaient la passion politique. Je brûlais de tous les feux à la fois. Dès que l'école me laissait un moment de liberté, je courais chez Victor Hugo, chez Alexandre Dumas, chez Ste-Beuve. Je ne voyais Carrel qu'aux Tuileries, mais il y était assidu avec son état-major. Tout

Paris était là dès qu'il y avait un rayon de soleil. On se promenait dans l'allée qui borde la rue de Rivoli. Les plus grandes dames s'y montraient. Le duc d'Orléans y apparaissait de loin en loin avec la duchesse Hélène. On y voyait aussi les princes, ses frères. C'est là que M. Thiers, en revenant de l'exil, reçut une ovation que Louis-Napoléon regarda comme un des gros événements de son règne. Le jardin appartient maintenant aux bébés, autrefois relégués auprès de l'orangerie, à la *Petite Provence*. Il a perdu ses marronniers qui étaient les plus beaux du monde. L'humidité l'a envahi; on a peine à le reconnaître dans sa tristesse et sa solitude. Les nouvelles reines des élégances, *reginae elegantiarum*, n'y retrouveraient pas le théâtre où nous admirions les grâces de leurs aïeules. Paris, en cessant d'être la capitale de la France pour devenir la capitale du monde, a gagné en magnificence, mais il a perdu beaucoup de son charme. On le traverse; on y vivait.

Je ne veux pas quitter l'École Normale sans dire comment me vint ma vocation pour l'enseignement, et sans indiquer la route que beaucoup de mes amis et de mes camarades ou de mes élèves ont suivie. On croit volontiers que les normaliens, qui contractent l'engagement de se vouer pendant dix ans à l'enseignement, deviennent nécessairement des professeurs. Il n'en est rien.

Je vous conterai d'abord ma propre aventure.

Moi, qui vous parle, j'avais envie de me faire

avocat ; mais rester trois ans à Rennes sur les bancs de l'école, il n'y fallait pas penser. Je ne pouvais compter que sur moi, sur les ressources que je me créerais. J'avais vécu au collège en donnant des leçons à trois francs par mois ; c'était bon pour Vannes et pour un collégien ; il n'était pas question de retrouver cela, ni de vivre comme cela à Rennes. J'obtins une place de maître d'études suppléant, et je fis ainsi ma première année de droit. Je pouvais faire mes trois années dans les mêmes conditions et décrocher la licence. Je ne serais pas bien avancé, pour en être arrivé là ; et d'ailleurs j'avais à penser à d'autres. Je fus sur le point d'accepter une place au petit collège d'Ancenis. Le proviseur du collège de Rennes, qui me voulait du bien, me dit : « Entrez à l'Ecole normale ».

L'idée de devenir journaliste par ce chemin ne me vint pas même à l'esprit. Je pensais que j'aurais là une carrière modeste, mais assurée. Je ne craignais pas le travail, je n'avais pas de grandes ambitions, je concourus. Je fus reçu. Voilà le récit fidèle de ma vocation pour l'enseignement.

Cette vocation, l'Ecole ne parvint pas à me la donner. J'y pris très rapidement un goût très vif, j'oserais presque dire une passion, pour l'étude, mais j'aurais voulu être sous-bibliothécaire quelque part, plutôt que professeur. Je pris encore des inscriptions de droit en sourdine, me disant que je trouverais peut-être le moyen de quitter ma classe, pour le barreau. Puis je me réconciliai avec l'idée d'enseigner, mais le seul enseignement qui m'attirât était celui de l'histoire. Je désespérai bien vite d'y être appelé. J'étais d'une ignorance invraisemblable. On ne connaissait aucun livre d'histoire au collège de Vannes. On n'y enseignait, en fait d'histoire, que l'histoire du bas empire. Pourquoi celle-là plutôt qu'une autre ? Probablement parce que l'on suivait des cahiers pour l'histoire, comme pour la philosophie, et que, les leçons étant très espacées, on n'arrivait pas, avec une seule génération d'élèves, jusqu'au bout des cahiers. On en était au Bas-Empire en 1832. On m'avait fait prendre Aetius et Narsès en horreur. M. Cousin, qui faisait son choix le premier à la fin de l'année, me prit pour la philosophie.

Ces détails n'ont guère d'intérêt excepté pour moi. En voici de plus curieux pris dans la carrière de M. Cousin lui-même. En entrant à l'Ecole normale (vingt-trois ans avant moi) il se destinait à l'enseignement des lettres ; il fut même un instant chargé d'une rhétorique. Il a raconté comment il devint philosophe en écoutant M. Laromiguière. Royer-Collard l'était devenu en parcourant sur les quais un volume dépareillé de Thomas Reid, et Malebranche en lisant le *dioptrique* de Descartes qui lui tomba sous la main.

Je ne me suis jamais consolé de n'avoir pas été professeur d'histoire ; M. Michelet a été plus heureux ; il avait été un instant professeur de philosophie, mais pour celui-là, il ne pouvait pas y avoir de barrière infranchissable ; il fallait, de nécessité absolue, qu'il fût historien. J'ai eu bien des camarades à côté de moi dans la section de philosophie, à propos desquels je me suis toujours demandé pourquoi ils étaient là. A coup sûr, ce n'était pas par vocation. L'un d'eux, Nicolas Lorquet, déclarait avec des airs tragiques qu'il était né pour être pianiste. Il avait réussi à convaincre M. Guigniaut qu'il était de toute nécessité de fourrer un piano dans un coin. Le piano y était, Lorquet aussi ; nos pauvres oreilles en savaient quelque chose.

Je ne sais pas si M. Louis Veuillot, qui traitait tous les normaliens comme des ennemis de l'Eglise, a jamais su que l'Ecole avait fourni au clergé et aux ordres monastiques, de nombreuses recrues. Je cite au premier rang, un évêque, Monseigneur Perraud, qui a été mon élève à l'Ecole normale, et qui est aujourd'hui mon confrère à l'Académie française. Monseigneur Perraud est agrégé de philosophie. L'Ecole n'a pas produit moins de sept jésuites : Les Pères Olivaint, Pitard, Verdière, Chartier, Pharou, Joubert et Barbier.

Nous avons eu deux dominicains : l'un d'eux, le Père Hernsheim est de mon temps. Si mes souvenirs me servent bien, il n'était pas d'origine catholique.

Les simples prêtres sont fort nombreux, j'en compte neuf en commençant par l'abbé Bautain qui a été vicaire général de Paris.

Parmi mes autres camarades qui ont quitté l'enseignement je trouve un notaire, le directeur d'une compagnie d'assurances, un libraire, M. Hachette, dont la maison est une des gloires du commerce parisien et de l'université. M. Hachette prétendait qu'il continuait à être professeur en publiant des livres pour la jeunesse. Il avait pris pour devise : *Sic quoque docebo* ; c'est une autre manière d'enseigner. Un des chefs actuels de la maison, M. Guillaume Breton, a suivi l'exemple du fondateur. Il est sorti de l'école normale avec le titre de docteur èslettres. Je relève parmi nos camarades un imprimeur, M. Léopold Cerf, un fabricant de sardines à l'huile, un distillateur. Le fabricant de sardines à l'huile est agrégé de grammaire, le distillateur est agrégé de mathématiques. M. Maneuvrier qui a publié un excellent livre sur la réforme de nos collèges est secrétaire général de la compagnie de la Vieille-Montagne.

Nous avons eu aussi des ministres : Cousin, Rogier qui fut longtemps premier ministre en Belgique, Beulé, Challemel-Lacour, Duvaux et moi-même ; des députés : Jouffroy, Dubois (de la Loire-Inférieure), Mézières, le membre de l'Académie-Française, Dyonis Ordinaire, Emile Deschanel ; deux colonels parmi lesquels je compte Chevriaux, qui n'a jamais bien su s'il était colonel ou professeur ; un secrétaire général du gouvernement de Calcutta ; des diplomates, entre autres, M. Patenôtre et M. Gérard ; des gouverneurs de colonies, des magistrats à foison en commençant par M. Renouard de la promotion de 1810, qui devint en 1871 procureur général à la cour de Cassation.

Mais si je voulais citer les hommes de lettres et les journalistes qui sont sortis de l'école Normale, c'est alors que je n'en finirais pas. On peut dire, en règle générale, que tous les élèves de l'école normale deviennent écrivains.

Quand ils écrivent des livres de classe, ce n'est pas quitter leur profession, au contraire, ils disent alors comme Hachette : *Sic quoque docebo.*

Le grand ouvrage de Bouillier sur Descartes, les belles et solides études de Beaussire sur la philosophie et le droit public, les brillantes études psychologiques de Levesque, les ouvrages de Janet qui ont tant contribué aux progrès de la métaphysique et de la morale, l'œuvre entière de Caro, si diverse et si forte, les essais de Martha, écrits dans la meilleure langue française ; en histoire les livres de Duruy, de Wallon, de Fustel de Coulanges et de tant d'autres que j'oublie ; les résurrections de la langue latine et de la vie romaine par Boissier ne sont pour leurs auteurs que l'accomplissement de leur tâche principale. C'est le résumé et le développement de leur enseignement. Ce n'est pas une infidélité à la carrière embrassée, à la vocation reçue. On peut relire d'un bout à l'autre les œuvres de Gréard, il semble, après l'avoir lu, qu'on n'est pas sorti de la Sorbonne : Ce n'est pas l'ancien Rollin mais c'est le nôtre. C'est le *Traité des études* du XIXe siècle.

Ce n'est pas de ces écrivains que je parle, mais de ceux qui ont fait des romans, des voyages, des pamphlets, besognes assurément très peu universitaires. Je signale M. Taine, un des premiers. Même quand il fait de la philosophie, c'est de la philosophie de controverse. *Les Origines de la France contemporaine* sont moins de l'histoire proprement dite que le développement merveilleux d'une thèse. Pour celui-ci cependant, il appartient à la science la plus haute, et plusieurs de ses ouvrages seront un jour comptés parmi les classiques.

Il n'en est pas de même de l'auteur de *Tolla*, de *Guillery*, de la *Question romaine*, du *Nez d'un notaire*. Quoiqu'il soit l'honneur de l'école, il n'a pas l'air d'en être un produit naturel. Nous avions tenu About trois ans à l'Ecole normale et trois ans à l'école d'Athènes; nous en avions fait un savant, un lettré, un écrivain; mais nous n'en avons pas fait un normalien.

A la sortie de l'école, on l'avait proposé pour je ne sais plus quel poste dans une ville de province, qui était le meilleur des postes vacants. Je vis entrer chez moi, un peu comme un tourbillon, une dame fort essoufflée, fort étonnée et fort irritée, qui me dit être la mère d'About et qui venait se plaindre et s'ébrouer de l'envoi de son fils en province. « Où avez-vous tous l'esprit, de croire que *nous* accepterons cela ? » J'étais loin de me comparer à About, un des élèves les plus brillants de l'école. Cependant, je ne pouvais m'associer à son sentiment parce que j'avais été trop heureux quinze ans auparavant, d'être envoyé au collège de Caen. Je le lui dis. Elle reçut cette apologie fort irrévérencieusement pour son interlocuteur. Je lui citai alors Cousin qui avait été désigné pour le collège communal de Rome. (Rome était à ce moment-là une province de l'empire français). Ce second exemple ne l'émut pas davantage. Elle pensa que je tirai mes arguments d'infiniments petits. « Je vous parle d'About » me dit-elle. Il fallait l'entendre ! On me dit qu'elle a chanté depuis sur un autre ton. Et elle ajouta ce curieux détail : « J'avais sauvé du naufrage une petite somme que j'ai employée tout entière à faire de lui ce que vous voyez. Il faut qu'il me rapporte l'intérêt de mon placement et ce ne sera pas trop pour commencer d'un revenu de quinze mille ou vingt mille francs. »

Voilà bien l'outrecuidance des riches ! Elle disait cela à un professeur de l'Ecole normale qui gagnait alors 2.400 francs par an.

Sarcey était le condisciple d'About, mais celui-là était un professeur. Il l'était tellement qu'il l'est encore ; et moi, qui ne vais jamais à la Comédie, je ne la connais que par les leçons qu'il me donne toutes les semaines, à moi et à tout le monde, avec une netteté, une pénétration et un bon sens qui font de ses feuilletons un véritable cours de littérature. Nous avons encore d'autres grands critiques, Despois, Deschanel, Charles Bigot, Claveau, des écrivains politiques de premier ordre tels que mon confrère Edouard Hervé, Prévost-Paradol qui voulut à toute force passer de la théorie à la pratique et qui, à peine entré dans les fonctions publiques où il débuta par une déception immense, ne vit d'autre issue à l'aventure où il s'était jeté que la mort.

Et mon pauvre Amédée Jacques ? Celui-là n'est pas parti comme ambassadeur mais comme proscrit. Je le préfère pour lui. Il paya à grand peine son passage sur l'avant. Il comptait sur quelques bribes d'espagnol et sur sa grande tenue. Arrivé à Montevideo, il n'y a pas trouvé de leçons. Il a employé ses derniers sous à acheter un appareil de photographe et il a couru le pays en le portant sur son dos et dinant quand il plaisait à Dieu. Sa mort a été plus triste que sa vie. S'est-il tué ? a-t-il été assassiné ? c'était un écrivain et un philosophe du plus grand mérite.

Combien de noms se mêlent dans mes souvenirs ! Assolant, un romancier, Rogeard, un pamphlétaire : les *Propos de Labienus* furent un événement; Frary, que j'aurais dû citer avec Bigot et Claveau ; Ganderax, un critique qui est devenu un auteur dramatique et qui, pour son début, a eu l'honneur d'associer son nom à celui de Meilhac ; Manuel que je regrette tant de ne pas voir à l'Académie française où sa place était marquée parmi nos poètes les plus éminents.

Je l'ai contrarié, ce pauvre Manuel. Il voulait à toutes forces entrer dans la philosophie ; c'est moi qui l'ai contraint à faire de la littérature. Je ne m'en repens pas. C'est lui qui se classait mal. C'est un de nos lettrés les plus charmants et, cela ne l'empêche pas d'être aussi un de nos plus charmants et de nos plus pénétrants moralistes.

Nous n'avons pas eu beaucoup d'auteurs dramatiques. About qui a réussi partout dans la vie, n'a pas eu de succès au théâtre. Manuel a deux pièces au répertoire du Théâtre Français. Villetard est un des auteurs du *Testament de César Girodot*.

Mais si je cède à ma manie de glorifier mes anciens élèves, je m'écarterai trop de mon sujet, qui est de montrer la difficulté qu'on a toujours, ou de deviner sa propre aptitude, ou de trouver le moyen de s'y livrer. Je dirai au moins, pour finir, un nom très justement célèbre, à divers titres, et qui, figurant dans la liste des élèves de l'Ecole normale, achèvera ma démonstration : c'est celui de Jean Richepin.

LE PROFESSORAT

Le Professorat

Quand je quittai l'Ecole normale au mois d'Août 1836, je n'avais pas encore vingt-deux ans. Je fus envoyé au collège royal de Caen pour y enseigner la philosophie.

La première réflexion qui se présente à l'esprit, c'est que je n'étais guère qu'un enfant, et que j'allais enseigner la logique et la morale à des enfants de mon âge.

Je pris congé, rue Saint-Jacques, de mon maître d'études et de mes camarades ; et quand je sortis le lendemain de la diligence, à cinquante lieues de là, je n'étais plus l'élève Jules Simon ; j'étais M. le professeur gros comme le bras, et à peu près, en ma qualité de philosophe, le premier professeur du collège.

Je me rendis aussitôt, conformément aux instructions de M. Cousin, chez mon proviseur. C'était M. l'abbé Daniel, un gros homme qui n'avait pas de cou, et qui rougissait dès qu'il se sentait regardé. Il est mort évêque de Bayeux ou de Coutances. Il me reçut admirablement, et avec des façons respectueuses auxquelles je me dis qu'il fallait désormais m'habituer. Je succédais à M. Vacherot, à qui, par parenthèse, je devais succéder encore l'année suivante au collège de Versailles. A la distance où je vois maintenant les choses, cette extrême mobilité des professeurs et l'extrême jeunesse de quelques-uns ne me paraissent pas un excellent moyen de fonder l'autorité des maîtres.

Je passai le reste de la journée à choisir un logement et une pension, et je pris le logement et la pension de M. Vacherot, qui n'était pas un guide infaillible en ces matières. Le logement était situé au coin de la rue Saint-Guillaume et de la place du Palais-de-Justice. Il consistait en une petite chambre à coucher sur le derrière, contiguë à un long boyau décoré du nom de cabinet, qui ne pouvait contenir qu'une table et deux chaises, mais qui avait jour sur le palais-de-justice par une large fenêtre. Quant à la pension, elle était située au fond d'une cour qui était remplie, les jours de marché, de moutons et de bêtes à cornes. C'était une auberge fréquentée par les fermiers et les garçons de ferme du pays d'Auge. Nous y avions une petite table à part pour deux ou trois professeurs du collège, deux étudiants en droit, et les deux juges de paix de la ville. C'était, les jours de marché, une véritable cohue; mais nous étions assez tranquilles le reste du temps. Le maître de la maison mangeait avec nous. La chère était grossière, mais saine et abondante; le cidre, noir et dur, était le sujet de grandes querelles avec l'hôtelier. La conversation roulait aussi sur les cancans de la ville et sur les affaires du pays d'Auge. Je fis ma classe le lendemain devant trente-cinq élèves qui étaient tous de mon âge ou à peu près. Ils se montrèrent très attentifs, et je pensai que ma vie était ainsi arrangée pour plusieurs années.

J'étais plus heureux que beaucoup de mes camarades. M. Jules Vieille, qui sortait en même temps que moi de l'Ecole, était envoyé à Caen pour y enseigner les mathématiques. C'était une société, et une aimable société toute trouvée. Je fus parfaitement accueilli par deux ou trois de mes collègues qui formaient une société à part, et qui me reçurent comme un des leurs. C'étaient M. Berger, professeur de rhétorique, un homme d'infiniment d'esprit qui est mort professeur à la Sorbonne; M. Henri Martin, professeur de seconde. Ne le confondez pas avec son célèbre homonyme, Henri Martin. Celui de Caen, a toujours été désolé de cette homonymie. Il semblait à tout le monde qu'il portait le nom d'un autre. C'était un érudit très distingué, qui devint membre de l'Institut et, pour comble, dans la même académie que l'historien. Nous avions passé un an ensemble à l'Ecole normale et je fus très heureux de le retrouver. Je ne parle pas des autres ; je citerai seulement le censeur, M. Cassin, parce qu'il devint par la suite le beau-père de M. Caro.

Il faut pourtant que je cite aussi M. Collin, le professeur de troisième qui eut la bonté d'entreprendre de me former aux belles manières. C'était un Parisien, du quartier du Marais, c'est-à-dire, selon lui, du véritable Paris. Il avait été très répandu dans le grand monde du Marais ; il en connaissait les célébrités ; il était reçu chez la plupart de ces grandes dames, et il avouait modestement qu'elles goûtaient sa conversation et son genre d'esprit, qu'elles avaient confiance en son jugement, et que n'étant plus d'âge à occuper un autre emploi, il était devenu leur conseiller et presque leur oracle. Nous ne connaissions le grand monde que par lui, et nous étions émerveillés des récits qu'il nous en faisait. C'était aussi un grand voyageur. On ne saurait croire le nombre d'ascensions de montagnes et de courses à travers le Tyrol qu'il trouvait le moyen d'accumuler pendant ses deux mois de vacances. Il finit par produire une petite révolution dans notre monde universitaire ; Vieille qui avait des goûts assez mondains, et Henri Martin que vous auriez pris volontiers pour un grand enfant de chœur, se laissèrent entraîner par lui à un bal de la préfecture !

Le hasard avait réuni au collège de Caen trois Alexandrins : Henri Martin, qui écrivait un mémoire sur la musique des anciens d'après le *Timée* de Platon, Berger qui préparait sa thèse sur *Proclus*, et moi, qui commençais à piocher les *Ennéades*. Dans nos promenades quotidiennes le long de la prairie, nous aurions volontiers disserté sur Plotin et sur Platon, si Collin l'avait permis ; mais, outre les grandes traditions sur les douairières du Marais, il savait toutes les historiettes des demoiselles de la ville de Caen, et il faut se souvenir que le plus vieux d'entre nous, et c'était Collin lui-même, n'avait pas vingt-cinq ans. Je finis par être fatigué de ce bavardage, sans cesser d'avoir de l'amitié pour mes amis ; je n'en avais plus pour leur compagnie.

Je m'isolai de plus en plus. Je louai un splendide appartement dans la rue de l'Oratoire ; je devins un élève assidu du manège de M. Jardin ; je parcourus à cheval tous les beaux lieux qui entourent la ville, et je m'acquis la réputation d'un sauvage, que je n'ai depuis que trop justifiée.

J'ai dit que j'avais fait une visite à mon proviseur, l'abbé Daniel, le jour de mon arrivée en août 1836. Je retournai chez lui le 2 Janvier 1838, et je lui communiquai une lettre en trois lignes de M. Cousin, qui m'enjoignait de partir à l'instant pour Versailles où j'étais nommé professeur de philosophie. M. Daniel me dit, croyant me faire un compliment : « C'est la seconde visite que vous me faites ». J'avais fait au recteur ma visite réglementaire ; mais il n'était pas chez lui. Je ne lui fus jamais présenté et je ne le vis qu'une seule fois, et de loin, à la distribution des prix du collège.

Il faut dire qu'indépendamment de ma sauvagerie volontaire, ma réclusion avait pour cause la situation de mes études philosophiques. Je m'étais fait à Paris beaucoup d'illusions. Je croyais connaître Kant et Hegel ; je n'en avais que quelques données très incomplètes, et de seconde main. En fait de philosophie contemporaine, je n'étais ferré que sur les Ecossais, dont je ne faisais pas grand cas, et sur les écrits de Cousin et de Jouffroy, que je savais par cœur. Des philosophes du moyen âge, je ne connaissais que saint-Thomas ; encore le connaissais-je surtout par son *Commentaire de la Métaphysique* d'Aristote. En revanche, j'avais vécu pendant près de deux années avec Platon et Aristote.

Mes connaissances historiques m'avaient inspiré jusque-là une certaine confiance en moi-même. Je roulais dans mon esprit un système métaphysique qui ne demandait qu'à naître, et qui s'appuyait d'une part sur les microbes pythagoriciens et de l'autre sur le dynamisme de Leibniz. J'en ai laissé quelques traces dans la préface de l'*Histoire de l'Ecole d'Alexandrie* et dans l'*Introduction* à la philosophie de Descartes. L'idée qu'un aussi grand philosophe que je croyais l'être, serait peut-être embarrassé pour faire la leçon à une quarantaine de citoyens de la vallée d'Auge, ne m'était pas venue tandis que je voyageais dans la rotonde de la diligence à la découverte de la Normandie. Mais il en fut tout autrement quand je vis devant moi le programme qui nous était imposé; je vis distinctement les lacunes de ma préparation. Je me dis que l'Ecole normale nous avait préparés parfaitement à argumenter sur Platon et Aristote, et ne nous avait pas du tout préparés à enseigner la philosophie.

Il fallait commencer par la psychologie ; et aussitôt on se trouvait en présence de deux grands problèmes : comment le moi pouvait affirmer le non-moi ; et comment l'immatériel agissait sur la matière ; le secret de la pensée et celui de la création. Il fallait expliquer cela sous l'œil malveillant de l'aumônier à de jeunes gaillards de vingt ans qui n'avaient jamais entendu parler que du commerce des bœufs ; et moi-même, je n'avais pas encore vingt-deux ans.

Je résolus de m'en prendre, pour commencer, à la philosophie écossaise, qui était surtout descriptive et qui me donnerait du temps.

Je savais bien que, dans l'ancienne Université, et tout à côté de nous, dans les collèges catholiques, il y avait des professeurs aussi jeunes que moi, professeurs à l'âge où on est élève, et qui, assis dans leurs chaires, étudiaient la science qu'ils étaient chargés d'enseigner. Mais le professeur catholique n'était chargé que de commenter des cahiers. Il transmettait une science toute faite. Son cours n'était qu'une sorte de catéchisme renforcé. On pouvait s'en convaincre en comparant, dans un petit séminaire, le catéchisme qui préparait à la première communion, le catéchisme de persévérance, et les cahiers de philosophie. Du moment qu'il s'agissait surtout d'être orthodoxe, un bon élève, doué d'un peu d'éloquence, devenait sur-le-champ un excellent professeur.

Toute autre était la situation d'un élève de l'Ecole normale, installé tout à coup, à vingt-deux ans, dans une chaire de philosophie. C'était bien la philosophie qu'il avait étudiée à l'Ecole normale, avec sa première et indispensable condition, qui est de ne rien admettre en sa croyance qui ne soit clairement et solidement établi, et de ne rien enseigner que ce que l'on croit. De toutes les vérités philosophiques, celle-là n'est pas seulement la plus indispensable, c'est celle que l'on accepte le plus facilement, et à laquelle on tient le plus quand on l'a une fois acceptée. On ne faisait aucun effort à l'Ecole pour habituer les futurs professeurs à mettre leur enseignement d'accord avec celui de l'aumônier. Au contraire, tout respirait dans l'Ecole un grand sentiment d'indépendance. Les élèves étaient incrédules et s'en vantaient. Tout ce qu'on peut dire des professeurs, c'est qu'ils l'étaient sans trop s'en vanter. Cousin, qui d'ailleurs se déclarait, en fait, très orthodoxe, se déclarait, en droit, très indépendant. Quand on l'interrogeait sur son opinion relativement aux dogmes catholiques, il fuyait le débat par un : « qu'en savez-vous ? » qui se traduisait dans ses livres par des précautions infinies, ou bien il vous riait au nez en disant : « Je ne dois de comptes qu'à mon confesseur. »

L'Ecole n'avait pas d'aumônier. Elle ne voulait pas en avoir. Cousin ne voulait pas qu'elle en eût. L'anecdote suivante vous montrera bien son obstination : je me trouvais chez lui un matin quelques années plus tard occupé à l'aider au classement de quelques ouvrages nouveaux envoyés d'Allemagne. Nous étions dans le petit salon donnant sur l'arrière cour, une petite pièce, assez sombre, qu'il affectionnait probablement parce qu'elle ressemblait à une cellule. Il avait un grand et beau cabinet au bout de sa bibliothèque, où il ne travaillait jamais. Louis vint annoncer M. l'abbé Ollivier. C'était le curé de Saint-Roch. Un homme aimable, aimé dans le monde, confesseur de la Reine, très puissant et, disaient les mauvaises langues, très intrigant. Je crois qu'il fut évêque d'Evreux quelque temps après. Cousin se leva sur-le-champ : « Faites entrer, dit-il ». Il me jeta un regard qui voulait dire : Quel est ce mystère ? Je voulus me retirer. « Non, non, restez, je le veux.

— C'est mon ami et mon suppléant dit-il.

— Monsieur Jules Simon, dit M. Ollivier en me saluant avec politesse. Je n'ai aucun secret, Monsieur Cousin ; dans tous les cas aucun secret pour Monsieur. Je viens vous demander une place.

— Trop heureux de me mettre à vos ordres. Puis-je vous demander d'abord pour qui ?

— Mais pour moi.

— Une place de professeur de philosophie ! s'écria M. Cousin en faisant de grands gestes. Quel honneur pour la philosophie et pour l'Université ! Voilà une glorieuse réponse à tous nos ennemis ! Cette seule démarche nous venge de toutes leurs querelles ! Mais, Monsieur le curé, il y a nos règlements ; ce titre d'agrégé qui est nécessaire. Nous nous en tirerons peut-être par un diplôme de docteur. Vous êtes bien docteur en théologie ?...

M. Ollivier souriait et laissait passer tout ce monologue. Je vis qu'il connaissait Cousin, qu'on ne pouvait jamais interrompre.

— Je n'ai pas tant d'ambition, dit-il, quand il put placer un mot, c'est une modeste place d'aumônier que je demande ; et notez bien cela, d'aumônier sans traitement.

— Sans dot ! dit Cousin ! Voyez, mon cher (parlant à moi), combien ces messieurs ont le sens pratique. Il n'y a rien comme la théologie pour aiguiser l'esprit. Ne fallut-il qu'une somme de mille francs, cela mettrait en mouvement (comptant sur ses doigts), le ministère d'abord, la commission de comptabilité du ministère des finances, peut-être le Conseil d'Etat, les deux chambres à coup sûr, la presse de toutes les couleurs. Mais avec ces deux mots : sans dot ! M. le curé a tout facilité ; et comme je suis décidé à lui obéir (ôtant son bonnet de velours et s'inclinant profondément) il ne lui reste plus qu'à me donner ses ordres et à me dire où il compte nous faire la grâce....

— Eh bien, puisqu'il en est ainsi, Monsieur Cousin, je vous dirai sans préambule que c'est à l'Ecole normale. Je n'aspire à rien moins qu'à être votre collègue.

— A l'Ecole normale ? dit M. Cousin, en donnant les signes du plus profond étonnement, à l'Ecole normale, répéta-t-il en se tournant vers moi. Et vous voulez réellement être aumônier à l'Ecole normale ?

— Je le veux.

— C'est une place à créer ; car depuis la réorganisation sous le ministère Martignac...

— Sans dot, Monsieur Cousin ; et par conséquent sans chapitre à ouvrir au budget.

— Sans dot, j'entends bien. Et vous prendriez aussitôt un suppléant.

— Pour cela, non ; j'entends faire moi-même la fonction. Je ne dirai pas la messe dominicale, ou du moins je la dirai rarement, à cause de mes fonctions curiales. Mais je ferai exactement une leçon toutes les semaines sur les vérités de la religion, et à vos propres élèves, Monsieur Cousin.

— Et à leur maître, dit-il, en ôtant de nouveau sa calotte ; car je ne manquerai pas de prendre une part dans le bonheur qui leur arrive ; je serai un de vos écoliers les plus assidus. Comprenez-vous cela, mon cher ami ? me dit-il dans un grand accès d'enthousiasme. Voilà notre clergé. Il ne doute de rien, il ne craint rien, quand il s'agit d'un devoir à remplir, d'un noble but à atteindre. Ce n'est pas vous, mon cher, qui vous chargeriez de faire des leçons à nos jeunes gens sur les vérités de notre sainte religion (avec révérences). Vous connaissez trop ces esprits sceptiques, pénétrants, armés de logique et d'érudition, impitoyables dans leurs sarcasmes, insatiables dans leur curiosité, sur lesquels l'éloquence même n'a pas de prise, et qui connaissent à fond tous les systèmes de philosophie anciens et modernes. Je ne m'en chargerais pas plus que vous. Je cause avec eux de philosophie, quoique ce soit la tâche la plus difficile que j'aie jamais eue à remplir. Vous vous en souvenez, Simon ; et quelles difficultés vous me faisiez sur le septième livre de la *Métaphysique*. Je m'en tenais au commentaire d'Alexandre d'Aphrodisée : mais vous étiez très fort avec le commentaire de Saint-Thomas. Si je n'avais pas été nourri des gloses de mon maître Schliermacker... Mais, pardon Monsieur le curé, je me laisse entraîner avec mon ami au souvenir de nos anciennes luttes. C'est notre vie à nous, pauvres philosophes, abstracteurs de quintessence, comme dit le curé de Meudon, pauvres sophistes comme le dit peut-être *in petto* le curé de Saint-Roch ; nous passons nos jours et nos nuits à étudier les maîtres, à sonder les abîmes ; et avec tout cela, c'est à peine si nous sommes prêts pour la lutte. Vous ne sauriez croire à quel point ces jeunes esprits sont redoutables. Jamais ni moi, ni Jouffroy, ni Damiron, ni aucun de nos maîtres de l'Institut et de la Sorbonne n'aurions l'audace de leur faire un cours d'exégèse ou de morale canonique. Et cependant (parlant à moi) : voilà M. le curé qui n'a jamais été même professeur de philosophie... (M. Ollivier) voulut répondre). Non, M. le curé ; vous avez enseigné la rhétorique au séminaire de Saint-Nicolas, avec un éclat incomparable ; mais vous n'avez jamais abordé la philosophie. Vous y auriez réussi également, je n'en doute pas ; je vous ai entendu à Saint-Roch, je connais la puissance de votre parole. Mais, Monsieur, ce n'est pas le professeur qui m'embarrasse ; c'est l'auditoire. Nous n'avons à vous offrir ni les belles et pieuses dames de Saint-Roch, ni les futurs abbés de Saint-Nicolas. Et vous croyez que je vais, moi qui vous regarde comme une des grandes lumières et des grandes espérances de l'église, vous condamner à ce rude travail, à ces déceptions, à cette lutte de chaque jour ! ce serait un véritable crime. Je ne veux pas exposer mes élèves à vous méconnaître, et à donner des preuves de leur esprit indiscipliné, et je veux encore moins vous arracher à la haute destinée qui vous attend. Voilà plusieurs années que toute l'Eglise vous désigne pour l'épiscopat. Les fidèles eux-mêmes vous appellent, et je crois savoir que le parti du ministre est déjà pris. Vous résistez, je le sais. Votre ambition est de vous sacrifier à l'Ecole normale. Mais ce n'est pas l'ambition que j'ai pour vous. Quand vous serez évêque je vous demanderai de venir bénir nos travaux. Vous me laissez, ainsi que mon ami, pénétré d'admiration pour votre courage. Vous êtes plus héroïque qu'un soldat montant à l'assaut ; c'est à nous, mon cher ami, à le sauver des conséquences de sa témérité. Il est trop nécessaire à la gloire de notre clergé et à celle de notre pays.

Il s'était levé en disant cela, et avait tout doucement poussé M. Ollivier jusque vers la porte. Il s'épuisait en révérences.

M. Cousin ferma derrière lui la porte de l'antichambre et revint tranquillement s'asseoir à côté de moi sans même être fatigué de la scène qu'il venait de jouer avec une verve dont il m'a été impossible de vous donner une idée.

L'abbé Ollivier qui était fin comme tous les théologiens, comprit qu'on n'entrerait pas dans la place par la ruse.

On y entra cependant. Quand l'Ecole fut transportée rue d'Ulm, et pourvue d'un organisme complet, la présence d'un aumônier s'imposa. Cousin accepta M. Gratry, qui fut depuis Père de l'oratoire et membre de l'Académie française. « C'est un mathématicien, » disait-il alors pour s'excuser, et peut-être pour se tranquilliser. Ce mathématicien, élève de l'Ecole polytechnique, professeur de philosophie, et qui était la douceur même, ne tarda pas à entrer en guerre avec M. Vacherot, directeur des études à l'Ecole, et M. Vacherot, après un échange de polémiques qui seront un jour d'un très haut intérêt pour l'histoire de la philosophie, fut obligé de se retirer.

Je n'étais pas à Caen, en présence de l'abbé Gratry, et je n'étais pas, comme M. Vacherot, sur un grand théâtre. Mais j'étais surveillé de près, par

M. Roger l'aumônier du collège, et par le proviseur, qui était prêtre. La ville de Caen était fort attentive aux questions religieuses, partagée entre deux camps comme toutes les villes, et ayant de chaque côté des champions très exercés, à cause de sa cour royale, de sa Faculté de droit et de son barreau très nombreux et très lettré. M. Charma, professeur à la Faculté des lettres, passait, parmi les indépendants, pour un philosophe de premier ordre. On s'étonnait que sa renommée fût à peu près circonscrite dans la ville de Caen, mais à Caen elle était immense. Il avait été le fidèle ami et le protecteur de Vacherot. Il ne montra pas d'hostilité contre moi ; mais il laissa voir qu'il ne me regardait pas comme un philosophe ; et tel était le crédit dont il jouissait parmi les étudiants et dans le parti libéral, que ma situation en devenait embarrassée et difficile.

J'étais sans doute préoccupé de la nécessité de me faire supporter par les théologiens et accepter par les philosophes ; mais, ce qui me troublait surtout, c'était la pensée de ma responsabilité envers mes élèves. Si j'avais été maître de choisir une ou deux questions, j'aurais pu développer quelques idées justes dont ils auraient sûrement tiré profit ; mais ce n'était pas le cas ; il y avait un programme, et il fallait le parcourir tout entier. Sur quelques points, j'avais des convictions très fermes ; sur d'autres, je cherchais encore. Allais-je me trouver contraint à exposer ma doctrine avant d'en avoir une ?

Le proviseur et l'aumônier, qui, au fond, me voulaient du bien, et qui me savaient gré de ne pas être en faveur auprès de Charma, m'avaient procuré les cahiers de M. Cassin, le Censeur. Le censeur Cassin, avant d'être censeur, était professeur de philosophie au collège. Je lus ces cahiers, avec le dédain qu'un agrégé, élève de l'Ecole normale, doit à un professeur arrivé par ancienneté et qui ne possède aucun de ces hauts grades. J'ose dire que le principal mérite de l'enseignement de M. Cassin, était sa parfaite orthodoxie. Le proviseur me signala aussi deux manuels, dont la doctrine, me dit-il, serait parfaitement accueillie par les familles. Ces manuels n'étaient pas à dédaigner, et je savais qu'ils faisaient le fond de l'enseignement de beaucoup de mes collègues. L'un était de M. Géruzez, et l'autre de M. Patrice Laroque. Mais trouver ma leçon toute faite dans un manuel, l'étudier comme une leçon de rhétorique ou de grammaire, et venir ensuite la réciter en quelque sorte devant mes élèves, cela jurait tellement avec l'idée que je m'étais faite d'un philosophe, et m'humiliait à un tel point que je ne pouvais m'y résigner.

Je me souvenais que j'avais failli échouer à Rennes, à mon Baccalauréat pour une raison à peu près semblable. J'avais à Caen, dans M. Cassin, le futur beau-père de M. Caro; et c'est le propre père de M. Caro qui, à Rennes, m'avait examiné pour le baccalauréat. Cet examen, aujourd'hui si compliqué, était alors bien sommaire. D'abord, il n'y avait pas à Rennes de Faculté ; on était examiné par une commission de trois membres, composée du proviseur, qui était le président, du professeur de philosophie, et d'un professeur de mathématiques et de physique. On appelait le candidat ; il se tenait debout devant la table ; chacun des professeurs l'examinait pendant un quart d'heure ou vingt minutes ; après quoi les trois examinateurs chuchotaient entre eux un moment, et le proviseur disait tout haut : « Vous êtes reçu », ou : « Vous êtes ajourné. — Passons à un autre. »

Comme j'avais eu constamment tous les premiers prix dans toutes les facultés et même dans un concours général qu'on s'avisa d'établir en 1831, entre tous les collèges de l'académie de Rennes, je me croyais bien assuré de mon succès. Mais, par malheur pour moi, M. Caro avait fait un manuel de philosophie ; il le trouvait excellent, et, par amitié pour les élèves, il voulait les forcer à l'étudier. Je venais de Vannes, un pays perdu, où notre professeur lui-même n'avait jamais entendu parler de M. Caro, ni de son manuel. Il faut dire que, dans ce collège, on étudiait pour être abbé, et non pour être bachelier. Nos professeurs même n'étaient pas bacheliers ; ils étaient abbés. Nous n'avions appris que la philosophie de Lyon. J'en aurais peut-être remontré à M. Caro, sur les arguments en Baralipton. Je tombai sur l'association des idées, dont la philosophie de Lyon ne parle pas.

— Dites-moi, Monsieur, ce que c'est que l'association des idées ?

— Monsieur, les idées s'associent entre-elles...

— Ce n'est pas cela.

— On appelle association des idées...

— Non, vous n'arriverez jamais ainsi. Je veux bien vous mettre sur la voie. « J'entre dans un appartement.... Continuez...».

Je me disais intérieurement : « Est-ce qu'il est fou ? » Il ne l'était pas. C'est son chapitre sur l'association des idées qui commençait par ces mots-là ; et il pensait charitablement qu'en me les rappelant, il susciterait dans mon esprit le reste du chapitre.

Enfin, que ce fût ce souvenir ou une autre cause, j'étais réfractaire aux manuels. Je préparai moi-même toutes mes leçons. Je vins à bout de satisfaire mes élèves ; mais je ne satisfis jamais ni M. Charma, ni moi-même.

Je terminerai le récit de mon séjour à Caen par une anecdote. Je connaissais M. Bertrand, qui a été depuis maire de Caen et député du Calvados. Il me dit un jour :

— Je vous mènerai chez Pierre Aimé Lair.

Ce Pierre Aimé Lair, était, je crois, conseiller de préfecture. Il aurait pu être préfet s'il l'avait voulu mais il aurait fallu quitter sa ville natale, ce qui était tout à fait impossible. Il habitait entre le pont et la place royale, une petite maison qui lui appartenait de père en fils. Elle n'avait rien de remarquable, c'était une des curiosités de la ville. On la montrait aux étrangers et aux nouveaux venus.

Un jour que je causais avec M. Cousin, sur le libre échange, (je vous parlerai tout à l'heure de Pierre Aimé Lair) il s'indignait de m'entendre dire que j'étais libre échangiste.

— Moi, Monsieur, me dit-il (Monsieur, en parlant à moi, était une injure) moi, Monsieur je suis protectionniste, parce que je suis patriote.

Il était aussi actionnaire des mines de l'Aveyron.

Pierre Aimé Lair était le patriote par excellence. Il avait le patriotisme de la France, celui de la Normandie et celui de Caen, qui était le plus enraciné dans son âme. C'est lui qui a fait tirer à plusieurs millions d'exemplaires une médaille de plâtre, portant d'un côté le nom de Malherbe, le lieu et la date de sa naissance, et l'autre le fameux vers qui a immortalisé Boileau :

Enfin Malherbe vint...

M. Bertrand me mena donc chez Pierre Aimé Lair ; je ne savais trop pourquoi il m'y menait, mais je n'osai pas le lui demander parce qu'il me sembla que je ne devais pas l'ignorer. Je vis un homme tout simple qui me détailla les merveilles de la ville, et m'invita à dîner pour le lendemain. M. Bertrand trouva un prétexte pour se dispenser de venir. Je dînai avec M. Pierre Aimé Lair en tête-à-tête.

« Nous appelons ceci le salon de Malherbe » me

dit-il, et je vis, en effet, des inscriptions et des estampes qui se rapportaient à cette dédicace. « J'ai « donné le nom d'un Caennais célèbre à toutes les « pièces de la maison, me dit-il en souriant, et (j'es-« père que vous n'avez pas de préjugés contre le « théâtre), nous allons dîner dans la salle de « Mélingue ».

J'ai été depuis un des nombreux amis de Mélingue, j'ai même été son député ; mais je n'étais alors que son admirateur. Je le trouvais aussi beau que Bocage dans la *Tour de Nesle*. Son jeu était moins profond ; mais quel éclat et quelle jeunesse ! « Comment trouvez-vous ce linge ? » me dit M. Pierre Aimé Lair en me mettant sa serviette sous les yeux. Je fus assez étonné. Je déclarai que je le trouvais superbe. « Non, me dit-il, il est fort laid, mais je n'en emploie pas d'autre. C'est du lin récolté à Caen et filé par ma fermière ». Il me fit remarquer les assiettes.

— C'est de la porcelaine de Bayeux. J'ai de belles faïences de Rouen qui me viennent de mon arrière-grand-mère. Car il faut que vous sachiez, cher monsieur, ajouta-t-il comme un homme qui confesse une faute, que mon arrière-grand-père s'était marié à l'étranger. Ma bisaïeule était de Rouen.

Heureusement, pensai-je, que nous sommes dans un pays plantureux. Nous avons les huîtres de Courseulles, les moutons du Bocage, les bœufs de la vallée d'Auge. Nous ne sommes pas exposés à **mourir de faim.** M. Pierre Aimé Lair me fit encore remarquer le pain : « C'est du blé de Caen, me dit-il avec orgueil. Il n'y a pas longtemps que nous en avons; autrefois, nous n'avions que du seigle, du sarrazin et de l'avoine ».

Comme on était vite en familiarité avec lui, je m'aperçus qu'il portait une redingote en drap bleu assez grossier. Je lui en demandai la raison.

— Vous avez, lui dis-je, les fabriques d'Elbeuf?

— Sans doute, me dit-il, et Elbeuf est une des gloires de la Normandie. Mais je tire mon drap de Vire qui est dans le département.

Il n'avait pas manqué de me demander si j'aimais le cidre. Il apprit avec plaisir que j'étais Breton, et que c'était pour moi un goût national. « Quoique vos cidres, dit-il... ». Mais il s'aperçut qu'il était sur un terrain brûlant et se hâta de me dire que nous aurions, à l'ordinaire, du cidre du Bessin, et qu'on nous servirait au dessert du poiré de Clécy.

Une chose le tourmentait, il me l'avoua, c'était le vin. Je lui dis que j'en voyais une bouteille sur la table. « Oui, me dit-il, c'est du vin de Caen. Je n'ose pas vous en faire boire ». Il en grillait. De mon côté, je n'étais pas peu désireux de boire du vin récolté dans un pays où il est notoire qu'il n'y a pas de vignes.

Il m'en versa, par discrétion, un tout petit coup. Je résolus, par politesse, d'en redemander après avoir bu. Mais il n'y eut pas moyen. Mettez ensemble tous les verjus et tous les vinaigres que vous pourrez imaginer, et vous n'arriverez pas à la saveur diabolique qui fit jaillir des larmes de mes yeux. Il me regardait tristement, tenant toujours sa bouteille. Il la replaça sur la table après l'avoir bouchée avec beaucoup de soins.

— La vigne est à moi, me dit-il, on l'admire beaucoup, parce qu'elle est unique dans le pays. J'ai fait venir des ceps des meilleurs crûs de la Gironde. On m'a conseillé de ne pas recourir aux crûs de la Côte-d'Or qui sont dans les terres. J'ai fait construire des murs bien orientés pour protéger les plants et pour présenter les grappes au soleil. Mon fermier a appris son métier au Château Haut-Brion. Nous faisons un triage si rigoureux avant la mise en cuve, que nous écartons au moins les trois quarts du fruit.

Je réfléchissais pendant ce temps que la bouteille que nous avions sous les yeux devait lui coûter aussi cher qu'une bouteille de Château-Yquem. Il continua :

— Celui-ci était encore en cercles, il y a douze ans. Je pense qu'il sera tout à fait potable quand il approchera de sa vingtième année. Le vin de Cahors n'arrive à sa perfection qu'au bout de vingt-quatre ans.

Je le félicitai de son courage et de sa confiance.

— Oui, dit-il, j'ai confiance. Avec de l'argent et du travail, on peut tout ce qu'on veut. Je serai bien peu imité, monsieur. L'octroi est si mal organisé en

France et les tarifs de douane si peu protecteurs !

Nous publions ici une lettre intime que Jules Simon adressa à son ami Frélaut :

Caen, le 6 Novembre 1836.

Mon cher Fortuné,

Je t'ai écrit à la fin du mois de Septembre, au moment de partir de chez moi pour venir à Caen.

Il est temps que je te donne de mes nouvelles et que je te prie de me donner des tiennes.

Je suis arrivé à Caen, mon bon ami, le 2 Octobre 1836, à 4 heures du matin et le même jour j'ai dîné chez mon proviseur; ensuite de quoi, j'ai prêté serment et signé le procès-verbal de mon installation ; rien ne peut être plus régulier. Notre collège est admirable et il surpasse de beaucoup, pour la majesté des bâtiments, même les plus beaux de Paris.

Nous avons 360 pensionnaires et 300 externes. Ma place va à 3200 Frs et sera de 3800 dans quatre ans, si je n'avance pas.

Je suis logé à dix pas du collège, dans le plus beau quartier de la ville ; mais je paie deux chambres 30 francs par mois, et ma pension 50 francs. L'éclairage, le blanchissage et le chauffage à ma charge.

Ma classe se compose de 50 élèves, dont 30 laïques ; le reste sont des abbés du Séminaire de Bayeux, qui passent un an à Caen, pour suivre mon cours et qui ont, en même temps, un professeur de théologie.

Le clergé de Caen, mon cher ami, renferme beaucoup de gens honorables, mais quoiqu'il m'ait bien accueilli, je ne puis m'empêcher de trouver odieuse la conduite qu'il a tenue envers mon prédécesseur. Non seulement ils l'ont dénoncé, mais ils l'ont lâchement calomnié, sans une ombre de raison. Je suis obligé de me tenir en garde ; mais ce qui passe l'imagination, c'est que chacun des prêtres qui viennent me voir, m'avertit individuellement de me défier des autres.

Comme je suis catholique et que je m'en fais gloire, j'espère n'avoir rien à craindre de la part du clergé, mais cette conduite blesse ma délicatesse et m'afflige pour une cause qu'ils servent par de mauvais moyens, et à laquelle je m'intéresse. Espérons, néanmoins, que tout ira bien. J'ai quelques bons élèves ; mais je n'en ai point de très bons, et quoique tout le monde travaille, je crois que mon enseignement mériterait d'être suivi avec un peu plus d'entraînement. Les gens de ce pays ci sont d'une nature apathique. Je regrette les bas bretons.

Ecris-moi, mon cher ami, parle-moi de tous nos amis, mais surtout de toi et de ce qui te concerne. Donne de mes nouvelles à Gauthier et dis lui que je lui écrirai d'ici quinze jours. Leblanc me doit une lettre. Songe-t-il à se mettre en règle ? Recommande moi bien à tout le monde, à Maurice et à nos autres amis. Il y a un jeune homme, à Ste Anne, que j'ai connu à Vannes et dont je ne puis me rappeler le nom, Le Kélec, quelque chose comme cela. Tâche de me donner de ses nouvelles.

C'était un bien bon enfant. J'irai à Uzel à Pâques ; ne pourras-tu y venir, un jour ou deux ?

Adieu Fortuné. Ecris moi au collège royal. Donne-moi beaucoup de détails sur nos amis et sur toi. Aime-moi toujours comme je t'aime, de tout mon cœur.

JULES.

J'avais été, je vous jure, bien surpris et bien ravi, en recevant un beau jour une petite lettre, écrite par M. Cousin, de cette écriture grimpante, fine, nette, à longues queues retournées, qui lui inspirait une si vive admiration, et où il prétendait trouver à la fois les caractères de la force et de la grâce. Je trouvai l'écriture charmante et le style encore plus, elle ne contenait que ces mots : « Je vous ai nommé professeur de philosophie à Versailles, soyez chez moi après demain à huit heures du matin ». — V. Cousin.

Quelle éloquence ! Je passai un quart d'heure à l'admirer ; puis j'allai, en courant, faire mes visites d'adieu et retenir ma place à la diligence ; puis je revins boucler ma malle qui ne contenait, avec un peu de linge, que le Platon et l'Aristote de Tauchnitz, et en route pour Paris, mon ami, c'est-à-dire, à ce que je pensais, pour la fortune !

Cousin avait deux opinions sur la carrière d'un jeune philosophe, je ne le lui reproche pas. D'un côté, il disait bien haut qu'il voulait animer et ressusciter la province, qu'il créerait des Universités provinciales sur le modèle des Universités allemandes. C'était son opinion ésotérique. Ne vous y trompez pas : les universités, mortes sous les foudres de M. Challemel-Lacour, n'étaient l'œuvre ni de M. Bourgeois, ni de M. Liard. Elles remontaient à M. Cousin dont elles étaient le rêve favori. Mais quand il donnait ses avis particuliers en catimini à quelque élève de prédilection, il lui confiait sa doctrine ésotérique qui était le contraire de l'autre et qu'il résumait en trois mots : Ne pas quitter le pavé de Paris. Il s'était appliqué à lui-même sa doctrine ésotérique lorsque, à sa sortie de l'Ecole normale, il refusa d'aller enseigner la philosophie au collège communal de Rome et préféra une chaire de seconde à Paris. J'avais quitté le pavé de Paris pour un an seulement. J'y revenais à vingt-deux ans pour ne plus le quitter. Versailles, c'était Paris !

C'était doublement Paris pour un universitaire. Car les collèges de Paris formaient une classe à part dans les collèges royaux, et Versailles était de cette classe. J'étais donc habitant de Versailles et professeur de Paris.

J'ai été deux fois dans ma vie habitant de Versailles. La seconde fois j'étais vieux, j'étais ministre, incertain du sort de la France et de celui de la société, j'étais logé dans une des plus vastes galeries du palais, où je couchais par terre sur un matelas. La première fois j'avais vingt-deux ans, de la santé, de l'ardeur, une besogne selon mes goûts ; et je n'avais d'autre souci que celui de servir la vérité à mon rang et de me faire par mon travail une petite renommée. L'année 1871 devait être la plus triste année de ma vie ; l'année 1838 en fut une des plus joyeuses.

Je vous ai dit que j'avais commencé, pendant mon séjour à Caen, à piocher les *Ennéades*. J'avais relu à cette occasion le *Timée* de Platon, que je lisais dans mon Tauchnitz et dont je traduisais les passages les plus importants pour mieux fixer mes idées. J'étais en correspondance avec M. Cousin, qui avait la bonté de répondre à deux ou trois de ses élèves préférés (je ne dis pas à trois ou quatre) et de leur donner sur leurs travaux des conseils qui étaient, avec juste raison, accueillis comme des oracles. Je lui écrivis naturellement que j'étais enfoncé dans le *Timée* et je ne sus qu'en arrivant à Paris, un an après, l'influence que cette confidence avait eue sur ma destinée.

Il va sans dire que je sonnai chez lui, à la Sorbonne, au jour et à l'heure indiqués. « Mon cher ami, me dit-il d'abordée, vous vous occupez du Timée, vous l'avez traduit en partie, il manque à ma traduction de Platon et je vous prie de me le donner ».

On n'est pas plus franc ; et on n'est pas non plus,

vous pouvez m'en croire, plus joyeux que je ne fus. J'étais rempli de reconnaissance pour les leçons qu'il m'avait données à l'Ecole un an auparavant, pour la bienveillance qu'il m'avait toujours témoignée, pour le grand avancement qu'il me donnait en ce moment même, sans que rien me l'eût fait prévoir, et je trouvais une occasion de lui rendre un service auquel il tenait beaucoup parce que le temps des traductions était passé pour lui. Ma joie se trouva doublée par cet arrangement. Il me proposa de venir tous les samedis coucher chez lui.

« Vous m'apporterez la copie que vous aurez faite pendant la semaine, et nous passerons le dimanche à nous promener quand il fera beau. Quand il fera de la pluie, nous tirerons chacun de notre côté ».

Ainsi il fut fait. Je couchais dans une chambre à demi-meublée qui fut celle de son secrétaire quand il en eût un. Mme Blanchard nous servait le matin deux grandes assiettées de soupe, qui était la plupart du temps de la soupe au choux, et nous partions à pied pour aller nous promener dans les bois de Meudon. Le soir, nous dînions très frugalement à la Tête-Noire, et nous nous séparions sur le pont de Sèvres, moi pour regagner Versailles, et lui pour rentrer gaillardement à Paris, après une journée de fatigue. Je prenais cela pour un tour de force, parce que, comme il approchait de cinquante ans, moi qui n'en avais que vingt-quatre, je le regardais comme un vieillard.

La traduction du *Timée* marcha fort vite. Je lui donnais mon paquet le dimanche matin. Il le remettait sur le champ à Mme Blanchard ou à Jacinthe pour le porter à l'imprimerie. Il ne lisait pas même les épreuves.

— Quand paraîtrai-je ? me dit-il, un jour.
— Voici le bon à tirer de la dernière feuille.
— Oh ! je vous remercie.

Le dimanche suivant, j'arrive chez lui à l'heure ordinaire. Je le vois encore, il était sur son échelle dans sa bibliothèque. Il se hâta de descendre pour me donner la main avec son affabilité ordinaire.

— Comment vous portez-vous ? lui dis-je.
— Assez mal, me dit-il. Je suis très fatigué. On ne saura jamais combien cette traduction du *Timée* m'a fatigué.

Puis se rappelant tout à coup à qui il parlait :
— Mais si fait, ajouta-t-il avec le plus grand sang-froid, vous le savez aussi bien que moi.

Et il parla d'autre chose.

Il partit quelques jours après, pour passer l'été à Meudon, où il avait loué un pied à terre. Barthélemy Saint-Hilaire qui était son ami le plus intime, allait souvent le voir. Nous autres, il nous recevait le dimanche et retenait à dîner ceux qui se présentaient. Ses dîners se ressentaient plutôt du philosophe que du pair de France. Ce n'était pas ladrerie comme on le croyait ; il n'avait qu'à nous laisser partir. C'était plutôt la simplicité de ses goûts qui lui ôtaient toute idée de magnificence.

Un jour que nous nous promenions dans les bois avec Saint-Hilaire depuis le fin matin, nous voyons arriver son valet de chambre qui lui conduisait Léon Faucher. Léon Faucher n'était pas encore un grand homme. On était loin de penser qu'il dût jamais devenir ministre. Cousin ne voyait en lui qu'un économiste, ce qui était à ses yeux infiniment peu de chose, et un candidat plusieurs fois malheureux à l'agrégation de philosophie. Il le reçut très bien.

— Vous dînerez avec nous sans doute?

Arriva, quelques temps après, Odilon Barrot. Cousin fut ravi.

— C'est le jour de mes amis, dit-il.

Saint-Hilaire commençait à trembler pour l'honneur de la maison. Il me dépêcha secrètement pour demander au domestique ce qu'il devait nous servir. Il avait commandé une matelote d'anguilles. « Et puis? ». Et puis c'était tout. Je ramenai en revenant Duvergier de Hauranne. Je crus devoir avertir secrètement Cousin.

— Bah! me dit-il. Il y aura bien quelque part du fromage. Ou bien on ira chercher un plat à la *Tête-Noire*.

Je savais la figure que ferait Duvergier de Hauranne devant une pareille pitance, et j'étais en train de lui confier mes douleurs quand nous vîmes arriver Halévy. Il faisait un temps superbe, et l'idée d'aller demander à dîner à Cousin était venue à tout le monde. Il était rayonnant de voir cette belle compagnie, et il ne manqua pas de dire à M. Halévy:

— Vous dînez avec nous ?

— Oui, dit alors Duvergier de Hauranne intervevenant fort à propos, mais comme il n'y a chez vous que deux portions de matelote d'anguille commandées dans une gargotte, je prie ces messieurs, et je vous prie en même temps de descendre avec moi jusqu'à Saint-Cloud, où je vous donnerai à dîner chez Grouelle.

Pour le coup, notre hôte se sentit offensé. Il se releva de toute sa hauteur, et déclara qu'on ne lui ferait pas une pareille injure. Il prit son temps pour me parler secrètement un moment après, et pour m'envoyer commander à la *Tête-Noire* tout ce que le cuisinier pourrait nous donner. Il se trouva que le dîner fut très abondant, et Cousin étourdissant. Duvergier de Hauranne lui fit amende honorable.

— Mais, dit-il, je suis excusé par vos vieux péchés que j'ai encore sur l'estomac.

M. Halévy était très lié avec Cousin. Cousin avait promis à Halévy les paroles d'un opéra, et Halévy avait promis à Cousin la musique de ses paroles. Je suis bien aise pour eux deux qu'ils en soient restés à des promesses.

C'est l'année de ma vie où je vis le plus souvent M. Cousin. Il vint passer quelques temps à Versailles, au commencement de l'été. Il était débarrassé de sa fameuse traduction du *Timée*, et il avait le temps de prendre du repos.

Il y avait dans l'avenue de St-Cloud, vis-à-vis du collège de Versailles, un grand et beau parc, avec un bel hôtel, qui devint une fabrique d'horlogerie quand une société fut formée dans le but de faire concurrence à l'industrie de Genève. Je dis en passant que la première montre vendue par la nouvelle compagnie appartint à M. Aubernon, pair de France et préfet de Seine-et-Oise, et la seconde à moi. C'est une montre plate, que j'ai encore dans ma poche au moment où j'écris ceci, et qui me fut apportée à mon domicile, sur la place Hoche, le jour même de la naissance du comte de Paris. Le plus clair résultat de la fondation de cette fabrique d'horlogerie a été de détruire le beau parc dont je parlais tout à l'heure, et dont nous admirions les arbres magnifiques lorsque nous passions devant les grilles en attendant l'heure d'entrer au collège. La princesse de Belgiojoso loua cette belle résidence, et vint y tenir sa cour quelques mois avant l'installation de la fabrique.

Dans une autre ville que Versailles, son arrivée aurait été un grand événement. Mais Versailles a un caractère particulier : c'est la ville où l'on sommeille. Cette ville se divise en deux villes : il y a la ville ancienne, groupée autour de la cathédrale : celle-là est exclusivement versaillaise et provinciale ; on ne sait pas si ses habitants viennent quelquefois visiter Paris. L'autre s'est bâtie peu à peu aux alentours du château; elle a de belles avenues, de beaux boulevards, des maisons modernes, de beaux hôtels, des restaurants : c'est un coin de Paris, mais, peut-être, par suite du voisinage, un coin de Paris un peu endormi. Il y a de beaux parcs quand on approche de la campagne, mais leurs habitants s'y renferment et ne se montrent pas au dehors, comme s'ils savaient qu'il n'y a dans ce pays-là d'autre vie que celle qu'ils y portent. C'est peut-être pour cela qu'ils l'aiment. Je ne connais pas de ville où il y ait plus de grands espaces, de beaux édifices, de grands souvenirs, et de majestueuse immobilité.

Les promeneurs de cette partie un peu lointaine et peu fréquentée de l'avenue (car on ne va guère au-delà de la rue St-Pierre, où sont le tribunal et la préfecture) furent à peu près les seuls à s'apercevoir qu'il y avait derrière cette grille, et sous ces arbres un grand déballage de Parisiens et de Parisiennes. Le prince n'aurait pas fait trop de bruit, s'il était venu seul; mais la princesse était femme à remuer le monde. Elle était belle à mener les cœurs après soi; elle avait l'esprit cultivé comme une femme de lettres qu'elle était; elle avait une âme de patriote, ce qui, à cette époque, voulait dire, en Italie, une âme de révolutionnaire. Cousin qui était de sa suite et qui, au milieu des grandeurs qu'il aimait, soupirait toujours après les mansardes et après les cuistres, vint bien vite me voir à la place Hoche et, dès le lendemain, il m'introduisit chez la princesse. C'était la première fois que je voyais une grande dame, et je ne puis dire que je la vis, car j'éprouvai un tel émoi, que je fus comme privé de mes facultés. Tout ce qui était illustre me causait la même commotion, de sorte que ce n'était pas seulement la princesse qui me faisait trembler, mais son entourage. Il y avait là Cousin, devant lequel, quoique je le connusse depuis tant d'années, je n'avais pas toute ma liberté d'esprit, Thiers, Mignet, Augustin Thierry, que je connaissais sans doute, mais que je n'avais jamais vus d'aussi près. J'étais à la fois enthousiasmé et épouvanté de mon aventure, et je sentais, à mon grand désespoir, que l'épouvante l'emportait, que je ne reviendrais jamais sans être appelé, et que mon trouble était si profond que personne n'aurait aucun motif pour désirer de me revoir. C'était pourtant, de tous les salons de Paris, celui où j'étais le plus en état de me mêler à la conversation, et j'appris, quelques années plus tard, à ma grande stupéfaction, que si j'y avais exprimé mes idées sur la politique, j'aurais trouvé un appui dans la reine de ces lieux.

Cousin m'avait averti. Il excellait à faire des portraits, et toutes les fois qu'il en faisait, il vous laissait dans l'esprit une image impérissable de son modèle. Il la jugeait avec une grande liberté et une certaine dureté. Je crus pourtant deviner à certains signes qu'il était intimidé devant elle. Il laissait passer sur le gouvernement et les classes sociales des théories qui auraient excité sa bile partout ailleurs. Il prenait sa revanche sur les questions métaphysiques. Là il se sentait écouté comme un maître; et aussitôt il en était un. C'était un homme qui avait quelque peine à prendre sa place, mais qui, une fois qu'il l'avait prise, la défendait avec un éclat incomparable.

La traduction du *Timée* me prit la moitié de mon année. Je donnai aussi quelque soin à ma classe, qui fut la dernière que je dirigeai, car je n'ai été professeur de collège que pendant deux ans. Mon enseignement ne fut pas trop mauvais cette année-là; car, d'une part, j'avais passé toute l'année précédente à le préparer, et, de l'autre, je n'avais pas eu le temps de le perfectionner. J'enseignais une philosophie dont je n'étais pas le père. Mon amour-propre en souffrait dans ce temps-là, mais ma conscience s'en réjouit aujourd'hui.
Ma classe était moins nombreuse que celle de Caen. Mes élèves étaient moins laborieux. Ils n'étaient pas plus intelligents, mais ils étaient plus civilisés. J'en avais un qui était le modèle des écoliers et qui est devenu le modèle des maîtres. C'est M. Charles Waddington, aujourd'hui membre de l'Institut et professeur à la Sorbonne.
J'ai une belle liste d'élèves et une belle liste de maîtres. J'aime à les repasser dans ma mémoire. Je n'oserais pas compter tout haut mes élèves illustres, de peur de faire des omissions involontaires. Je craindrais encore plus de m'entendre récuser par quelqu'un d'entre eux. Deux ou trois l'ont fait publiquement et cela m'a causé de la peine. Ils sont presque tous restés mes amis et me forment, en quelque sorte, une grande famille. J'ai eu pour maî-

tres des hommes tels que Michelet, Ampère, Damiron, Guigniaut, Jouffroy, Rossi et surtout Cousin, qui n'a cessé d'être mon maître que quand il avait cessé depuis longtemps d'être mon professeur.

Nous reproduisons ici une lettre intime que Jules Simon adressait à Frélaut pendant qu'il était professeur à Versailles.

Versailles, le 19 mai 1838

Je suis à Versailles depuis trois mois ; ma nomination m'est arrivée à Caen comme la foudre en pleine classe de philosophie ; je l'ai serrée dans ma poche, et j'ai achevé ma leçon très paisiblement ; après quoi j'ai fait mes adieux au proviseur, et une heure après j'étais en route au grand étonnement de tout le monde, mais personne n'était plus étonné que moi.

Vous avez le temps d'écrire, mes chers amis, tandis que moi, on me fait gagner mon avancement par des travaux qui font quelque honneur à autrui. Un grand personnage (1) a publié, sous son nom, il y a six semaines, un petit ouvrage de moi, et il fait paraître dans quinze jours le onzième volume d'un grand travail qui n'a pas dû lui coûter grand chose, s'il a fait les dix premiers comme celui-là, car je t'avoue qu'il n'a pas lu son onzième volume, quoique l'impression en soit presque achevée. J'espère travailler maintenant pour mon compte, il en est temps. Je t'en reparlerai. Mais tu vois comme les plus grands philosophes savent mettre en pratique le vieux proverbe : Rien pour rien.

(1). Il s'agit ici de M. Victor Cousin.

DÉBUTS DANS LE JOURNALISME

Débuts dans le Journalisme

Mon séjour à Caen et à Versailles ne m'a laissé que de bons souvenirs. A Caen, c'était ma première année de liberté ; à Versailles, j'avais une besogne qui m'occupait sans me troubler, des relations toutes nouvelles pour moi et qui piquaient ma curiosité, un séjour merveilleux et de belles espérances d'avenir. Je me laissais aller au bonheur de vivre et d'avoir vingt ans, quand je fus tout à coup réveillé par une aventure qui n'était pas couleur de rose.

Mes lecteurs ne connaissent pas bien l'Université d'aujourd'hui ; ils ne connaissent pas du tout l'Université d'il y a cinquante ans. Le Ministre d'aujourd'hui et celui d'autrefois gouvernent avec le concours d'un Conseil supérieur, voilà la ressemblance ; mais la ressemblance n'est que dans les mots. Les attributions du Conseil de 1893, sa composition, sa fonction diffèrent complètement avec les attributions, la composition, les fonctions du Conseil de 1839. Un mot expliquera tout : le Conseil d'aujourd'hui est composé de cinquante fonctionnaires élus à temps par leurs collègues, donc il est impuissant. Le Conseil d'autrefois qu'on appelait le Conseil royal, était composé de six grands personnages nommés à vie par le roi ; donc il était tout puissant. Le Ministre d'aujourd'hui décide souverainement du sort de son personnel, en se conformant aux règles de la carrière, et en prenant l'avis des inspecteurs généraux ; le ministre d'autrefois, même quand il s'appelait Guizot ou Villemain, ne faisait que donner la signature aux arrêtés qu'on lui envoyait tout faits du Conseil royal. Dans le Conseil même, il n'y avait pas de délibération sur les personnes. Le baron Thénard décidait de tout pour la physique et la chimie ; M. Orfila pour la médecine. On n'y mettait pas de mystère. Chacun allait chez son conseiller poser sa candidature ou faire entendre ses doléances. Cousin faisait tant de bruit de son autorité, que c'était, pour les personnes du dehors, une sorte d'amusement.

Nous autres, qui étions le gros de la troupe, nous savions que sa dicipline ne s'étendait pas seulement à nos actes, et qu'elle s'appliquait aux idées et aux paroles. Le public s'en doutait. Cousin ne le croyait pas. Il nous disait d'un grand sérieux :

« Vous êtes libres comme l'air dans votre ensei-

« gnement, en respectant, bien entendu, les lois de
« l'Etat ».

Au fond, nous étions dans nos chaires pour développer, non pas tous ses livres, mais ceux qu'il avait lui-même mis à part pour notre usage, depuis qu'il avait été assagi par la fortune. A peine restait-il quelques vieux professeurs, au nombre de trois ou quatre, qui enseignaient la doctrine de la Romiguière. Il les tolérait à cause de leur âge, et parce qu'il ne pouvait pas faire autrement. Ils étaient inamovibles. Il y en avait deux à Paris, M. Saphary et M. Valette. M. Valette avait encore quelques années d'activité devant lui. Vous verrez tout à l'heure à quel curieux moyen M. Cousin eut recours pour annuler son enseignement, ne pouvant le supprimer.

Au mois d'Août, après les distributions des prix, et pendant les vacances de Pâques, la cour de la Sorbonne était pleine de philosophes depuis le matin jusqu'au soir. Chaque fois qu'un visiteur paraissait sur les dernières marches de l'escalier de pierre qui conduisait chez le maître, on se précipitait sur lui, et l'on jugeait du premier coup d'œil s'il était avancé ou disgracié. Tout se faisait chez Cousin par soubresauts. On avançait ou on reculait à grands pas. Il aimait ces coups de fortune, qui montraient sa toute-puissance et sa perspicacité.

Il avait fait pour moi un grand effort quand il m'avait transféré tout à coup de Caen à Versailles. Après une telle marque de faveur soutenue pendant une année entière de toutes sortes de privautés et de familiarités, je me croyais à l'abri des revers, en dépit du sage Damiron, qui me disait toujours avec amitié :

— Prenez garde aux sursauts de Cousin.

J'entrai chez le Maître à l'heure ordinaire, il me dit :

— Je ne puis vous laisser à Versailles.

Je fus un peu étourdi de la nouvelle. Il me fallut même quelque temps pour comprendre qu'il m'ôtait ma place sans m'en donner une autre. Il me mettait tout bonnement sur le pavé « sur le pavé de Paris » comme il disait.

J'entendis comme dans un rêve qu'il me remplaçait par M. Franck, professeur à Nancy, dont assurait-il, les droits étaient supérieurs aux miens. Ils l'étaient en effet, et j'avais assez de bon sens, même alors, pour en convenir, mais je me disais en même temps qu'il aurait bien dû s'en apercevoir dix mois plus tôt :

— Je ne vous envoie pas en province, me dit-il, car il ne faut pas quitter le pavé de Paris.

C'était une marque d'amitié. S'il m'avait envoyé dans quelque collège de province, à Nancy, par exemple, j'y serais peut-être encore. Mais, à ce moment-là, je ne voyais que la nécessité de vivre. Je n'avais pas 200 francs dans ma bourse, et il s'agissait de vivre à Paris indéfiniment sur un tel trésor. Il me regardait attentivement et devina sans peine ce qui se passait dans mon esprit :

— Votre famille vous aidera, me dit-il ; et, plus tard, vous lui rendrez tout au centuple.

Ma famille était précisément ce qui me préoccupait le plus parce qu'elle allait perdre la part que je lui avais faite sur mon traitement les deux années précédentes.

Je le lui dis franchement parce que j'étais aux abois. Il n'en fut pas autrement ému.

— Vous avez dit-il, vos 400 francs d'agrégé. Je vous ai nommé agrégé volant, c'est une ressource assez petite, mais une ressource cependant ; et je vais faire venir Pierrot, pour voir si nous pouvons vous trouver une leçon.

Là-dessus il me congédia. Je partis fort irrité. En réfléchissant aujourd'hui sur cette affaire, je m'explique mon irritation, et je ne l'approuve pas. Mais je ne veux pas me laisser aller à des réflexions qui seraient sans intérêt pour vous. Je vais vous dire ce que je décidai en traversant la cour de la Sorbonne.

Mais laissez-moi vous apprendre d'abord que je suis un esprit pratique et pessimiste. Pratique, c'est une qualité ; pessimiste, c'est peut-être un défaut, parce que c'est une grande occasion de souffrance ; mais peut-on être pratique sans être pessimiste ? En ma qualité d'homme pratique, j'établis mon bilan en trois minutes.

Je ne devais rien à personne. J'avais fort heureusement donné congé de mon appartement à Versailles. Je possédais en numéraire environ 200 francs, et j'avais, comme ressource, mes 400 francs d'agrégé. En outre, j'étais agrégé volant.

Vous ne savez pas ce que c'est. Je ne le savais pas non plus une heure avant, mais Cousin venait de me l'apprendre. Un agrégé volant de philosophie était le suppléant éventuel de tous les professeurs de philosophie qui venaient à être malades dans le courant de l'année. Je crois bien qu'il n'y a pas eu d'autre agrégé volant que moi, et que j'ai été le seul de mon espèce. J'ai joui de ce titre pendant un an : titre absolument honorifique. Un professeur (je crois bien que c'était M. Bouillet, l'auteur du dictionnaire) fut malade pendant 3 jours, cela me rapporta 30 francs, mes appointements de 400 francs se trouvèrent donc élevés à 430 francs. Vous voyez que je n'eus pas tort, en faisant mon budget dans la cour de la Sorbonne, de me dire qu'il fallait compter sur vingt sous par jour pour le vivre et le couvert, et sur la grâce de Dieu pour le reste.

Si vous voulez savoir comment je m'arrangeai, je vais vous le dire. Tout fut réglé en une demi-heure.

La place de la Sorbonne a été transformée depuis ce temps-là. Elle formait alors un carré régulier, relié par une rue large et courte à la rue Laharpe. Au coin de la place et de la rue était le célèbre restaurant Flicoteau, dont j'aurai encore à vous parler tout à l'heure. A droite, en regardant vers l'église, était une grande maison à cinq étages, qui est encore là, et qui appartenait à un ancien libraire, nommé M. Ménard, le père de Louis Ménard, auteur de *La Morale avant les Philosophes* et de quelques autres ouvrages trop peu connus et qui méritent de l'être. J'aperçus au cinquième étage de cette maison un écriteau : « Chambre et cabinet à louer ». On demandait 150 francs pour l'année. C'était beaucoup pour une chambre et un cabinet. Je désespérai de trouver mieux, et j'étais pressé par le temps. Je payai 37 fr. 50 pour un trimestre et je me trouvai avoir un chez moi. J'y transportai aussitôt ma malle, que j'avais déposée chez le portier de l'école, rue St-Jacques. Je la trouvai un peu lourde. Quand elle fut « chez moi », au haut de mes cinq étages, elle en formait le seul mobilier et le seul ornement. Je trouvai dans la rue St-Jacques tout ce qu'il me fallait : un matelas, une couverture (l'hiver approchait, mais je mettrais mes habits sur mon lit), deux paires de draps, six serviettes, une cruche et deux chaises de paille. J'achetai aussi une table en sapin, grande comme cela, une main de papier, des plumes d'oie, dont on se servait encore, un encrier où je fis mettre de l'encre sur une éponge, et un chandelier de faïence. Je crois que je n'oublie rien. Il y avait sur la cheminée, où je ne ferais jamais de feu, une petite glace qui me présentait une figure allongée et livide. Je pensai qu'elle m'attristerait tous les matins et je me dis :

— Mon garçon, si tu deviens riche,
Si qua fata aspera rumpas
tu achèteras, pour trente sous un miroir à barbe.

Ayant achevé tous ces préparatifs, et payé comptant tous mes fournisseurs, je m'aperçus qu'il ne me restait pas de quoi vivre, à raison de vingt sous par jour, jusqu'à l'échéance du premier trimestre de mes quatre cents francs. Je me résolus, avec un serrement de cœur, à mettre en gage ma belle montre. Ce qui m'affligeait, ce n'était pas de m'en passer, car j'étais tout voisin de l'horloge de la Sorbonne, c'était d'aller dans un office du Mont-de-Piété, car j'ai toujours été un peu fiérot, même dans mes années de détresse. Je le fis pourtant, et je rentrai un peu plus tranquille dans « mes appartements » en disant :

— Je vais d'abord écrire à mon frère, qui n'en croira pas ses yeux, et qui mettra tout ce qu'il a à mon service ; mais j'espère bien me tirer d'affaire tout seul. Après quoi, j'irai dîner, et je me coucherai par terre sur mon matelas, à la bonne franquette.

Dîner, c'était bientôt dit. Dîner chez Flicoteau, je ne pouvais pas dîner ailleurs. J'avais réglé que je déjeunerais avec un pain de deux sous, et que je dépenserais treize sous à mon dîner. Il fallait bien garder cinq sous pour l'imprévu. J'étudiai Flicoteau pendant quelques jours, et je finis par établir mon menu de la façon suivante : julienne, quatre sous ; fricandeau aux haricots, six sous ; du pain (à discrétion), deux sous, et la fille, un sou. Que dites-vous de ce dîner? Il est frugal. Il n'était pas trop mauvais. La julienne était excellente et copieuse. Il y avait très peu de veau et beaucoup de haricots. L'eau était claire ; c'était la boisson préférée par mes commensaux. Je m'en accommodais moi-même fort aisément. Je me suis mis à l'eau deux ou trois fois dans ma vie, pour la même cause, et je puis vous dire que la première semaine seule est assez désagréable. On s'y fait après ce temps-là. Ce renseignement peut vous être utile.

Quand je fus étendu sur mon matelas, après une promenade philosophique dans le quartier latin, je me dis avec raison que si quelqu'un m'avait prédit le matin où je serais le soir, je l'aurais pris pour un fou. Je me demandai ce que j'allais faire, car ce n'était pas le tout d'être dans mes meubles et de savoir ce que mon dîner me coûterait. Je n'avais que deux cordes à mon arc : chercher des leçons, ou écrire dans les journaux. Où chercher des leçons ? Je vis sur le champ que je n'en trouverais jamais, mais que Pierrot m'en trouverait si Cousin le lui demandait. Cousin le lui demanderait-il ? Là était la question. Que j'eusse ou non des leçons, je pouvais écrire des articles. Je me croyais assez bien doué pour le journalisme. Excusez cette vanité. Je me croyais donc capable d'écrire, mais je me savais incapable de me proposer. Je le savais. Je n'en doutais en aucune façon. J'avais beau le savoir, je pris la résolution de me vaincre.

— Que diable ! me disais-je, tu ne veux pas mourir de faim !

L'exploit que je venais de faire en engageant ma montre, me donnait une lueur d'espoir : faible lueur. Je résolus en même temps de consacrer la moitié de mes journées à la recherche des moyens d'existence, et d'employer l'autre moitié à préparer mes thèses de docteur.

« Je suis déjà agrégé, disais-je, et j'aurais pu dire agrégé volant, si ce titre avait mieux sonné. Quand je serai, en outre, docteur, Cousin sera bien obligé de me donner une place ».

Mon sujet de thèse était tout trouvé depuis un an. C'était une étude sur le commentaire du *Timée* de Platon par Proclus. M. Cousin m'avait fait prêter le texte, et c'était même la demande que je lui en avais faite, qui l'avait mis sur la voie des études que je faisais sur le *Timée*. Il me faudrait bien d'autres livres ; mais j'étais à Paris où on ne manque de rien en ce genre. J'étais « sur le pavé de Paris ». Je ne passai pas la nuit à gémir, comme un lâche, mais à me consoler et à me fortifier. Il n'y avait que les démarches à faire qui me chiffonnaient. Je crois que si quelqu'un m'avait démontré qu'elles seraient inutiles, et que je pouvais les supprimer et me contenter de mes vingt sous par jour, il m'aurait fait plaisir : mais personne ne s'offrit pour me rendre ce bon office.

Je partis pour commencer mon odyssée à travers les journaux. Je connaissais un peu Louis Blanc et Pierre Leroux, mais ils ne pouvaient me servir à rien. Carrel m'aurait peut-être accueilli au *National*, mais il était mort. Je m'étais trouvé une ou deux fois en tiers avec lui et Bastide. Allons voir

Bastide. J'y fus, c'est-à-dire jusqu'à la porte, mais je n'osai jamais la franchir.

Après deux ou trois tentatives inutiles pour triompher de moi-même, je fis cette réflexion qu'il n'était pas plus difficile de commencer par en haut que par en bas, que la plus médiocre feuille de chou n'était pas plus abordable que la *Revue des Deux Mondes*. Je m'enfermerais chez moi, j'écrirais de mon mieux un grand article, et, mon article en poche, je m'en irais affronter le redoutable Buloz.

Cette nouvelle résolution me charmait d'autant plus qu'elle me donnait le droit de suspendre, au moins pendant un mois, mes courses à travers les journaux. Je pris pour sujet un livre assez estimable qui venait de paraître sur l'école d'Alexandrie, et dont l'auteur était un inspecteur général de l'Université, M. Matter. J'avais déjà quelques notions sur l'école d'Alexandrie ; j'avais étudié Proclus ; j'avais lu presque complètement les Ennéades. Toute cette science était un peu abstruse pour les gens du monde, mais je pensai que je serais porté par la grandeur du sujet. Je regardais du haut de ma grandeur le pauvre M. Matter, qui en savait plus long que moi, mais qui n'était ni de l'Ecole normale, ni de l'Ecole de M. Cousin, ni de la *Revue des deux Mondes*. Enfin, je fis mon article tout d'une venue ; il était composé, corrigé et recopié au bout de quinze jours. Il ne s'agissait plus que de le porter ; mais c'était là le point difficile.

Je me rappelle le Passage des Beaux-Arts, qui

s'appelle à présent la rue des Beaux-Arts ; ce n'était alors qu'un passage fermé aux deux bouts par une grille. *La Revue des deux Mondes*, qui était déjà une grande puissance, y occupait un petit entresol. On entrait dans une antichambre où il y avait deux chaises. Sur l'une de ces chaises était un garçon qui vous mettait à la porte. J'entrai, je saluai. Je fus mis à la porte. Voilà tout ce que je sus pour le quart d'heure de la *Revue des deux Mondes*. Le garçon me dit bien en ricanant : « Si c'est pour un manuscrit, vous pouvez me le remettre. » « Non, non, me dis-je, en remontant la rue de Seine pour aller chez Flicoteau ; je ne grossirai pas le tas des manuscrits qui pourrissent dans ton antre. Je remettrai *l'Ecole d'Alexandrie* en mains propres, au grand Buloz. »

Allez-y voir ! Je retournai plusieurs fois, sans plus oser, comme la première fois, franchir le seuil de l'antichambre et affronter le garçon de bureau. Si bien, qu'un beau jour, furieux contre moi-même, et n'espérant plus me vaincre, je fourrai mon manuscrit dans la boîte aux journaux.

« Bornons-nous à ma thèse, puisque là je suis le maître ; M. Le Clerc l'accueillera avec bonté, et peut-être que la faculté lui fera fête ; tandis que ces journalistes et cette *Revue des deux Mondes* »...

Un mois après environ, et comme je désespérais de plus en plus de la destinée, je vis ma porte s'ouvrir à mon grand ébahissement, une porte qui n'était gardée que par un loquet, mais qui ne s'était encore ouverte pour personne. Un homme que je regardai comme un passant qui se trompait et croyait entrer chez le voisin, entra en regardant autour de lui avec curiosité. Il y avait de quoi.

J'avais besoin de beaucoup d'espace pour recueillir mes documents, et ma table était toute petite ; je plaçais mes paquets par terre, en les assujettissant avec des cailloux, et je travaillais ventre à terre presque constamment ; position que je ne vous recommande pas, car elle est fatigante à la longue, et elle était malsaine dans mon grenier qui était pavé et non planchéié.

— M. Jules Simon ? dit-il.

Je me hâtai de me lever.

— C'est moi.

Que peut-il me vouloir ?

— Je suis Bonnaire, le Directeur de *La Revue de Paris*, et je viens, de la part de Buloz, vous porter les épreuves d'un article sur *l'Ecole d'Alexandrie*...

Vous me croirez si vous voulez. Je n'étais pas loin d'avoir vingt-quatre ans, j'avais été deux ans professeur de philosophie, je possédais la dignité d'agrégé volant, je voyais pour la première fois Bonnaire qui était Directeur de la *Revue de Paris* et associé à la *Revue des deux Mondes*. Mais je ne pus m'empêcher de danser une sarabande autour de mes paperasses. Je me remis à temps pour sentir l'inconvenance et la maladresse de ma conduite, et faire mes excuses à mon visiteur. Mais je m'aperçus qu'il riait à cœur joie. C'était le meilleur des hommes, et il fut depuis et jusqu'à sa mort mon ami.

— Ne vous excusez pas, me dit-il, et surtout ne vous expliquez pas. (Un regard circulaire jeté sur mes meubles, commenta éloquemment sa pensée). Mais, ajouta-t-il, pas de méprise ! Buloz a fait composer votre article, avec la pensée de causer avec vous et d'exiger des changements, beaucoup de changements.

— Tout ce qu'il voudra, lui dis-je, je ne suis pas homme à faire le difficile.

— Ne vous livrez pas, dit Bonnaire. Il faut se défendre contre nous (L'excellent homme !). Pensez à votre talent plutôt qu'à votre mobilier.

Vous ne savez peut-être pas quelle joie profonde on éprouve à se voir devenu membre du quatrième pouvoir. Voilà bien des années que je fais partie de l'un des trois autres. Je ne sais vraiment pas si ma première élection m'a fait autant de plaisir que mon premier article.

Il est vrai que je commençais par la *Revue des Deux Mondes*.

Elle avait alors, comme aujourd'hui, le privilège d'attirer à elle tous nos premiers écrivains, et ces écrivains étaient dans ces temps heureux, pour la philosophie, Victor Cousin et Jouffroy ; pour l'histoire, Augustin Thierry et Mignet ; pour la critique, Sainte-Beuve et Gustave Planche ; pour la poésie, Lamartine et Alfred de Musset ; pour le roman, George Sand, Mérimée, Jules Sandeau. Je cite quelques grands noms au hasard de mes souvenirs, mais j'en pourrais remplir des pages entières. Un homme avait réussi, par une extraordinaire puissance de volonté, à faire un tout de cette glorieuse élite. On avait besoin, pour être vraiment célèbre, ou même pour être compté dans le monde littéraire, d'être loué par la *Revue des Deux Mondes* ou d'y écrire.

Comment cet homme s'y était-il pris pour persuader cela à ses contemporains ? Il ne prodiguait pas l'or à ses rédacteurs, il ne leur prodiguait pas non plus les compliments, il ne leur donnait pas de fêtes, il ne remplissait pas les journaux d'annonces et de réclames. Sa volonté, sa persévérance, son travail surhumain et la justesse de ses appréciations avaient tout fait. Il était lui-même aussi important, aussi célèbre et aussi puissant que sa Revue.

C'était un homme qui aurait paru robuste s'il n'avait pas porté les traces du travail incessant auquel il se livrait. Il avait, au moment où je l'ai connu, environ quarante ans ; on lui aurait donné davantage à cause de sa calvitie presque complète. Le peu de cheveux qui lui restaient étaient tout gris. Il avait l'air d'un bourru, et il l'était. Sa tête carrée annonçait une volonté invincible. Il n'avait qu'un œil, ou du moins il n'en avait qu'un de bon. Ses manières, sans être précisément vulgaires, n'étaient pas celles d'un homme du monde. Il avait reçu peu d'instruction. Ce n'était en réalité qu'un bon correcteur d'imprimerie, très ferré sur l'orthographe et sur la grammaire. Il se forma peu à peu en lisant les articles de la Revue. Je vous réponds qu'il les lisait à fond et qu'il ne laissait pas passer une ligne sans l'avoir lue et comprise.

D'abord, il lisait tous les articles qu'on lui apportait, et dont le sujet paraissait rentrer dans ses cadres. Je ne dis pas qu'il les lisait tous jusqu'au bout, mais il lisait d'un bout à l'autre tous ceux qui paraissaient dignes d'attention. Quand il avait mis un article à part comme susceptible d'être imprimé, il était rare qu'il ne fît pas appeler l'auteur. Il apportait dans ses discussions un entêtement admirable. Il devenait compétent sur presque toutes les matières à force de bon sens. Personne n'a jamais mieux pratiqué que lui le précepte de Descartes, de ne rien recevoir en sa créance qui ne fût clairement compris et victorieusement prouvé. Il disait de lui-même qu'il était un homme médiocre, en quoi il se trompait grandement; mais il n'avait qu'une culture médiocre, et pour cette médiocrité même, il se croyait un juge excellent.

« Ma Revue, disait-il, est faite pour moi et pour ceux qui sont au même niveau intellectuel que moi. Elle recrute des écrivains parmi les grands hommes, mais elle n'y recrute pas d'abonnés. Et quant aux sots et aux ignorants, elle se fait gloire de les dédaigner.»

Je me souviens d'un certain article de Cousin sur la philosophie de Kant, que vous pouvez relire dans *les Fragments*, et dont Cousin faisait grand cas avec raison. Kant cherchait quelquefois l'obscurité, parce qu'il est dans l'esthétique des Allemands de confondre l'obscurité avec la profondeur; Cousin, au contraire, avait, au plus haut degré, la qualité toute française de la lucidité. La doctrine de Kant, exprimée par lui, était facile à comprendre et à juger; il fallait pourtant, pour la comprendre même sous cette forme lumineuse, une certaine habitude des méthodes philosophiques. Je n'ai jamais vu Cousin si content de ses œuvres qu'il le fut de cette exposition; il la lut sur le manuscrit à l'Académie des Sciences morales, qui ne lui marchanda pas les compliments; il l'annonça dans sa correspondance à ses élèves et à ses amis. La surprise fut grande pour lui et pour nous tous quand le numéro parut sans le fameux article. Cousin le prit de très haut. Il me chargea d'aller dire à Buloz (j'étais alors de la maison depuis assez de temps), qu'on ne fait pas attendre un homme tel que lui.

—Non seulement je l'ai tiré de ce numéro, me dit Buloz, mais je ne le mettrai pas dans un autre. Vous me dites qu'il est excellent; j'en suis persuadé, puisqu'il est de lui et puisque vous me le dites. Mais je ne le comprends pas, et les lecteurs de la Revue, qui ne sont ni plus instruits ni plus intelligents que moi, ne le comprendraient pas. Je suis bien fâché de blesser M. Cousin, mais je ne sacrifie la Revue ni à lui ni à personne.

Notez bien ces derniers mots qui contenaient la religion et la force de Buloz.

Au fond, comme il s'y connaissait en hommes aussi bien qu'en Revues, il savait que la colère de Cousin ne durerait pas toujours, et qu'il n'était pas homme à se brouiller définitivement avec le plus puissant des journalistes. Cousin nous écrivit une sorte de circulaire pour nous dire qu'il se brouillait avec Buloz, et qu'il nous priait de rompre toutes relations avec lui. Cette prière ressemblait de bien près à un ordre ; elle était un peu sauvage, adressée à des gens qui regardaient leur plume comme leur principale force. Jacques, qui n'écrivait pas dans la Revue, n'en fit que rire. Je présume que d'autres en firent autant. Saisset fut très inquiet et résolut de se tenir à l'écart pour voir venir les événements.

Pour moi, je pensai, comme Buloz, que la bourrasque ne durerait pas, mais je me sentis très irrité de la lettre. Je pensai que Cousin n'était pas assez paternel dans ses relations avec nous, pour nous associer aussi étroitement à une querelle qui n'était pour lui qu'une affaire d'amour-propre très éphémère, et qui serait devenue pour nous, si nous l'avions écouté, une cause de ruine.

En ce qui touche l'article sur Kant, je pensais qu'un pareil travail, pourvu qu'il ne fût pas trop souvent renouvelé, ne pouvait qu'augmenter l'éclat de la Revue. J'étais donc, dans ce cas particulier, pour Cousin, contre Buloz. En général, je trouvais presque toujours que Buloz avait raison. Il ne se rendait pas toujours un compte exact des motifs de son jugement ; tantôt il se décidait par réflexion et tantôt par instinct ; mais instinct ou raisonnement, c'était un esprit juste et pénétrant. Je n'ai jamais connu personne qui eût plus de bon sens et plus de volonté, et je le regarde très sincèrement comme un des hommes qui ont joué, dans l'histoire littéraire du règne de Louis Philippe, le rôle le plus considérable et le plus utile.

J'avais demandé à Bonnaire à quelle heure on pouvait trouver ce potentat.

Je fus introduit, il ne se leva pas, fit à peine un signe de tête, prit sur-le-champ mes épreuves qui étaient là sur un mauvais pupitre de bois blanc, tout maculé, et se mit à me faire « ses observations », qui étaient des critiques acerbes, exprimées sans aucun ménagement. Tantôt c'était une phrase qu'il déclarait inintelligible, tantôt une contradiction, tantôt un développement inutile. Il y avait même des remarques sur des détails de style et de ponctuation tout à fait insignifiants. Il y eut un moment où mon article me parut si détestable, que je crus qu'il allait revenir sur sa détermination et me le rendre.

Pas du tout ; je sus plus tard, qu'il recevait et traitait tout le monde de la même façon, à l'exception des gros bonnets de la maison, et même les plus gros bonnets n'étaient pas à l'abri de ses boutades. Je fis ensuite un article sur Platon, qui eut le bonheur de lui plaire, et qui me mit dans ses bonnes grâces. Puis je maltraitai successivement Buchez,

M. de Bonald, M. Guiraud, et même M. de Lamennais.

Je m'acquis une sorte de réputation de méchanceté qui me protégea visiblement auprès de lui. Quand il voyait dans mes articles quelque bonne impertinence :

— Bon cela, disait-il. Il sera content !

Sa maxime était, qu'on ne réussit que par ses ennemis. « Voyez Planche ! » Ce n'est que plus tard que je publiai dans la Revue l'*Ouvrière*, *l'Ouvrier de huit ans*, et quelques chapitres du *Travail*, J'eus beau travailler dans la Revue ; je n'y fus jamais qu'un étranger. Je ne fus pas dans la familiarité de Buloz, comme Labitte, Marmier, Louandre, qui n'y écrivaient pas plus que moi. J'attribue cela, en grande partie, à mon mauvais caractère.

Mais je n'ai à parler ici que de mes débuts, et je puis bien dire sans vanité, puisque cela ne prouve rien, qu'ils furent rapides et brillants.

J'ai gagné quelques bonnes amitiés, au premier rang desquelles je dois mettre Sainte-Beuve et Jules Sandeau.

Sainte-Beuve me quitta plus tard, mais par délaissement et sans rupture.

Sandeau fut pour moi bienveillant et affectueux, jusqu'à sa mort. Je trouvai aussi dans Labitte, un ami précieux et de bon conseil.

Ma nouvelle position de rédacteur de *la Revue des Deux Mondes* me donnait une grande importance à mes propres yeux et quelque importance parmi mes amis et mes camarades. Elle augmentait aussi mon revenu, ce qui n'était pas à dédaigner. Comme les bonheurs ne viennent jamais seuls, à ce qu'on dit, M. Cousin s'occupa sérieusement de me trouver une place, et il m'en trouva une.

Disons tout de suite pour les gens positifs que c'était une place de 100 francs par mois. 1200 francs pour ma place, 400 francs comme agrégé volant, et environ six articles par an dans la Revue, me rapportant chacun 300 francs, cela faisait 3.400 francs, presque une fortune. J'eus la sagesse de rester dans mon grenier, de continuer à coucher par terre sur mon matelas, et de dîner chez Flicoteau, suivant la formule dont je vous ai conservé le détail pour l'édification des races futures. Je pus passer dans ces conditions, qui étaient de bonnes conditions, ma seconde et dernière année d'agrégé volant. Je savais qu'il y avait à Paris des théâtres et des lieux de plaisir d'une autre espèce, tels que la Chaumière, par exemple. Je m'en figurais des merveilles ; mais je vivais au milieu de tout cela comme un reclus, travaillant toute la journée dans ma chambre, et ne m'accordant d'autre plaisir qu'une promenade le soir à travers les rues. Je passais rarement les ponts. Il me semblait que le quartier Latin était ma patrie, et je me promettais un voyage « de l'autre côté de l'eau » pour le temps où je serais riche.

J'avais d'ailleurs beaucoup à faire, avec mes articles d'un côté, et ma thèse de l'autre. Car, entre autres vertus dont je me vante, j'eus celle de ne pas abandonner ma thèse un seul instant.

J'avais en outre sur les bras le travail que me donnait ma place, la fameuse place que m'avait dénichée M. Cousin, et sur laquelle je veux donner quelques détails, parce qu'ils intéressent l'histoire universitaire de ce temps-là tout autant que ma propre histoire.

J'ai déjà eu l'occasion de dire quelques mots de l'enseignement de la philosophie à cette époque. J'ai dit que Cousin se vantait de nous laisser la bride sur le cou. Il y avait, à ses yeux, deux sortes de philosophes : ceux qui enseignaient purement et simplement sa philosophie, ou, pour mieux dire, la partie de sa philosophie qui, après examen, lui semblait à lui-même orthodoxe ; ces philosophes-là étaient de beaucoup ceux qu'il préférait. Venaient ensuite ceux qui restaient fidèles à la Romiguière, ou même à la philosophie de Lyon ; ceux-là étaient simplement tolérés ; et même ils ne l'étaient qu'à l'expresse condition de ne pas lui faire d'affaires.

Comprenez s'il vous plaît ce bel ensemble. La règle du philosophe était de ne pas faire d'affaires à Cousin, et la règle de Cousin de ne pas faire d'affaires au ministre ; c'est-à-dire de ne pas susciter d'interpellations. Le roi lui-même n'échappait pas à l'obligation d'éviter les affaires. Il disait à Cousin, quand Cousin était ministre : « Surtout ne me faites pas d'affaires avec cette bonne reine ! ».

Je crois bien que Cousin, pair de France, membre

de deux Académies, professeur à la Faculté des lettres, souverain maître des professeurs de philosophie et définiteur de la foi universitaire, se serait porté de lui-même, par inclination, à proscrire les professeurs qui lui auraient fait des affaires; mais qu'il le voulût ou non, il était obligé d'exagérer la prudence. Il avait d'un côté le clergé violent, mené au combat par M. Veuillot, et le clergé habile, dirigé par Montalembert; et de l'autre côté les radicaux dont Pierre Leroux menait la bande. Ces deux ou trois armées le tenaient bloqué, en quelque sorte. On ne lui reprochait pas seulement ce qu'il disait, mais ce que nous disions. Le moindre régent de philosophie ayant dans sa classe trois ou quatre fils de paysans se destinant au séminaire, ne prononçait pas un mot dont Cousin et l'Université ne fussent déclarés solidaires. De même Cousin et l'Université répondaient de tout ce qui pouvait se dire à la Sorbonne et au collège de France, par des gens qui n'étaient rien moins que les amis et les disciples de Cousin.

— Vous êtes tous des panthéistes, criaient à la fois Veuillot et Montalembert.

— Oui, vous l'êtes, disait à son tour Pierre Leroux; mais en même temps que vous l'êtes, vous avez la lâcheté de ne pas en convenir.

Là-dessus les cléricaux et les libéraux interpellaient, les journaux injuriaient, les prédicateurs tonnaient, la reine gémissait, et le roi disait à M. Cousin : « Vous me faites des affaires avec cette bonne reine ». Tout cela n'était pas commode.

J'aurais bien voulu voir Cousin disant à Michelet ou à Quinet : « Vous changerez de langage sur Luther, vous ne parlerez plus de la grâce ni des indulgences ».

Quant aux pauvres régents à mille deux cents francs des collèges communaux qu'il pouvait menacer de la misère et de la ruine s'ils ne revenaient pas à résipiscence, à quoi pouvait lui servir le silence qu'il leur imposait pour l'avenir ? — Ils avaient parlé, le mal était fait.

— Il l'a dit, Monsieur ; il a dit en propres termes que Dieu crée le monde comme nous créons nos actes et nos pensées. C'est du Spinoza tout pur. Voilà ce qu'on enseigne par vos soins aux jeunes générations. On dépense l'argent du contribuable pour enseigner ces doctrines perverses.

Que pouvait faire Cousin ? Surveiller. Il n'y manquait pas. Réprimer ? Il ne s'y résignait qu'à la dernière extrémité. Sa ressource était de bien choisir son personnel, d'écarter les brebis galeuses et de n'admettre dans l'enseignement, que les jeunes gens nourris à son école, pénétrés de son esprit, à qui il laissait d'autant plus volontiers la bride sur le cou qu'il savait par avance l'usage qu'ils feraient de leur liberté. Malheureusement pour le succès de cette politique, il y avait dans l'Université un abus presque indéracinable : c'était l'inamovibilité des professeurs. Sans l'inamovibilité, Cousin aurait été tout-puissant ; mais il lui fallait subir cette loi, cette dure loi. Un professeur titulaire, une fois installé comme tel, était réellement quelqu'un ; il ne pouvait plus être dépossédé. On pouvait lui faire un procès en règle devant le conseil académique, avec appel devant le Conseil supérieur ; mais c'était une grande résolution à prendre, une grande machine à remuer. Et quelle certitude avait-on d'obtenir une condamnation, surtout si le professeur n'était coupable que de ne pas être éclectique ?

Il résultait de cette organisation qu'un titulaire qui avait renoncé à toute idée d'avancement était maître de dire tout ce qu'il voulait. Cela paraissait intolérable.

Il y avait bien un remède, mais insuffisant. Au lieu de nommer des titulaires, on nommait des chargés de cours. Les chargés de cours avaient les mêmes fonctions et les mêmes avantages que les titulaires ; mais ils n'étaient pas inamovibles ! On pouvait utilement leur donner des conseils. Ce moyen de tourner la difficulté, quoique excellent, ne parvenait pas à la détruire, et notamment il restait dans les collèges royaux de Paris (que vous appelez à présent des lycées), deux professeurs étrangers à l'école de M. Cousin et à sa prudence : M. Saphary et M. Valette ; M. Saphary à Bonaparte (que vous appelez Condorcet) et M. Valette à Louis-le-Grand.

On avait fait le siège de ces deux vétérans d'un ordre de choses philosophiques disparu. On leur avait montré, du haut de la montagne, toutes les richesses de la terre. Voulez-vous être inspecteurs d'académie? Censeurs des études? Voulez-vous même être proviseurs? Car on était allé jusque-là. On s'était apitoyé sur leur santé. « Voilà bien longtemps que vous enseignez la philosophie deux heures par jour, pendant quatre jours la semaine. Vous vous userez à ce métier-là. Que ne prenez-vous un suppléant ?... Voilà Simon, qui est agrégé volant, qui vous suppléera pour mille deux cents francs. On peut aussi vous offrir Saisset. Si vous trouvez excessif ce prix de mille deux cents francs, il sera facile de le diminuer. Vous vivrez en rentier, avec le surplus de vos appointements, et vous pourrez employer votre temps à faire de beaux ouvrages ».

Ils avaient fait à tout la sourde oreille.

C'est alors que Cousin inventa de créer une conférence à côté du cours de M. Valette. On lui dit : « Nous ne vous touchons pas. Vous êtes titulaire, c'est bien. Voilà vos élèves. Faites votre cours. Touchez vos appointements. Il nous convient de donner à ces jeunes gens un répétiteur. Vous devriez nous en remercier; mais nous vous dispensons de toute reconnaissance ».

C'est moi qui fus ce répétiteur, et voilà quelle fut la place que l'industrie de Cousin parvint à dénicher pour moi. Les élèves du collège Louis-le-Grand furent avertis que je savais la bonne parole, celle qui réussissait au baccalauréat.

J'y gagnai d'avoir des élèves tels que Deschanel, Octave Feuillet, Baudelaire, Bocage. J'y gagnai aussi de pouvoir finir ma thèse.

Je fus reçu docteur à la fin de l'année, avec un certain éclat. Quand la Faculté rentra en séance, selon l'usage, après la soutenance, pour me déclarer que j'étais reçu docteur à l'unanimité, M. Cousin prit la parole, et m'annonça en ces termes mes nouvelles destinées :

— Jusqu'ici votre talent n'était connu que de vos amis. A présent que vous venez de le consacrer par un succès public, je vais me rendre chez le ministre et le prier de vous nommer mon suppléant.

Ainsi finirent l'histoire et la fonction de l'agrégé volant de philosophie.

Je vous ai parlé de la *Revue des Deux Mondes*, et, si j'y reviens, c'est pour avoir l'occasion de dire un mot de tout un monde un peu oublié qui a une histoire cependant, mais qui n'a pas son recueil d'anecdotes, et surtout de Charles Labitte, qui était devenu mon ami et qui exerçait une grande influence dans la *Revue*.

La rue, assez peu mondaine, des Beaux-Arts, était fréquentée par les premiers esprits de l'époque.

Comment la grande Revue, alors dans toute sa gloire, occupait-elle un logement dans cette pauvre rue ? Et un très pauvre logement, je vous assure. C'était un entresol, bas d'étage, coupé en deux parties par l'escalier. La plus grande partie, la plus belle, donnait sur la rue. C'était un appartement luxueux, avec une pendule sur la cheminée, un tapis un peu effiloché et un canapé en velours d'Utrecht. On n'entrait pas dans ce *sanctum sanctorum*, qui était réservé à la famille et aux amis. L'autre partie de l'appartement se composait de deux petites pièces, éclairées chacune sur la cour par une petite fenêtre, et meublées l'une et l'autre de cinq ou six chaises de paille et de deux tables de sapin noirci, en mauvais état. La première de ces pièces était l'antichambre, la seconde toute pareille, était le cabinet de M. le Directeur et de son adjoint, M. de Mars. Et c'était toute la *Revue des Deux Mondes*. Nous autres, débutants dans la carrière des lettres, nous n'entrions pas là sans trembler. C'était d'ailleurs le rendez-vous de tout ce qu'il y avait de plus illustre. Il faudrait citer tous les grands noms de l'époque, pour donner une idée de ce qui s'agitait matin et soir dans ce petit coin d'une petite rue. Il n'y avait pas de cohue cependant. Buloz faisait quelques frais de politesse pour les gros personnages, il répondait à leurs questions. Pour les autres, quand il avait vu de quoi il s'agissait, il ne se gênait pas pour leur dire: « j'ai à travailler, vous ferez bien de vous en aller. » A la fin de la quinzaine, on ne laissait plus entrer que les heureux dont l'article passait. Ceux-là, même les plus grands, avaient des discussions avec le maître du lieu, et ces discussions dégénéraient souvent en querelles.

A l'autre extrémité de la rue, et de l'autre côté, il

y avait une table d'hôte ou pension de famille qui était au rez-de-chaussée, mais dont rien sur la rue n'annonçait la présence. C'était une salle oblongue, sans prétention, avec une table au milieu, vingt couverts environ, devant chaque assiette la bouteille de vin commencée, entourée de la serviette du propriétaire. Le dîner coûtait trente sous, sans le vin, mais il fallait être agréé et prendre à la fois quinze cachets. C'était fort aristocratique, comme vous voyez. Pourtant je dois dire que la nappe n'était pas fréquemment renouvelée.

Je fus introduit là par Scudo et le général Ulloa. C'était le rendez-vous de beaucoup d'Italiens exilés, Scudo et Ulloa étaient de Venise. On y voyait aussi, mais plus rarement, et seulement à titre d'invité, l'illustre Manin.

C'est là que j'ai connu Labitte qui, malgré sa jeunesse (il devait avoir vingt-quatre ans environ), était familier avec tout ce monde-là. Une grande intimité s'établit presque sur le champ entre Labitte et moi. Nous différions pourtant par tous les côtés, et surtout par celui-ci : c'est qu'il était entraînant, et moi timide. J'aurais dîné un an à côté de lui, à cette table, sans lui adresser la parole. Mais lui, il fut au courant de mes affaires au bout de huit jours, de mes sentiments et de mes idées au bout de quinze jours.

Il appartenait à une honorable famille de Picardie. Son père était ou avait été juge, ou même président au tribunal d'Abbeville. Son frère, alors enfant, a été depuis mon collègue au Sénat. Il était résolu à réussir — je ne trouve pas d'autre expression — et il y travaillait avec une énergie que je n'ai rencontrée chez personne au même degré. Son travail était de deux sortes. D'abord il travaillait comme lettré et comme érudit ; ensuite, il travaillait comme intrigant, en se poussant dans l'intimité des gens qui pouvaient lui servir à quelque chose. Notez bien que ce sont deux carrières différentes, qui demandent des aptitudes opposées. Labitte avait toutes les aptitudes et faisait avec passion ces deux métiers. Vous ne l'auriez pas vu perdre une minute ou, ce qui est la même chose, l'employer à un travail sans profit.

Son centre d'action était la *Revue des Deux-Mondes*. Il était venu à bout de Buloz, ce qui était un chef-d'œuvre, non pas comme de Mars, en s'annihilant et se laissant annihiler, mais en combattant, en se rendant utile et même indispensable. Il n'y avait pour lui ni besogne rebutante, ni besogne impossible. Il était prêt pour toute chose et à toute heure. Le travail commandé, hâtif, était toujours fait avec le même soin que s'il avait été sa besogne préférée. Indépendamment de ses articles, dont quelques-uns étaient pleins d'érudition et témoignaient de recherches sérieuses, il rédigeait des notes anonymes, des notices, des compte-rendus anonymes ou pseudonymes. Il s'était logé d'abord à l'Ile Saint-Louis ; mais il était venu bien vite rue des Beaux-Arts, en face de la Revue. Les fenêtres de son entresol faisaient face à celles de Buloz, qui pouvait l'envoyer chercher nuit et jour.

Il y avait alors à Paris un petit homme qui s'appelait M. Tissot, et qui était professeur au Collège de France et membre de l'Académie française, rien que cela. Il faisait un singulier métier. Dès qu'il découvrait quelque part un garçonnet de lettres commençant à percer, il allait lui faire une visite. Et sans trop de circonlocutions :

— Il faut être de l'Académie française.

— De l'Académie française, ô ciel !

Ni Sainte-Beuve, ni Sandeau n'en étaient encore. On rougissait, on s'excusait ; mais, il avait sa thèse faite, et il vous démontrait clair comme le jour, que votre absence portait un préjudice énorme à l'Académie, et qu'il était de votre devoir de venir à son secours. Puis brusquement :

— Combien donnez-vous ?

Si vous étiez novice, vous ne compreniez pas d'abord. Il s'expliquait :

— Oui, combien d'argent me donnerez-vous pour ma voix ? Combien pour mon initiative ? Combien pour mes démarches ?

Je ne sais plus s'il y avait un tarif ou si on traitait à forfait. Je devrais le savoir, car j'ai reçu sa visite tout comme les autres.

Il avait un autre but en se présentant chez Labitte. Il lisait dans l'esprit de Labitte comme dans un livre ouvert. Il savait qu'il brûlait d'échanger la chaire de Rennes, où il fut nommé après avoir été reçu docteur contre une suppléance au Collège de France. Il lui fallait à lui-même un suppléant. C'est cette place, objet de tous ses désirs, que Labitte s'entendit proposer un beau matin avec ravissement. Il chantonnait intérieurement le célèbre refrain d'*Armide* :

Dans ces beaux lieux, dans cette heureuse plaine
Le bien que nous cherchions se vient offrir à nous,
Et pour l'avoir trouvé sans peine
Il ne nous semble pas moins doux.

quand il fut tiré tout à coup de sa béatitude par la voix de M. Tissot lui demandant à brûle-pourpoint :

— Combien donnerez-vous ?

Oui, c'était comme pour l'Académie, avec cette différence que la chaire du Collège de France n'était rien moins qu'une sinécure. M. Tissot voulait être payé pour donner à M. Labitte la satisfaction et la gloire d'enseigner la littérature latine en son lieu et place. Il fallut marchander, disputer. On s'arrêta à ceci : Labitte serait nommé suppléant ; il ferait le cours ; M. Tissot ne ferait plus rien. Il empocherait tranquillement les six mille francs que la chaire rapportait, plus trois mille francs que Labitte y ajouterait de sa poche. Le vendeur, qui était un épicurien, stipula en sus du marché un dîner de six couverts. Labitte en voulait neuf, à cause des neuf Muses ; mais Tissot qui voyait venir le nom de

Buloz, dont il avait une peur horrible, tint bon pour le chiffre de six, et Labitte, après tout, n'avait pas de motif bien puissant pour se ruiner. Le dîner eut lieu rue des Beaux-Arts dans le petit cabinet de l'amphitryon, mais il fut servi par Chevet. Les convives étaient, avec les deux amphitryons, Sainte-Beuve, Jules Sandeau, Philarète Chasles et moi-même.

Si j'écrivais au XVIIe siècle, je ne manquerais pas de vous dire les *propos de table* de cette soirée ; mais, outre que je n'ai pas la faconde d'Erasme, la mode des propos de table a disparu. Je puis au moins vous dire que Sainte-Beuve et Tissot parlèrent presque seuls. Sainte-Beuve parce qu'il était incomparable, et Tissot parce qu'il racontait les historiettes de sa profession avec une adorable naïveté. Il avait d'ailleurs beaucoup d'esprit.

Je ne retiens de tout ce qui fut dit ce soir-là qu'un détail. Tissot nous parlait de sa première leçon au collège de France.

— Je ne savais pas de quoi parler, dit-il, j'ai trouvé que la grande difficulté d'un discours était l'exorde ; mais cette fois-là je commençais une leçon, un cours, une carrière. J'avais beau chercher de tous les côtés, il ne venait rien. « C'est mon cabinet qui ne m'inspire pas » me dis-je ; je me promenai dans mon jardin ; rien non plus. J'ai une porte qui communique avec le bois de Meudon ; je me mis à errer dans les bois : « Peut-être les champs parleront-ils mieux, puisqu'il s'agit des *Géorgiques*. » On

empilait le foin sur des charrettes à quelques pas de moi. J'y courus. Rien ne me réussissait ce jour-là. Je rentrai chez moi sans exorde et sans courage, je vous laisse à penser quelle nuit je passai. Enfin je me trouvais assis dans ma chaire sans savoir ce que j'allais dire. Les applaudissements me rendirent un peu de cœur, et, ma foi, je pris le parti d'une confession. « Messieurs, dis-je, avec une émotion dont vous devinez la cause, hier je me promenais dans la campagne, mon Virgile à la main... » je fus interrompu par une salve d'applaudissements. J'essayai de recommencer : « Hier, je me promenais dans les champs... » Les applaudissements reprirent de plus belle et recommencèrent plusieurs fois, au point de me couper entièrement la parole. Le jeune maître, ces champs, ce Virgile enthousiasmaient l'auditoire. On était très bucolique pendant la Révolution. On guillotinait, mais on pleurait. Quand je vis définitivement qu'on ne me laisserait pas parler, je fus rempli de joie : « Mes-
« sieurs, m'écriai-je, je vous remercie du fond du
« cœur de l'accueil que vous me faites, j'en suis ému
« jusqu'aux larmes. » Je fus porté en triomphe.

« La même chose était arrivée à mon ami Bernardin de Saint-Pierre. On le nomma, à son insu, professeur aux écoles centrales. Il n'avait jamais parlé en public ; il ne s'en reconnut ni le goût ni les moyens. en sorte qu'il refusa l'honneur qu'on lui faisait. Sa démission ne fut pas acceptée ; il figura sur l'affiche ; la première leçon fut annoncée. Il comprit que, s'il se dérobait, il y aurait scandale. Il devait y avoir là plus de trois mille personnes. Il vint, résolu comme moi à demander grâce, mais une grâce définitive. Que diable ! On ne force pas un homme, parce qu'il est un grand écrivain, à avoir, par surcroît, un talent d'orateur. « Messieurs, dit-il, ou citoyens, je crois que nous disions citoyens dans ce temps-là « Citoyens, je suis père de famille et j'habite à la campagne. » Quoi ! Bernardin de Saint-Pierre lui-même ? Oui, Bernardin en personne ; il est père de famille, et il habite à la campagne, quel tableau ! Il doit dîner comme Tityre, avec des châtaignes bouillies et du lait pressé.

Castaneœ molles et pressi copia lactis.

« Quel tableau attendrissant ! Les larmes gagnèrent tout l'auditoire ; le professeur pleura comme les auditeurs. On le porta jusqu'à la carriole qui devait le ramener à la campagne. Heureuse carriole ! On aurait dû y penser la veille ; on l'aurait enguirlandée de fleurs. Ce char antique le ramena à Romainville ou à Bagnolet. Il n'en revint plus, ou du moins il ne revint pas comme professeur. Sa carrière oratoire était finie. Elle tient toute en trois mots.

— Mais vous, M. Tissot, lui dîmes-nous, vous avez eu de grands succès, vous aimiez l'enseignement. Vous le regrettez.

— Oui, dit-il, avec une émotion sincère, j'envie notre jeune ami, que tant de succès attendent. Pour moi, je n'ai plus que des souvenirs.

Ces derniers mots nous rendirent pensifs. Nous avions ri des jovialités de cet aimable vieillard, peu scrupuleux sur la façon d'enjoliver sa retraite ; nous nous rappelâmes alors qu'il avait eu ses jours de gloire bien vite oubliés, qu'il avait ému ce qu'on appelait alors les âmes sensibles ; et plus d'un, parmi les convives, qui recevait chaque jour trois salves d'applaudissements en paraissant dans sa chaire, se demanda avec mélancolie si, dans vingt ans, les jeunes gens se rappelleraient seulement son nom.

Labitte tint sa place honorablement au collège de France. Il n'y jeta point d'éclat. Il était sage, ce qui n'était pas, surtout à ce moment-là, une raison pour attirer la foule. Il faisait un cours très savant, très étudié, qui convenait aux érudits. Même ceux-là auraient voulu, dans le jeune maître, plus d'habileté dans l'emploi des excellents matériaux qu'il accumulait ; j'étais persuadé qu'il deviendrait un jour un des plus solides professeurs du collège. A mes yeux, il représentait le travail opiniâtre et intelligent. Il devait toujours aller en accumulant, en perfectionnant. Je pense qu'il n'aurait jamais sacrifié aux grâces. Je l'aimais mieux comme cela que s'il avait été plus brillant. Il me donnait l'idée d'une grande force, et cette force, c'était d'abord sur lui-même qu'il l'exerçait.

Quand il eut ajouté l'immense travail du collège de France à tous ses autres travaux, la charge parut à tout le monde accablante. Je crois bien qu'il était obligé de travailler davantage de son métier d'écrivain pour acquitter le *black mail* que prélevait M. Tissot. On se disait : Comment fait-il ? Nous le sûmes bientôt. Il se tuait.

Il m'écrivit un jour qu'il avait besoin d'un peu de joie et de repos ; qu'il m'invitait à dîner dans trois jours ; qu'il aurait fini son article le matin, et que nous dînerions avec Amédée-Renée au *Pauvre Diable*. Le *Pauvre Diable* était un excellent restaurant, aux allures modestes, situé rue de Seine, juste en face de la rue des Beaux-Arts, et par conséquent, tout auprès de *l'ordinaire*. Les clients de Charpentier (Charpentier de la Bibliothèque Charpentier) dont nous étions, Labitte et moi, s'y rencontraient souvent, parce que les magasins de la Bibliothèque Charpentier étaient dans la maison d'à côté. C'est là qu'on trouvait quelquefois Balzac se faufilant, quand le mauvais sort le contraignait à délaisser les affaires de Rastignac pour songer aux siennes. Quant à Renée, qui a été depuis directeur du *Constitutionnel*, conseiller d'Etat, député et secrétaire général de la préfecture de la Seine, je n'ai pas à vous le présenter.

Je me proposais un grand plaisir de cette soirée. J'arrivai à l'heure dite, à la porte du petit entresol de la rue des Beaux-Arts. Je sonne, on ne répond pas, je resonne ; je regarde à ma montre. Il est bien six heures. Où peut-il être ? A la Revue, sans doute. Il n'y avait que la rue à traverser. Je donne un coup de pied à la porte, avec l'arrière-pensée que peut-être le cordon de la sonnette était cassé. La porte s'ouvre alors toute grande, et je vois devant moi une sœur de charité tout effarée.

— A quoi pensez-vous de faire tant de bruit ? me dit-elle.

— Quoi ! répondis-je, il est malade ?

— Il est mort.

En ouvrant la porte de l'antichambre, elle découvrit le lit où mon pauvre ami était étendu, avec un crucifix dans la main.

C'est ainsi que finit Charles Labitte, tué par le travail. L'église de Saint-Germain-des-Prés fut comble le lendemain, à ses obsèques. Le surlendemain on ne pensa plus à lui. Sa place à la Revue fut remplie par Charles Louandre, un autre grand érudit, d'un caractère tout différent. Aujourd'hui je parle d'un homme que j'ai tant connu et tant aimé, il y a cinquante ans, comme je parlerais de quelque écrivain des siècles passés tombés dans l'oubli. On dit quelquefois dans les moments d'orgueil qu'il faut penser à la postérité. Non, il faut penser à la vérité.

Nous reproduisons des lettres intimes adressées par Jules Simon à son ami Frélaut :

13 juin 1840.

Sais-tu, mon cher ami, que je vais avoir trois mois de vacances. M. Cousin vient de me nommer professeur agrégé de la faculté. Ce qui est un titre supérieur à celui de Suppléant et le premier après le sien. Comme ce titre ne se perd pas même par la rentrée du titulaire, me voilà enfin quelque chose de fixe. Je suis donc en meilleure veine qu'il y a quelques mois. J'ai eu quelques succès, je ne puis me plaindre, je serais même riche à présent car j'ai plus de six mille francs d'appointements sans mes dettes contractées par nécessité. Je paie trois cents francs tous les mois, j'en ai encore pour trois ou quatre mois ainsi et j'en aurai fini avec le plus pressé.

Paris, le 22 juin 1846.

Il ne m'est pas bien démontré, mon cher ami, que la dernière lettre soit de toi, mais si elle l'est, si ta mémoire est fidèle, je n'ai pas autre chose à faire que de te demander pardon, et je le fais de tout mon cœur. Tu serais bien injuste envers moi, si tu m'en voulais, comme ta lettre pourrait me le faire croire, car je n'ai jamais changé et je ne changerai jamais pour personne.

Je n'ai aucun correspondant à Lorient et je ne t'y savais pas. Peut-être, pourtant, me l'avait-on dit. J'ai cessé de correspondre avec deux ou trois de nos amis, que je n'ai pas cessé d'aimer ; je l'ai fait, en partie parce que je n'étais pas bien sûr de ne pas les compromettre en leur écrivant, et ensuite parce que j'ai reçu d'eux des lettres qui me mettaient dans l'embarras.

J'ai été beaucoup attaqué, vois-tu, il y a quelques années. On a dit du vrai, on a dit du faux ; mes amis ont cru tout à la fois ; ils m'ont écrit des choses singulières ; j'ai répondu une première fois ; mais à la *réplique*, j'ai pensé qu'il valait mieux pour tout le monde attendre que nous puissions traiter dans nos lettres toute autre question que les rapports du clergé et de l'Université.

La mort de mon père est venue, je vous l'ai fait dire à tous ; personne n'a songé à m'écrire. Quand j'ai perdu ma mère, il n'y a pas un an, il en a été de même.

Dis-moi que tout cela ne m'excuse pas, je ne demande pas mieux. Si tu te plains, loin de m'en fâcher, je te remercie. Je puis du moins t'assurer d'une chose qui est bien certaine, c'est que tous ceux que j'ai jamais aimés, même ceux qui m'oublient, je les aime encore au même degré, au même rang. Et nous allons voir, toi qui te plains, et qui à présent me dois une lettre, ce que tu feras !

Je ne suis pas trop heureux, mon pauvre garçon. Ma famille me donne bien des soucis ; les ennemis de l'Université m'attaquent tant qu'ils peuvent ; le ministre de l'Instruction publique me déteste, comme Suppléant de Cousin ; les amis de M. Cousin ne m'aiment pas non plus, à cause d'un peu de réputation que j'ai et de quelques doctrines, qui ne leur plaisent pas. Avec cela, je suis pauvre comme Job, grâce à l'accumulation de mes charges de famille et à la façon dont sont traités partout les suppléants et les substituts. Je te dis tout cela pour te montrer que mes amis doivent être bons diables avec moi. Je t'apitoye sur mon sort. J'ai eu quelques bonnes chances dans ma vie, ce sont les apparentes ; j'en ai eu plus de mauvaises, qui sont secrètes. A coup sûr, je ne pensais pas à Vannes, qu'à trente ans, je serais professeur à la Sorbonne, décoré, éligible ; mais je ne pensais pas non plus qu'on pouvait être tout cela et lutter en secret contre la pauvreté, contre l'envie, contre la calomnie. Enfin, j'entrevois un terme à la plupart de mes chagrins ; mais, crois-moi, ce qui me soutiendrait le mieux, ce serait de penser à mes amis de là-bas, à toi surtout, le plus ancien et le plus cher ; de croire que mes affaires t'intéressent, que mon souvenir t'est toujours cher, enfin que tu n'as pas changé plus que moi, car c'est tout ce que je te demande.

Adieu, mon cher ami. Quand tu seras à Rennes, mets les deux lettres ci-jointes sous enveloppe, écris toi-même les adresses et va les remettre. Sur celle qui commence par mon cher Riaux, tu mettras : à M. Riaux, professeur à la Faculté des lettres et sur celle qui commence par mon cher ami, tu mettras : M. Martin, doyen de la Faculté des lettres. Je pense qu'elles répondent suffisamment à tes intentions. D'ailleurs, je suis à ta disposition, sans réserve.

Si tu vois Gauthier, ou Leblanc, ou Charlopin, parle leur de moi. Je ne connais plus qu'eux à Lorient. Je n'ai pas entendu parler de Sohier depuis plus d'un an ; c'est une des plaies de mon cœur. Adieu, tout à toi, et comme chez *Lebourgeois*, te rappelles-tu ?

Jules SIMON.

Martin et Riaux sont d'excellents garçons. Martin est fervent catholique ; Riaux est sans cérémonie. Si tu veux pour toi-même, des lettres pour Rennes, j'y ai deux amis, M. Aussant, vicaire à Toussaint et M. Hauer, professeur au Séminaire.

UNE ÉLECTION EN BRETAGNE

Une élection en Bretagne

Quelques amis eurent l'idée, en 1845, de me proposer une candidature politique dans l'arrondissement de Lannion. Je cherche encore d'où cette idée avait pu leur venir. Je les appelle des amis parce qu'ils le sont devenus. Ils n'étaient au début que des amis politiques; on sait ce que cela veut dire. Le dernier, M. Savidan, qui vient de mourir, a été trente-neuf ans juge de paix de Lannion. C'était un esprit juste et un caractère d'élite; très grand magistrat dans une très petite magistrature. Il y avait encore Turquet, dont le fils, l'amiral Turquet de Beauregard, est aujourd'hui major général de la marine à Brest: le docteur Tassel, que j'ai tendrement aimé; Robert, principal du collège; Depasse, maire de Lannion à perpétuité, et qui a été membre de l'Assemblée constituante et de la Législative. Je ne cite pas Le Goaster qui nous rendit les plus grands services, parce que ce n'était presque qu'un enfant en 1845. Je ne les connaissais pas, et ils ne me connaissaient pas. On ne s'imagine pas aujourd'hui combien Lannion était loin de Lorient en 1845. Il n'y avait ni diligence, ni carriole, ni route. D'ailleurs je n'étais ni à Lorient ni à Vannes ; je n'avais pas quitté Paris depuis onze ans. Ils eurent un député à élire, ils ne trouvaient personne dans le pays qui leur parût en état de faire un bon député. J'étais breton, professeur à la Sorbonne, par conséquent beau parleur (je vous dis leurs illusions), professeur de philosophie et par conséquent libéral. Ils m'écrivirent pour me proposer de tenter la partie.

Depasse vint même me voir. Il était entré chez moi par un beau jour de novembre, en déclinant son nom et sa qualité ; il me dit aussi qu'il était ou qu'il avait été notaire : « Monsieur, me dit-il, je viens vous proposer le siège du général Thiard ». Voilà comment les idées ambitieuses s'introduisirent pour la première fois dans ma tête.

Je ne manquai pas de faire connaître à M. Depasse mes trois objections ; c'était mon devoir.

D'abord mon âge. Il ne fit qu'en rire : « Vous n'avez pas trente ans, me dit-il, mais il s'en faut de quelques semaines. On ouvrira la période électorale à la dernière limite. On n'y manque jamais pour se donner le temps de manier le corps électoral. Vous aurez trente ans en janvier. Au pis aller, si on nous convoque en décembre, votre élection sera cassée ; vous nous reviendrez alors, en janvier ou février. avec vos trente ans bien sonnés ». Cela ne me plaisait qu'à demi. Il y avait le cens qui me semblait une barrière infranchissable.

J'avais été chargé l'année précédente par quelques électeurs influents de Loudéac d'offrir la candidature à Lamennais. Il m'avait répondu : « Il ne faut pas y songer seulement, je ne suis même pas électeur ». La lettre avait été publiée dans les journaux et avait fourni un bel argument à ceux qui réclamaient l'adjonction des capacités.

Depasse ne s'y arrêta pas ; « Lamennais et vous, me dit-il, (j'en demande pardon au génie de Lamennais) vous êtes de grands enfants. Oui, le cens électoral est une grande gêne ; il écarte de la vie politique le plus grand nombre des citoyens ; mais le cas d'éligibilité n'est pas un obstacle, ce n'est rien. Il s'agit tout simplement d'avoir un ami qui paie cinq cents francs et qui ait confiance en vous. Je me charge de l'éligibilité ; n'y pensez plus. Avez-vous encore une objection ? »

Je lui expliquai que je serais pour tous les électeurs, un inconnu.

— Je n'ai pas un ami dans l'arrondissement, dis-je.

— Vous vous trompez, me dit-il, vous avez Depasse et tous les amis de Depasse.

Il me les nomma. Ils étaient sept.

— Quelque puissants qu'il soient, répondis-je, ils ne peuvent jamais être que sept.

—Ils ne sont pas puissants, me dit-il, ils sont tout puissants, et je vous le ferai voir.

J'acceptai en étourdi. Quoique j'eusse fait quelques articles pour l'adjonction des capacités, pour l'abaissement du cens et finalement pour le suffrage universel à deux degrés avec condition de domicile, je m'improvisai homme politique ; même les outils du métier me manquaient. Je n'avais un pouce de terre ni dans le département, ni ailleurs, et, pour tout dire, je ne possédais rien au monde.

Je n'avais pas d'autre ami dans les Côtes-du-Nord que les cinq ou six personnes qui m'appelaient et dont je lisais les noms pour la première fois. On me demanda par lettre une circulaire; je l'envoyai, elle fut acceptée avec enthousiasme. On me demanda des patrons pris dans le monde politique. Ce fut plus difficile; j'avais connu Carrel, mais il était mort. Il ne fallait pas penser à Cousin et à Saint-Marc-Girardin, qui, pour mes nouveaux alliés et pour moi-même, étaient des réactionnaires. Je finis par trouver deux répondants, et même de premier ordre : Jules de Lasteyrie et Charles de Rémusat en personne. Ils me connaissaient par la *Revue des Deux-Mondes*. Ils me donnèrent chacun une belle lettre ; je mis en poche toute ma fortune, qui montait bien à 300 francs, et je partis avec ce viatique pour un pays où je n'avais jamais mis le pied et où personne, à l'exception de mes sept *amis*, ne savait mon nom.

J'eus l'idée, puisque je retournais en Bretagne après onze ans d'absence, de passer par Vannes, et d'y rester un jour ou deux. J'aurais bien voulu pousser jusqu'à St-Jean-Brévelay, mais le temps manquait. Je débarquai le samedi, de la rotonde de la diligence Laffitte et Caillard, je ne voulus pas loger chez Vincent, à l'Hôtel du Commerce, où la journée coûtait un petit écu, parce que je voyageais sans faste, et, prenant mon paquet à la main, je m'acheminai vers la maison de Mme Tanguy.

Mme Tanguy ne tenait pas une auberge. Elle était boulangère sur la place de Saint-Paterne, vis-à-vis de l'église. Elle avait une chambre au premier étage, qu'elle louait aux petits bourgeois des environs qui craignaient la dépense et le bruit d'une auberge. Elle ne louait pas au premier venu ; il fallait pour loger chez elle, être son ami ou l'ami de quelqu'un de ses amis. C'est là que ma mère descendait autrefois quand elle venait me voir à Vannes. Mme Tanguy donnait à son hôte un pain tout chaud et de bon lait le matin ; la soupe et le bouilli à midi, remplacés le vendredi par quelque poisson ; le soir, quelques tranches de bœuf bouilli frites dans la poêle. Un verre de cidre avec cela, c'était tout ce qu'il me fallait. Je savais le prix qui était de 1 fr. 50 par jour, tout compris. Je me demandais, en descendant la rue du Méné, si Mme Tanguy était encore là, si elle prenait toujours des pensionnaires, si sa chambre serait vacante, et si elle se souviendrait de moi. Pour moi, je la retrouvais dans ma pensée comme si je l'avais vue la veille.

Il faisait nuit, ou à peu près, quand je débouchai sur la place de l'église; je vis sur-le-champ la boutique de Mme Tanguy, avec des pains de seigle et des pains de six livres étalés sur une forte saillie en pierre qui s'allongeait sur la rue à côté de la porte. La fenêtre de la chambre que je convoitais était ouverte, quoique ce fût l'heure du souper; ce qui me fit conjecturer qu'elle était vacante. Mme Tanguy, quand je descendis les quatre marches qui conduisaient à la boutique, était en conversation avec un prêtre qui me tournait le dos, mais que je reconnus immédiatement à sa voix.

C'était Fortuné Frélaut en personne. Je voulus saluer la maîtresse de la maison, avant de me faire reconnaître de mon ami; mais elle m'imposa silence d'un geste plein d'autorité comme à un malappris, qui s'apprêtait à interrompre son supérieur. Je vis sur-le-champ que Frélaut s'informait de plusieurs familles nécessiteuses auxquelles il fournissait du pain et d'autres secours encore, par l'entremise de la boulangère. Je toussai, je remuai les papiers pour l'avertir qu'il y avait là quelqu'un, et vous comprendrez que j'étais pressé de lui serrer la main; mais il était habitué à ne se laisser déranger par personne, et il défila tout son chapelet sans plus s'occuper de moi que s'il avait été seul avec son interlocutrice. Enfin, quand il eut fini toutes ses recommandations, qui furent longues et détaillées, il se retourna pour s'en aller, me jeta seulement un coup d'œil sans me reconnaître dans l'obscurité devenue plus épaisse, et voyant à mon paquet et à mon bâton que j'étais un voyageur, il me salua poliment, et me dit, en forme d'excuse :

— Vous savez que les affaires des pauvres passent avant toutes les autres, je vous laisse avec Mme Tanguy.

— Mais non pas avant de m'avoir embrassé, lui dis-je en lui tendant la main avec émotion.

Il me reconnut au premier son de ma voix, et se jeta à mon cou avec la tendresse d'un frère.

Je vous fais grâce des premiers propos.

— Et que fais-tu ici ? me dit-il. Je te croyais à Lannion, où tu vas faire des bêtises.

— Merci de l'augure. J'ai voulu d'abord voir le vieux pays et les vieux amis.

— Et tu n'as pas eu l'idée de descendre directement chez moi ?

— Mais, lui dis-je un peu embarrassé, je savais que tu étais à Vannes, mais je ne savais pas où tu demeurais.

— Ni ce que je faisais, apparemment, dit-il, en riant de son bon rire d'autrefois.

— C'est M. le curé ! c'est M. le curé ! se mit à crier la bonne femme persuadée que j'allais être ébloui et terrifié par cette découverte.

Elle ne se trompait point tout à fait.

— Le curé de Saint-Paterne ! m'écriai-je à mon tour.

Il faut vous dire que depuis Vitré, qui est de l'autre côté de Rennes, en allant vers Paris, je n'entendais parler que du curé de Saint-Paterne par les voyageurs qui se succédaient dans la rotonde. Mais on ne lui donnait que le nom de sa cure ; et l'idée qu'il s'agissait de mon ancien ami ne m'était pas venue.

— Avez-vous vu la maison de retraite de Meucon ? disait l'un.

— Je veux la voir, répondait l'autre. On dit que c'est la plus belle construction de Saint-Paterne.

— Où trouve-t-il de l'argent pour tout cela ?

— Et du temps ? Il a sur les bras non seulement les pauvres de sa paroisse, mais ceux de tout le diocèse.

— Sans compter que c'est lui qui est l'évêque.

— S'il n'était que cela ! disait un autre en clignant de l'œil.

Et tous se mettaient à rire. Il m'était aisé de voir que j'étais au milieu de légitimistes, ce qui ne pouvait me surprendre, ni à Vitré, ni à Rennes, ni à Vannes. Je prenais naturellement une haute idée de ce curé de Saint-Paterne, qui m'apparaissait comme un des hommes les plus puissants de la France, puisqu'il était le maître de tous les esprits dans l'Ouest.

Un laïque, me disais-je, fût-il un homme de génie, n'arriverait jamais qu'à exercer quelque influence par sa parole ou ses écrits au moment du vote. Mais voilà un prêtre qui s'est emparé à tout le moins d'un diocèse. Il a, dans chaque paroisse, un agent principal qui est le curé, et des sous-agents, les marguilliers, les sacristains, les sonneurs de cloches, tous ceux qui tirent leur subsistance de l'église. Il a la prédication publique et secrète, l'influence de sa parole, redoublée par l'influence de sa position ; il a sous ses ordres l'armée des jeunes séminaristes ; il exerce sur les dames une sorte de fascination ; il peut, pour les alliances entre les familles, rendre d'importants services ; il a le moyen de susciter le dévouement et de le payer. Si je dois rencontrer à Lannion l'équivalent du curé de Saint-Paterne, ce n'est pas la peine d'y aller.

On voit que j'étais tout plein de la grandeur du curé de Saint-Paterne, quand Mme Tanguy se mit à crier, en montrant mon camarade : « c'est le curé de Saint-Paterne ! C'est le curé de Saint-Paterne ». Frélaut insista beaucoup pour me mener au presbytère ; je ne voulus pas y consentir ; je louai la chambre que j'étais venu chercher ; mais aussitôt il me prit par le bras en me disant : « tu ne mangeras pas ailleurs que chez moi, et justement, c'est l'heure du souper. » (huit heures du soir). Je consentis pour cette fois ; et je me trouvai un quart d'heure après, assis devant une table simplement mais copieusement servie. Frélaut voulait absolument faire déboucher une bouteille de derrière les fagots, mais je lui expliquai que j'étais un buveur d'eau et que je ferais un extra en buvant avec lui un verre de cidre.

Il soupait seul tous les soirs, à huit heures, il

dinait à midi avec ses vicaires. Il me présenta à eux le lendemain, car il me refusa avec obstination la permission de goûter à la cuisine de Mme Tanguy. Je pus me convaincre qu'il n'était question dans leurs conversations que des œuvres d'une active et ardente charité. Si le curé se mêlait de politique, je ne pouvais imaginer à quel moment, car il avait sur les bras tous les pauvres de la paroisse, ceux de la ville, ceux du diocèse.

— Tu ne dois rien laisser à faire à l'assistance publique, lui disais-je.

— Il y a toujours des pauvres à secourir, me répondit-il tristement.

Puis reprenant sa bonne humeur :

— Mais tu as raison ; plus je rends tes philanthropes inutiles, plus je suis heureux.

Et là-dessus de grands éclats de rire auxquels répondaient les vicaires.

Je riais aussi. « Ce n'est que l'émulation du bien » me disais-je. J'étais là depuis trois jours, en train de m'oublier dans les délices de Capoue. J'avais visité son dispensaire, ses deux orphelinats, son école des garçons où je n'avais rencontré rien de suspect. On y enseignait la religion, et l'Université l'enseignait aussi.

— Va, cherche, examine, interroge les maîtres et les élèves, ne te gêne pas !

Il était aimé partout comme un père, cela se lisait dans tous les yeux. Et moi-même, ne l'aimais-je pas comme un frère ? « Il n'a, me disais-je, d'autre arme que sa bonté. »

Je reçus le dimanche matin, comme je me rendais au dîner, qui était un dîner de gala parcequ'il avait convié ceux de ses confrères qui m'avaient connu au collége, une lettre de Lannion qui me jeta dans le plus grand trouble. Lannion était très loin de Vannes, par l'absence de voies directes et de moyens de communication. Il n'avait pas de journaux. Il ne lisait pas la petite feuille cléricale qui paraissait le samedi à Saint-Brieuc. Pourtant on y avait appris vaguement que j'étais à Vannes, chez la mère Tanguy et en grandes relations avec Frélaut.

« Etes-vous fou ! disait mon correspondant. Vous venez ici pour défendre nos idées, et vous vous affichez comme l'ami et le commensal de leur plus implacable et plus puissant ennemi ? Arrivez-nous par le prochain courrier et nous tâcherons de réduire cette imprudence à une visite non préméditée de vieux camarade, etc... » Ma première pensée fût de montrer la lettre à Frélaut. Mais comme il était très entouré et très occupé le dimanche, je fus forcé d'attendre au lendemain.

Frélaut passait régulièrement une heure dans sa chambre, tous les matins, après avoir dit sa messe, et mettait en ordre sa correspondance, qui était considérable. Le samedi, il retournait à l'église après son courrier, et passait une heure au confessionnal. « Je serai à toi le reste du temps, » m'avait-il dit. Il fut un peu surpris de me voir entrer dans sa chambre, malgré nos conventions.

Je n'y avais jamais mis les pieds. C'était une vraie

chambre de séminariste. Un lit de fer, mais bien garni, car Frélaut aimait à prendre ses aises; pas même de papier sur la muraille; il était remplacé par toutes sortes d'affiches, de notes à la main, ayant pour objet des œuvres de dévotion ou de bienfaisance; des chaises de paille, des rideaux de coton blanc aux fenêtres. Il n'y avait pas de glace sur la cheminée, mais seulement un grand crucifix de bois noir avec un Christ en plâtre acheté à la foire. Une grande table de sapin, sur laquelle des papiers étaient rangés en très bon ordre; car tout attestait, dans cet intérieur, l'absence de luxe et même l'absence de goût, mais des habitudes de travail et d'exactitude. Ajoutez quelques cartons et une douzaine de livres tout au plus; livres salis, et qui paraissaient dépareillés; voilà le réduit du curé de Saint-Paterne, dont la cure rapportait de gros revenus, qui était plus puissant sur le clergé que l'évêque et plus puissant sur les électeurs que le préfet.

« Tu me poursuis dans mon antre », dit-il en riant, mais d'un ton où perçait un peu de reproche. Je lui mis la lettre dans la main; il la parcourut d'un coup d'œil, en homme qui voyait sur le champ de quoi il s'agissait.

— Eh bien? lui dis-je.

— Eh bien! dit-il, il a raison, il faut détaler, et le plus tôt sera le mieux.

Il resta pensif quelque temps, tenant toujours la lettre à la main.

— J'aurais dû te dire cela plus tôt, me dit-il, mais le plaisir de t'avoir chez moi... et puis je voulais avoir une conversation sérieuse avant de te laisser partir, et je ne savais comment l'aborder.

Je me récriai.

— Non, dit-il, il y a des choses difficiles à dire, même à un ami. Nous voici tête à tête, la main dans la main, dans ce petit coin ignoré, et pleins d'amitié l'un pour l'autre. Cependant il y a entre nous le monde entier...

Et il ajouta beaucoup plus bas et avec tristesse :

« Encore s'il n'y avait que cela ! »

Ce préambule m'étonna et m'effraya. Allait-il me faire un sermon ! Cela lui ressemblait si peu, que je renonçai sur le champ à cette idée, mais j'avoue que je ne devinais plus où il voulait en venir. Ses premiers mots me tirèrent d'embarras.

— Es-tu toujours décidé à partir pour Lannion ? et même, es-tu décidé à te faire député ? Je crois qu'à Lannion tu cours à une défaite certaine ; mais si tu t'entêtes à vouloir entrer dans les Chambres tu trouveras peut-être un autre collège. Tu aurais mieux à faire, à mon avis. Veux-tu me permettre de te parler à cœur ouvert sur ces deux points là ?

— Le second est un peu vague, lui dis-je, et la conversation prendrait vite une tournure de personnalité qui me serait désagréable, même venant de toi. Mais je désire beaucoup entendre ce que tu penses de mon expérience actuelle. J'espère que tu ne vas pas me dire que tu es aussi puissant à

Lannion qu'à Ploërmel ou à Auray, et que je ne réussirai pas dans les Côtes-du-Nord, parce que tu ne veux pas.

— Moque-toi de moi, si tu veux, me répondit-il, mais c'est à peu près cela que je vais te dire. Cependant je ne veux pas te laisser croire que je suis tout puissant dans l'arrondissement de Lannion ; je n'y suis pas puissant le moins du monde, je n'y connais en tout que trois personnes : un prêtre à Lannion et deux laïques à Tréguier. Mes trois amis ne sont pas souvent d'accord entre eux.

— Mais ils sont toujours d'accord avec toi ?

— Laissons cela, me dit-il, je n'ai à te parler que du prêtre. Quoi qu'il décide, il sera suivi par tout le clergé. Tu sais probablement qu'il a déjà pris parti contre toi, mais il n'a pas fait jusqu'à présent de démarche irrévocable.

— Il en fera, lui dis-je, c'est l'abbé de Kéroal. Je te prie de croire que je compte absolument sur sa malveillance, et que, si tu lui disais un seul mot pour le désarmer, je te désavouerais à l'instant.

— Oh ! me dit-il, je n'ai pas besoin que tu me le dises. Le jour où tu te convertiras réellement, je serai le plus heureux des hommes ; mais je te sais incapable de simuler une conversion ou même d'atténuer tes opinions pour te procurer l'indulgence d'un ennemi, en le trompant. Fi donc ! J'ai écrit à l'abbé de Kéroal ; je terminais ma lettre quand tu es entré, elle ne partira que ce soir. En voici la première phrase : « C'est mon camarade de collège ;

« bien plus, c'est mon ami ; mais vous avez mille
« fois raison d'employer toutes les forces du parti,
« à le combattre. Si jamais il entre à la Chambre, il
« sera notre ennemi le plus dangereux.

— Tu as écrit cela, lui dis-je, en pâlissant ! Et tu sais que ce n'est pas la vérité !

— Comment, je le sais ! répondit-il avec énergie. Je ne dis jamais que ce que je crois. J'ai écrit cette phrase avec la conviction de dire la vérité, et la certitude de te rendre service. Mais si tu t'emportes je m'emporterai peut-être aussi. Nous nous fâcherons, nous ne comprendrons plus rien ni à ta situation politique avec tes électeurs, ni à la situation de l'un de nous vis-à-vis de l'autre. Laisse-moi t'affirmer d'abord que mes intentions sont droites et affectueuses, et sois assez raisonnable pour en écouter la démonstration.

— Soit, répondis-je en me contenant à grand peine, je t'écoute.

— Ce n'est pas cela, dit-il, il faut m'écouter avec l'intention de me croire, et le désir de m'absoudre.

— Au diable tes distinctions et tes précautions ! m'écriai-je. Nous ne sommes pas ici à confesse.

Il s'aperçut que j'avais envie de rire, malgré ma mauvaise humeur.

— Cela va mieux, dit-il. Eh bien ! je commence. Nous allons épuiser les thèses possibles, comme nous faisions sous l'abbé Flohy, t'en souviens-tu ?

— Eh ! oui, mais tu ne fais que battre la campagne.

— C'est pour te donner le temps de redevenir calme. Je dirai donc que j'aurais pu écrire à mon correspondant : « Vous vous trompez tout à fait. Il n'est pas des nôtres, cela est vrai, et je le déplore. Mais il comprend la liberté de conscience ; il la veut pour nous autant que pour lui ; il défendra l'Eglise si elle est attaquée dans ses droits politiques. Il se rend compte des services qu'elle peut rendre, et cœtera. » Une telle lettre n'aurait pas pour résultat de déterminer M. de Kéroal et ses amis à voter pour toi ; mais elle les déciderait à te combattre poliment, fermement, par la discussion, sans invectives, comme on se combat entre adversaires qui s'estiment réciproquement, et qui savent que, dans certaines circonstances données, ils peuvent avoir à combattre le même ennemi.

Je ne pus m'empêcher de l'interrompre.

— Mais, lui dis-je, cette lettre, que tu n'écris pas, est aussi vraie que celle-là (en frappant sur sa lettre) est fausse. La situation qu'elle me ferait est conforme à mon caractère, à mes désirs, à la position que j'occupe. Je n'ai aucun goût pour les coups de bâton et les vulgarités de M. Louis Veuillot. Je ne te demande pas d'écrire cette seconde lettre, et même je ne veux pas que tu l'écrives ; mais il me semble qu'un ami... et un homme droit et honorable comme tu l'es, n'aurait jamais dû écrire la première.

— C'est en écrivant la seconde lettre, me dit-il, que je manquerais à la vérité, et que je te ferais un tort irréparable. Songe donc que tu es venu chez moi, à la veille même de l'élection ; qu'à tort ou à raison, je passe pour le chef du parti catholique, que si, au moment où tu me quittes, j'écris à mon ami de là-bas une lettre apologétique, tu passeras aux yeux de tout le monde pour être venu la chercher. On dira, avec une forte apparence de raison, que tu ménages tous les partis. Mes amis se contiendront par déférence pour moi, sans t'approuver ni t'estimer. Les tiens se diviseront en deux camps inégaux. Les amis de la personne, décidés à tout approuver, pourront louer ton ingénuité et ta candeur ; les politiciens crieront à la perfidie. Ils seront suivis par le gros du parti et par le public. Les journaux te confectionneront en moins de quinze jours une solide et durable réputation de cafard. Vois-tu, me dit-il, il faut reconnaître que tu as fait un pas de clerc, et que j'en ferais un autre si j'achevais de te compromettre en prenant ta défense. Que fais-je au lieu de cela ? En poussant mon ami à déployer tous ses talents contre ta chétive personne, je te condamne à la plus terrible exécution que l'on puisse imaginer. Il n'a peut-être pas autant de talent que Louis Veuillot, quoiqu'il en ait infiniment, mais il a pour le moins autant de virulence. Tu sentiras ses griffes acérées sur ta chair vive et tu m'en diras des bonnes nouvelles.

— Je vous mets au défi, lui dis-je. On ne peut discuter que mes opinions et je m'en fais gloire. Quant à ma vie privée...

— Ne me mets pas de la partie, dit-il, je n'écrirai pas un mot contre toi.

Il prit sa lettre sur la table et la tournant entre ses doigts.

— J'ai épuisé dans ceci tout mon venin. D'ailleurs je ne dis jamais de mal de personne. C'est mon goût et mon habitude d'être bienveillant, même pour mes ennemis, c'est-à-dire pour les ennemis de la religion, car je n'ai pas d'ennemis personnels. Ta vie privée ? Non certes, on ne l'attaquera pas. De Kéroal en est bien incapable. C'est un homme d'honneur. Il est homme à te défendre si on te calomnie. Mais tu es philosophe, mon camarade. Tu es professeur de philosophie, assis dans la chaire de pestilence. Tu es suppléant de Cousin, et responsable par conséquent de tout ce qu'il a pu dire avant toi dans sa chaire, et des trente ou quarante volumes qu'il a écrits. Toi-même, tu es journaliste ; tu écris dans les revues ; tu as déjà, à trente ans, trois gros volumes sur la conscience. Sois bien sûr que, toute élection à part, Kéroal ne peut lire une page de toi ou de Cousin sans horreur. Ç'est très sincèrement, très effectivement qu'il y découvre à chaque ligne le panthéisme, le rationalisme, le déisme, et toutes sortes de barbarismes qui le remplissent d'effroi pour l'avenir de la société.

— S'il m'accuse de panthéisme, lui dis-je, en rentrant involontairement dans mon rôle de philosophe, je ne serai pas embarrassé pour lui répondre.

— Lui répondre ! me dit-il. Et où lui répondras-tu ? Dans la *Revue des Deux Mondes ?* Elle n'a pas un abonné dans l'arrondissement. Et que lui opposeras-tu ? Des raisonnements philosophiques ? Il n'y a pas un électeur sur deux cent-soixante-trois qui soit en état de les comprendre, ou qui consente à les lire. Tu prouverais comme deux et deux font quatre qu'il n'y a pas un atôme de panthéisme dans toute ta doctrine, que tu n'en seras pas moins un panthéiste avéré parce que Kéroal l'aura dit. Et qu'est-ce que c'est que le panthéisme ? Que fait-il le panthéisme à l'existence du ministère Molé, et à la question d'Egypte ? Ils n'en savent absolument rien. C'est quelque chose d'obscur, de dangereux, de monstrueux dont Monsieur Cousin et sa séquelle sont infectés. Vous vous prétendez amis de la saine morale ? C'est bon à dire. Vous seriez bien en peine de le prouver ; vous ne pouvez pas être à la fois moralistes et panthéistes. Crois-tu que l'arrondissement de Lannion va se donner un panthéiste pour représentant ? A d'autres !

— Mais toi, lui dis-je, qui t'associes à cette campagne, puisque tu lui donnes le branle, tu sais très bien que je ne suis pas panthéiste, puisque tu as lu mes livres. Tu sais à quel point il est ridicule de transformer le panthéisme en question politique. Tu sais que je n'ai jamais été un ennemi de la religion, que je ne veux, ni ne puis l'être, étant données mes opinions sur les besoins intellectuels et moraux des masses peu éclairées. Tu sais que je puis être dans la Chambre le défenseur courageux et habile d'idées qui te sont chères à toi-même, tandis qu'on va élire à ma place quelque grossier matérialiste, habitué, comme on dit, à manger du prêtre. Tu sais tout cela, tu en conviens ici entre nous deux, et tu écris à ton correspondant, c'est-à-dire à toute l'armée ennemie, précisément le contraire.

— Tu te trompes, me dit-il, la voici cette fameuse lettre dont tu ne connais encore que la première phrase. Lis-la d'un bout à l'autre, je suis le premier à t'en prier.

Il me la mit dans la main presque de force. Mais je la rejetai sur la table avec indignation.

« Tu as tort, me dit-il. Il pourrait t'être utile de savoir par le menu ce que j'ai écrit. Tu agis, comme un enfant et non comme un homme politique. J'explique dans cette lettre que tu es un spiritualiste d'un ordre très pur, très élevé, que tu prêches la tolérance et que tu la pratiques. Seulement, je sais que Kéroal en conclura que tu n'en es que plus dangereux, et c'est la conclusion que j'en tire moi-même. Je sais, je sais. Tu vas me dire. « Faisons « ensemble les immenses biens que nous désirons « également, et laissons de côté les deux ou trois « points qui nous séparent et qui ne sont ni de la « philosophie, ni de la politique, ni de la morale. » Vous autres philosophes, vous dites cela et vous le pensez. Vous avez raison de le penser, comme nous avons raison de penser le contraire. Ces deux ou trois points, que vous voulez oublier, que vous nous proposez d'écarter, c'est tout simplement pour nous la question capitale, la grande, l'unique question : être ou ne pas être. Nous ne craignons pas les négations brutales, mais nous redoutons par-dessus tout l'indifférence polie entourée de grandes admirations. Dis, si tu veux, que nous n'aimons pas nos successeurs, et je reconnais qu'il y a quelque chose de cela dans le sentiment que vous nous faites éprouver.

« Vous racontez souvent, avec de grands éclats de joie, l'anecdote de Louis XIV avec le duc d'Orléans, le futur régent, à propos d'un ami du duc qui demandait à être employé dans l'armée qu'on envoyait en Espagne. Le duc insistait. Le roi rechignait. A la fin, poussé à bout par son neveu, le roi avoua le fin mot de la résistance : « Il est janséniste ! » Le duc éclata de rire. « Lui, janséniste, sire ! Il est athée ! — Alors, mon neveu, dit le roi tout rasséréné, c'est bien différent ! ».

« Vous citez cela comme une preuve de fanatisme ignare, mais nous sommes, Kéroal et moi, de l'avis de Louis XIV. Il n'avait pas lieu le moins du monde de craindre l'athéisme. S'il se publiait un livre, non pas athée, cela ne pouvait pas se supposer, mais suspect d'athéisme, il y avait le pilon pour le livre, et le feu. L'auteur même pouvait être brûlé, si cela était nécessaire. Mais cela n'était pas nécessaire. La Bastille suffisait ou l'exil. L'esprit public ne soufflait pas de ce côté là. Tout le monde se serait trouvé d'accord pour combattre un athée, même les hérétiques et les libertins. C'était tout autre chose pour les jansénistes. Ils étaient nombreux et puissants.

Il y en avait à la Cour, dans le clergé, dans le Parlement. Pour les vaincre, la royauté avait été obligée de jeter toute sa force dans la balance. Louis XIV parlait et sentait en grand politique, et vous autres, je parle du duc d'Orléans, du duc de Saint-Simon, de toi et de tes amis, vous n'êtes que des esprits étroits, qui ne voyez pas plus loin que le bout de votre nez. »

Il se leva en prononçant ces mots :

— J'ai une assemblée de charité à présider. Nous dînerons à une heure. A deux heures, ta voiture sera devant chez Mme Tanguy. On te mènera bon train. Tu coucheras ce soir à Loudéac, et tu seras demain à Lannion.

Il me prit les deux mains un peu par force.

— Réfléchis à notre conversation, mais tâche de la prendre du bon côté en ce qui me concerne. Nous n'y reviendrons plus. Je crois que nous avons épuisé le sujet. Mes vicaires ne dîneront pas avec nous. J'ai invité nos deux camarades, le pharmacien Giquello et l'avocat Bizos, qui sont de ton parti, et qui ont accoutumé leurs amis à les voir venir chez moi. Ils te serviront de couverture pour là-bas. Tu vois que j'ai pensé à tout. Dans une heure !

La neige tombait à gros flocons depuis plusieurs jours. Le froid augmentait, et le verglas commençait à se former. Il fallait être un candidat pour se mettre en route par un temps pareil. Lannion est aujourd'hui en possession d'une gare de chemin de fer; mais, en 1845, il n'avait même pas une diligence. Quand on avait affaire dans ces contrées lointaines, isolées du reste du monde, on louait une voiture à Guingamp, ou l'on profitait du courrier qui partait deux fois par semaine et qui desservait les villages situés sur le parcours entre les deux villes. On pouvait aussi aller à Tréguier par une route carrossable, mais si l'on voulait pénétrer dans l'intérieur des terres, visiter des fermes isolées, ou des châteaux, ou de petits villages perdus dans les bois ou dans les landes, il fallait renoncer aux douceurs d'une carriole, et se résoudre à marcher à pied, ou à enfourcher un bidet.

Nous avions deux cent soixante-trois électeurs, ce qui nous obligeait à deux cent soixante-trois visites. Sur ce nombre une trentaine d'électeurs résidaient à Lannion, une vingtaine à Tréguier ; il fallait aller chercher les deux cents autres dans les hameaux ou dans des groupes de deux ou trois maisons qui n'étaient reliés au reste du monde que par des sentiers à peine tracés. On m'avertit qu'il faudrait souvent mettre pied à terre et conduire les chevaux par la bride. Ne le savais-je pas ? On me traitait en parisien, oubliant que j'avais passé toute mon enfance à marcher dans l'éternelle et inextricable boue des chemins bretons. Je les connaissais avec leurs fondrières, les roches qui, tout-à-coup, émergent du sol, leurs mares que le soleil le plus ardent ne parvient pas à tarir et dans lesquelles on enfonce jusqu'aux genoux, pendant que les pommiers chenus et les petits chênes forment une voûte épaisse sur la tête du passant, et lui interceptent le jour.

Nous nous étions emmitouflés de notre mieux ; de grands chaussons de laine par-dessus nos bottes, des couvertures sur les genoux, des peaux de biques sur le dos, et nos chapeaux attachés sous le menton avec des foulards ou des tricots. Nous avions l'air d'une bande de sauvages. Il s'agissait de voyager ainsi pendant quinze jours et de nous défendre contre le vent, la neige et la glace. Je frissonne aujourd'hui, rien que d'y penser ; mais nous n'avions que trente ans, et nous étions emportés et ranimés par l'ardeur de la lutte.

Nous étions huit en commençant et dix en approchant de Tréguier, parce que Duportal et Le Goaster vinrent se joindre à nous. Ils connaissaient mieux le chemin que les Lannionais qui s'étaient déjà trompés plus d'une fois. C'est un pays où l'on fait souvent plus d'une lieue sans trouver une maison. Il ne fallait pas penser par un temps pareil à rencontrer des voyageurs. La neige avait couvert les sentiers qui, même en temps ordinaire, sont difficiles à discerner parce que nos piétons sont très capricieux. Ils marchent sur la lande, et, s'il y a quelque haie sur laquelle on puisse poser le pied, il faut qu'ils montent dessus, sans autre raison que le plaisir de grimper. On arrive quelquefois au bout d'un chemin qui s'arrête tout court au milieu de la lande, comme si personne n'avait jamais eu l'idée qu'on pût aller au-delà.

Depasse, qui était un notaire de campagne très occupé, connaissait toutes les habitations, et savait par quel trou il fallait passer pour les atteindre. Il nous dit qu'il n'y avait d'asile pour nous nulle part, et que nous serions obligés de nous replier tous les soirs sur Tréguier ou sur Lannion selon l'occurrence. Il avouait que, quand il fallait longer la mer à la nuit noire, la route était loin d'être sûre ; mais malgré cela il était sage de profiter du jour tant que nous en aurions, au risque de faire chaque soir deux ou trois lieues dans l'obscurité. Il avait réglé nos itinéraires pour nous faire arriver chaque jour à l'heure du dîner dans une maison amie, de sorte que nous étions à peu près sûrs de ne pas mourir de faim. Les cabarets ne manquaient nulle part ; mais on n'y trouvait que du cidre, de l'eau-de-vie et du pain de seigle un peu trop grossier pour nos estomacs de citadins.

« Il aurait fallu prendre un panier de provisions » dis-je. Ces paroles furent couvertes par un *tolle* général. Nos amis auraient considéré ce panier comme une injure personnelle et mortelle. Selon les probabilités, nous ne mangerions que trop. Autre péril. Il pouvait se faire que nous fussions attendus dans deux maisons, et obligés de dîner deux fois pour ne pas faire de jaloux. « Et de bien manger, disait Savidan. Il n'est pas permis à un candidat de faire la petite bouche. C'est une politesse que l'on doit aux gens, de s'empiffrer chez eux à outrance. »

J'avais déjà vu dès le début, les conséquences de

l'hospitalité bretonne sous une de ses faces les moins agréables.

Depasse et ses sept amis m'expliquèrent que j'allais faire immédiatement une conférence comme entrée de jeu, que je commencerais ensuite les visites individuelles, et que je ferais une seconde et dernière conférence, le jour de l'élection du bureau. L'élection du bureau, en ces temps préhistoriques, se faisait avant l'élection du député. C'était un assaut d'influence entre les partis. Quand on avait le bureau, on était sûr de la victoire. Le plan me sembla bien conçu, je chicanai un peu sur la conférence immédiate.

— Mettons la à demain. Donnez-moi une journée de repos.

— Pas une heure, me dirent-ils, pas une minute ! Voyez devant vous cette vieille maison branlante, où on accède par un escalier extérieur à double rampe : c'est le prétoire. Ceux qui entrent à flots si pressés sont vos électeurs, qui ne sont aujourd'hui que vos auditeurs. Vous vous brosserez et vous vous laverez quand vous aurez parlé. Nous vous ferons faire un dîner breton à quatre heures.

Je compris qu'il n'y avait pas à répliquer et que je devais leur obéir aveuglément pendant toute la période électorale. Disons rapidement que ce discours improvisé eut du succès. Les Bretons ont moins de faconde que les méridionaux : mais ils admirent la faconde dans les autres. Et puis, le Parisien ! Cadiou et Tassel, les deux avocats du crû, qui étaient l'un et l'autre de grand avocats, ne pouvaient tenir devant un Parisien. Ceux même qui ne devaient pas voter pour moi, déclarèrent que j'étais un Berryer ou un Bernard (Bernard était un avocat parisien qui avait été leur député avant le général Thiard).

Mes amis ou mes lieutenants, comme vous voudrez les appeler, se dispersèrent parmi les groupes qui stationnaient sur la place après la conférence, et s'occupaient, comme c'était leur devoir, de sonder l'esprit public, et, au besoin de le former. Je me trouvai doublement isolé, et parce que je ne connaissais personne, et parce que je ne connaissais pas la langue du pays qui était le bas-breton. Un Français dirait : le patois.

Les Français, dans leur ignorance, croient que le bas-breton est un patois. C'est une langue qui a son dictionnaire, sa grammaire et ses poètes. Sous Louis-Philippe tous les bourgeois savaient le français et le parlaient entre eux. Mais les paysans ne parlaient et n'entendaient que le bas-breton. Le prône se faisait en breton dans les églises. On y chantait des cantiques bretons. Il arrivait quelquefois qu'un paysan sût le français et refusât de le parler; le plus souvent, l'ignorance était réelle, et il en résultait entre les bourgeois et les paysans une différence accrue encore par la différence du costume. On aurait dit deux peuples vivant côte-à-côte sur le même sol, sans se mêler. Un candidat qui ne savait pas le breton était comme un français qui serait allé soutenir une candidature en Angleterre, sans savoir un mot d'anglais. J'avais parlé en français à ma conférence et pour cause. Les bourgeois et les citadins qui encombraient la salle m'avaient compris. Il est probable que les paysans n'avaient entendu que du bruit. Ils étaient les plus enthousiastes. Le geste et l'intonation les avaient séduits.

J'allais donc de groupe en groupe sur cette place où je jouais une si grosse partie. Personne ne semblait me voir, quoiqu'en réalité, je fusse examiné, expliqué et jugé comme par des Peaux-Rouges. Je n'étais pas aussi ignorant qu'on le croyait.

J'attrapais un mot à la volée. Voici une conversation qui m'est restée dans l'esprit, parce qu'elle était caractéristique.

Trois électeurs causaient ensemble, et personne ne les interrompait, quoique tout le monde eût les yeux fixés sur eux. Vous les eussiez pris pour trois mendiants, à leurs chapeaux usés, à leurs vestes et à leurs pantalons de toile écrue, sales et déchirés. L'un d'eux avait un pantalon en lambeaux à travers lequel passaient ses genoux. Vous leur auriez volontiers donné deux sous, et, il est probable qu'ils les eussent pris. C'étaient des électeurs à 200 francs.

— Votons pour lui ? dit l'un d'eux.

— Moi ! répondit l'autre, jamais de la vie. Il a dit lui-même qu'il ne possède rien.

Je compris que j'avais fait une boulette. J'avais parlé à des déguenillés, mais à des déguenillés riches.

Nous avions commencé nos courses le lendemain, après avoir pris à la hâte une tasse de café au lait, et nous avions visité, entre Lannion et Tréguier, deux électeurs. Ce n'étaient pas de nos amis, mais la règle était, de temps immémorial, de visiter tous les électeurs, amis et ennemis. On était partout reçu avec la plus grande politesse. Qui que vous soyez, dès que vous avez mis le pied chez un Breton, tout ce qui est dans la maison est à vous. On sert du cidre, du pain, du beurre, des crêpes, s'il y en a, des sardines dans la saison. Quelquefois on n'offre que du cidre, mais, pour cela, personne ne s'en dispense, et le visiteur aussi ne se dispense pas de boire. On s'asseoit devant la table. On choque les verres. On se souhaite réciproquement bonne santé et bon appétit.

En étant encore à mes débuts dans le métier, ce n'est pas sans embarras que j'étais entré chez deux hommes qui travaillaient très ardemment contre moi. Leur accueil fut d'une extrême politesse. On s'empressa d'approcher des chaises. On remplit des pichets de cidre. *D'hou iched, Eutru.* « A votre santé, Monsieur. » Il fallait trinquer, il fallait boire. J'avais été prévenu qu'on ne pouvait refuser sans faire une injure mortelle à ses hôtes.

Ils savaient très bien le français ; mais ils affectaient de ne le point parler. Depasse et Savidan servaient de truchemans. Quoiqu'ils sûssent à merveille qu'on avait compris toutes mes paroles, ils les traduisaient avec un sérieux imperturbable. Je me levai après quelques propos insignifiants sur la beauté du pays, sur le mauvais temps qu'il faisait. C'était un grand soulagement pour tout le monde. « Encore un verre de cidre ». J'aurais bien voulu refuser; mais je lisais dans les yeux de mes amis qu'il fallait s'exécuter. Quand nous nous assîmes vers midi pour dîner chez un électeur français (parlant français), j'avais dans l'estomac une tasse de café au lait et pour le moins deux bouteilles de cidre.

Mes amis étaient contents de moi; ce que je disais dans ces visites importait peu, mais il fallait boire pour établir ma réputation de Breton. Depasse disait avec raison qu'il fallait réserver mes talents diplomatiques pour les douteux, pour ceux qui hésitaient encore et pouvaient être perdus ou gagnés. Ces conquêtes partielles étaient de haute importance, dans un collège où nous savions d'avance que la différence entre mes adversaires et nous serait de huit ou dix voix tout au plus. En réalité elle ne fut que de trois voix. Mes amis me firent mon itinéraire, et se partagèrent la corvée de m'accompagner pendant les quinze jours que cette course allait durer. Savidan eut Tréguier, Depasse Saint-Michel-en-Grève, chacun avait son canton. Je partis le lendemain avec Savidan. Pauvre Savidan! je l'ai perdu. Il était juge de paix de Lannion depuis plus de trente ans. C'était bien le meilleur ami, le caractère le plus ferme et le plus courageux. Nous étions jeunes en 1845, et nous envisagions, sans frémir, la perspective de courir à cheval le long des côtes du matin au soir pendant tout le mois de décembre. Il n'y avait pas d'autre moyen de locomotion ; il fallait aller à pied, à cheval ou en charrette. Dieu vous préserve des affreux voyages en charrette ! Le cheval, même quand il n'est qu'une bique bretonne, est plus supportable. Il vous occupe ; il vous laisse la liberté et le plein air ; et puis, c'est un ami. Je dois avouer que les pauvres bêtes étaient quelquefois plus embarrassées que nous pour éviter une chute. Nous descendions alors et nous les tirions par la bride. Elles marchaient au pas sur la glace. Nous mîmes plus d'une fois en délibération la question de savoir si nous ne finirions pas la tournée en simples piétons. Savidan craignit l'effet de cette innovation. A tous les degrés du monde civilisé, la pauvreté, ou tout ce qui paraît annoncer la pauvreté, est comme une sorte de vice. Quelle absurdité ! Nous avons donc chevauché jusqu'au bout, Savidan et moi. Quand l'un de nous tombait, son camarade le ramassait de son mieux. Une jambe cassée au beau milieu de la lande, ou même une simple entorse, nous aurait mis dans un bel embarras ! Nous étions bien choyés en arrivant au terme de notre course, même quand nous étions reçus par un ennemi politique. On nous faisait boire du bon cidre chaud. Nous mangions du bœuf bouilli, et les légumes cuits dans le bouillon avec le bœuf. Quelquefois on nous faisait des crêpes. La plupart du temps il fallait parler breton. J'écorchais quelques mots avec une prononciation barbare : on s'efforçait, par politesse, de ne pas sourire. Et puis, quand on était chez un dissident, il y avait un mauvais quart d'heure à passer. On ne parlait que de religion ; c'était dans ce coin du monde, la grosse affaire ou plutôt la seule affaire.

On me disait d'un air renfrogné : « Moi, je suis pour la religion ». Je n'avais jamais écrit ni parlé contre la religion ; j'étais d'ailleurs religieux, quoique indépendant ; plus religieux à coup sûr que le général Thiard et M. Bernard ; plus religieux que les autres députés du département, Glais-Bizoin, Le Gorrec, à qui l'on ne reprochait jamais d'être des impies. Nous fûmes assez longtemps à découvrir qu'on ne voulait pas d'un professeur de philosophie. C'était à peu près le seul grief, mais il était gros. Le clergé se mit en campagne, et je dois dire que ce fut un rude adversaire. Le préfet et le sous-préfet n'eurent plus qu'à se croiser les bras et à laisser faire les curés.

On sait avec quel soin les sages de tous les partis s'attachent à écarter le clergé de nos luttes politiques. En devenant un parti, il fait courir à la religion toutes les chances auxquelles les partis sont assujettis. Il s'expose certainement à déchoir. Il donne à ses ennemis l'occasion de traiter la religion sans ménagement, de la discuter, de l'attaquer, de la calomnier. Outre cette raison, qui est très sérieuse, on peut dire que le clergé, une fois déchaîné, est trop puissant. Aucune association ne peut rivaliser avec lui, ni pour le nombre, ni pour la forte organisation hiérarchique, ni pour les moyens d'action. Il a des représentants dans toutes les paroisses. Il met en mouvement non seulement ses membres, mais ses affiliés, le conseil de paroisse, le bas-chœur, certaines communautés. Il a, à peu près, seul la parole. Il a l'administration des sacrements ; il prêche et il confesse. Le plus souvent, sous Louis-Philippe, il était, secrètement ou ostensiblement, adversaire du candidat gouvernemental. Cette situation le diminuait un peu, parce qu'il ne pouvait, pour ainsi dire, agir qu'en contrebande. Mais dans l'élection que je raconte, il se trouvait d'accord avec le gouvernement pour me repousser. Le gouvernement savait à quoi s'en tenir sur ma philosophie, qui ne lui inspirait aucune terreur. Il me combattait comme ami de M. Thiers, le clergé me combattait comme ami de M. Cousin, et voyez la mauvaise chance, M. Thiers et M. Cousin me combattaient aussi de leur côté. J'avais tout le monde contre moi.

Je comprenais que le gouvernement me combattît. J'étais fort irrité des attaques qui me venaient de M. Cousin et de M. Thiers, et je ne comprenais pas la violence du clergé.

Il faut savoir qu'au moment où l'on me présentait dans un coin de la Bretagne comme un ennemi de toute religion et presque comme un ennemi de Dieu, j'avais la chance de passer parmi les philosophes pour une sorte de catholique égaré parmi les libres-penseurs. J'étais libre-penseur en théorie ; mais en pratique, c'est-à-dire en métaphysique, j'étais d'accord avec l'Eglise. Je me trouvais donc attaqué de tous les côtés. On ne se contentait pas, dans l'arrondissement de Lannion, de m'accuser d'impiété d'une façon générale ; on disait en quoi j'étais panthéiste. Je ne l'étais pas, et on me reprochait durement à Paris de ne pas l'être, mais à Lannion, on voulait que je le fusse ; et on prouvait que je l'étais par ce raisonnement *in baroco* : Vous êtes élève de M. Cousin. Or, M. Cousin est panthéiste. Donc, etc.

On m'avait aussi cherché une autre querelle et qui intriguait un peu mes amis. On avait dit que je me présentais sous un nom qui n'était pas le mien ; que ma profession de foi était signée Jules Simon, tandis que je m'appelais en réalité Jules Suisse.

— Qu'est-ce que cela signifie, disaient mes amis ? Nous n'avons jamais connu que Jules Simon et la famille Simon.

J'étais tout ébaubi de ce nom qui éclatait tout à coup d'un bout à l'autre de la presqu'île, tandis qu'à Uzel, où mon père et ma mère demeuraient, on n'en avait jamais entendu parler. Je leur disais en riant que je n'avais pas pris ce nom-là par fantaisie aristocratique. Mon père s'appelait Simon-Suisse, et on ne l'appelait jamais que Simon. Moi-même je ne me connaissais pas d'autre nom, jusqu'au moment où j'eus besoin de produire mon acte de naissance pour passer mon examen de baccalauréat. Je fus inscrit à l'Ecole normale sous le nom de Simon-

Suisse; c'est sous ce nom, naturellement, que je subis mes examens et que je concourus pour l'agrégation. Ma thèse, pour le doctorat, qui forme un volume in-8, assez compact, est signée Jules Simon-Suisse. Je crois que, malgré cela, j'aurais eu assez de peine à déshabituer mes professeurs et mes camades de m'appeler Jules Simon. Quand M. Cousin me choisit pour suppléant, je dus rédiger la ligne qui me concernait dans l'affiche de la Faculté ; j'écrivis, au-dessus de l'indication de mon sujet, mon nom tel que j'avais coutume de l'écrire dans les occasions solennelles ; mais M. Cousin effaça le Suisse.

— Vous vous appellerez Jules Simon à la Sorbonne, comme vous vous appelez Jules Simon pour nous tous, me dit-il. C'est un nom dont on peut faire quelque chose; mais il serait difficile de rendre votre Simon-Suisse célèbre.

Je lui laisse la responsabilité de cette opinion. Le Suisse disparut ainsi de l'affiche, et, en quelque sorte, de ma vie. Il aurait étonné beaucoup de monde s'il était resté; il n'étonna personne en disparaissant. « Et voilà, dis-je à mes amis, tout ce que vous saurez jamais de ma généalogie, et de l'histoire de ma race ».

Au fond, ceux qui m'écoutaient n'attachaient aucune importance à cette historiette. Nous sommes accoutumés en Bretagne à prendre des libertés avec les noms propres. On prend le nom de sa maison, celui d'une ferme, un sobriquet, qui se perpétue de père en fils. Mais avez-vous remarqué comme il arrive à la chose la plus simple de paraître tout à coup importante quand elle est mise en scène d'une certaine façon ? Le bruit qu'on avait fait le dimanche avec mes deux noms avait fortement impressionné les paysans. J'en eus la preuve dès le second jour de ma tournée.

Nous entrâmes chez un des grands chefs du parti légitimiste, un paysan fidèle aux habitudes et à la langue du pays, mais très riche, et qui avait fait des études complètes au petit-séminaire de Tréguier. Quand je n'aurais pas connu ces détails je les aurais devinés en voyant sur la table plusieurs exemplaires du dernier pamphlet de mon concurrent : *Feu! feu!* par M. de Cormenin. Depasse lui dit en entrant :

— Voilà M. Simon que je vous présente.

— C'est M. Simon qui est là, dit l'autre. Il a donc deux noms ?

Cette plaisanterie fut suivie d'une sorte de gloussement, destiné, je pense, à en faire ressortir la délicatesse. Depasse le prit de très haut, et les autres aussi. Le paysan répondit en bas-breton, et la conversation continua dans cette langue. J'avais gardé le plus profond silence ; et comme ce n'est jamais pour rien qu'on est philosophe, je réfléchissais à la sottise humaine qui perd son temps à s'époumoner sur des inepties, quand il y a devant nos yeux les questions les plus sérieuses. Enfin, on en vint aux politesses d'usage, et, peut-être pour atténuer le mauvais accueil du commencement, notre hôte fit mettre sur la table un plateau contenant des crêpes du pays et plusieurs paniers où il y avait des fruits. Il voulut me servir le premier, et m'offrit poliment du cidre. Mais je retournai mon verre, en le posant sur la table, et me levai tout droit; ce fût comme un coup de théâtre. L'hôte pâlit, je vis ses mains trembler, ses lèvres s'agitèrent comme s'il voulait parler, mais il ne prononça aucun son. Mes amis, un peu effarés, à ce qu'il me parût, sortirent en silence, après avoir salué, comme je le fis d'ailleurs moi-même. Nous partîmes au bon trot, laissant notre homme tout ébahi sur sa porte. Il y eut parmi nous des discussions à perte de vue, les uns me blâmant, les autres m'approuvant. Finalement on s'accorda à trouver que j'avais bien fait. Pour moi, je n'avais pas hésité une minute. J'avais le parti-pris de ne pas entrer en discussion et en pourparlers à propos d'une chose aussi simple dont on avait la vilenie de faire une arme de guerre. L'événement prouva que j'avais eu raison ; quand on sut comment j'avais reçu cette première agression, personne n'osa recommencer, et il n'en fut plus question dans le reste de mes visites. On se rejeta sur le panthéisme. qui lui-même ne rendait pas tous les services qu'on en avait attendus. Ce grand mot produisait plus d'étonnement que de colère : « Mais enfin qu'est-ce que c'est ? » disaient les paysans, et la plupart de ceux qu'ils interrogeaient, pour ne pas dire tous, étaient incapables de répondre.

Que pouvait faire, en effet, le panthéisme à des cultivateurs bas-bretons, dont beaucoup ne savaient pas lire couramment et qui n'avaient que deux ou trois idées dans la tête ? Ils ne savaient évidemment pas ce que c'était ; et il est probable que la plupart des curés, qui allaient partout répétant le mot, ne le savaient pas davantage. Ces questions de création, de nature naturante et de nature naturée, d'émanation et d'aspiration sont au nombre des plus abstruses de la métaphysique. On peut avoir toutes les vertus sacerdotales et même des connaissances étendues en théologie sans comprendre à fond les doctrines de Plotin et de Spinoza. Rien n'est plus terrible qu'une accusation dont l'accusateur, l'accusé et le juge ne connaissent pas le sens. Celui qui accuse, celui qui juge, se passent de la comprendre ; celui qui est accusé ne sait comment, ni sur quoi répondre.

Je ne répondis que par une négation. Répondre par une discussion aurait été le comble du ridicule. On joignait à l'accusation principale de panthéisme de menus agréments. On prétendit, par exemple, que je n'étais pas marié avec ma femme. On répandit aussi le bruit qu'elle n'était pas chrétienne, quoiqu'elle eût pour confesseur avant son mariage monseigneur l'évêque de Rennes en personne.

Je disais à mes amis :

— Je ne suis pas panthéiste.

— Eh ! quand vous le seriez !

Ils me disaient :

— C'est une phrase de Cousin qu'on vous impute.

— Elle est de Cousin, elle n'est pas de moi.

— Ils disent que c'est la même chose, parce que vous êtes son suppléant.

— Lui-même n'est pas panthéiste.

— Eh ! quand il le serait !

J'admirais cette élection politique, qui roulait sur la longueur de mon nom et sur une phrase équivoque, prise dans un livre qui n'était pas de moi. Cependant, mes affaires allaient de mieux en mieux, et nous commencions à croire au succès, quand on nous fit une troisième surprise, plus inattendue encore que les deux autres.

Le bruit se répandit à la fois dans toutes les communes, deux jours avant le vote, que je n'étais pas Breton.

Je dirai, en passant, que je n'ai jamais vu les nouvelles se répandre avec autant de rapidité que dans ce coin de terre isolé, où il n'y avait ni routes carrossables, ni sentiers, ni courriers, ni messagers, où l'usage du télégraphe était inconnu, où les bourgeois qui ne demeuraient pas dans les villes, habitaient comme des ermites de vieilles maisons isolées, où chacun se suffisait à soi-même, n'achetant rien, ne vendant rien, vivant de ses produits, et ne sortant de sa tanière que pour aller le dimanche entendre la messe. Si un mot se prononçait à Tréguier, il était connu à Lannion une heure après. On prenait le samedi soir la résolution de tenir une assemblée le lendemain à huit heures du matin. La foule était là avant le jour, quelques-uns ayant fait huit ou dix lieues pendant la nuit. Ces mêmes populations, si bien averties de ce qui se passait chez elles, ignoraient les plus grands événements qui se passaient en France. Leur horizon commençait et finissait avec la presqu'île.

C'est dans un dîner qui me fut donné chez Le Bihan, notaire à Plestin, qu'on m'apprit, pour la première fois, que ma nationalité était contestée. Cela nous fit beaucoup rire. Le dîner, commencé à midi, se termina suivant l'usage à quatre heures. Tout le long de la route jusqu'à Lannion, nous trouvions des gens venus de fort loin, qui nous attendaient le long des haies pour nous demander si vraiment j'étais un Français. « Breton, mes amis, disais-je ; Breton jusqu'à la moelle des os ». Je ne tardai pas pourtant à être effrayé de l'effroi que ce singulier racontar avait produit. Il était clair qu'on ne parlait pas d'autre chose dans toutes les maisons, et qu'on ne se faisait pas d'autre question quand on se rencontrait. Pourtant je suis né à Lorient, dans la rue du Port, j'ai fait mes études au collège de Vannes jusqu'à la philosophie inclusivement ; j'ai été étudiant en droit à Rennes, j'avais ma famille à Uzel, qui est dans les Côtes-du-Nord. C'était se moquer du sens commun que de répandre une pareille bourde et d'en espérer quelque profit. Le bruit redoubla le samedi. Quelques personnes me conseillèrent de faire une petite affiche pour rappeler que j'étais Breton, et de la faire coller partout, au coin des rues, dans les villages et jusque sur les arbres des chemins, où on la verrait le dimanche en venant voter. Ce n'était pas chose facile, car il aurait fallu courir jusqu'à Guingamp, ou même jusqu'à Saint-Brieuc, pour trouver un imprimeur. Obligés de nous résigner à des affiches manuscrites, nous mîmes en réquisition toutes les dames de bonne volonté. Madame Robert, la femme du principal, y passa plusieurs heures.

— Je ne suis pas sûre à présent, me dit-elle en me remettant son paquet, de faire mes pâques l'année prochaine.

Enfin arriva le jour du vote. Nous sûmes de bonne heure que les deux cent soixante-trois étaient à Lannion. Il n'en manquait pas un. Il faisait un vent dont on n'a aucune idée au-delà des côtes de l'Océan. Il fallait être fort et courageux pour se hasarder sur la place. Les chapeaux volaient en l'air comme des plumes, ou roulaient sur le pavé comme des toupies, au milieu du nuage de sable dont on était aveuglé. Nous étions tous là à l'issue des offices, quoique l'on ne dût guère voter avant deux heures.

C'était l'usage, dans ce temps là, de faire de longues discussions sur la place, qui, naturellement, ne servaient à rien, et de voter ensuite à la queue-leu-leu, comme si le scrutin avait dû être fermé à deux heures et demie, à la sonnerie des vêpres. Chaque chef de parti était entouré de sa cour. Les nobles escortaient l'abbé de Kéroal, qui apparaissait dans toute sa gloire. Ma bande était menée par

Depasse. C'était un grand garçon, maigre, actif, impérieux. Il avait l'œil à tout et tenait les douteux en laisse avec le concours de Turquet et de Savidan, qui étaient des amis incomparables. M. Cousin avait fait partir de Paris, huit jours avant le scrutin, un homme de sa droite, devenu avec le temps mon très cher ami — je peux bien le nommer : c'est Barthélemy Saint-Hilaire, — et qui vint tout uniment recommander aux électeurs M. de Cormenin. Les Bretons ne sont pas aussi faciles à mener qu'on l'imaginait à Paris. L'ambassadeur obtint pour son candidat, qui pourtant était illustre, quatre voix, pas davantage. Mais les quatre voix furent prises sur les miennes, et je fus battu à trois voix de majorité par Tassel, un notaire de campagne sans prétentions oratoires, qui se bornait à dire aux électeurs : « Je pense tout ce que Simon vous a dit, mais je suis du pays ». Il fut élu, et il se trouva que je lui avais servi de porte-parole. Son frère, le docteur Tassel, était dès le commencement un de mes partisans les plus décidés, et il me fut fidèle jusqu'au dernier jour, jusqu'à la dernière heure. Il disait sur la place au candidat :

— Que veux-tu dire avec ces mots : Je suis du pays ?

— Rien que ce que je dis, répondait l'autre ; que je suis né à Lannion et que j'y demeure.

Je crois bien qu'il n'y entendait pas malice, mais ceux à qui il parlait comprenaient que je n'étais pas Breton, ce qui était pour moi un coup de massue.

J'étais là, mais je ne pouvais plus me tenir debout. Je m'étais assis sur les marches de la maison de Savidan, qui donnait sur la place du prétoire. Mes lieutenants venaient tour à tour me rendre compte de ce qui se passait. Depasse ne faisait qu'entrer dans la salle, en ressortir pour venir à moi, puis il y retournait de nouveau pour relancer ses douteux. Il devait être aussi fatigué que moi, ce qui n'est pas peu dire. Le prétoire où on votait, et qui depuis a été démoli, était une vieille baraque croulante et déjetée, où on accédait par un escalier en pierre à double rampe, couvert par un toit d'ardoises, dont quelques-unes se détachaient de temps en temps sous l'action du vent et tombaient sur la tête des électeurs : des têtes de paysans bretons et d'habitants des côtes, sur lesquelles les vieilles ardoises se brisaient. Je voyais depuis quelque temps Kéroal, debout à l'intersection des deux rampes, parlant à tous les électeurs qui entraient, et leur remettant un papier.

« Il faut savoir ce qu'il fait là » dit Depasse. Il se faufila dans la procession et revint dix minutes après, avec le papier.

— Voici, me dit-il, ce qui se passe. Il dit à chaque paysan : Pour qui votes-tu ? S'il répond : Pour Tassel, il reçoit une chaude poignée de main et se dirige vers le bureau. S'il répond : je ne sais pas. Tu votes pour Simon; eh bien, c'est un menteur. Je parie qu'il t'a dit qu'il était Breton ?

— Oui, dame ! il me l'a dit, répond l'autre

avec chaleur. — Et moi, j'ai la preuve qu'il ne l'est pas. Tiens ! Et il lui remet ce papier qui nous tue, mon cher ami, ajouta-t-il avec tristesse.

Je jetai les yeux sur le papier. Il ne contenait que ces deux lignes autographiées : « Mon cher ami, je n'ai aucune difficulté ni aucune objection à vous dire de quel pays est Jules Simon. Il est né à Lorient, rue du Port, n° 13, le 31 décembre 1814.—*Frélaut* ». C'était l'exacte vérité. Je n'avais pas un mot à répondre.

Frélaut m'écrivit à Paris, le mois suivant : « j'espère que tu es consolé, me disait-il. Tu as fait, de l'aveu de tous, une campagne superbe. Ta défaite est très honorable. Je persiste à croire qu'il est heureux pour toi d'avoir été battu. » Notre correspondance et notre amitié avaient recommencé de plus belle; mais nous n'avons jamais reparlé de « ma campagne de Lannion ». Nous le perdîmes deux ans après. Il s'était jeté à l'eau pour sauver une famille, dont la barque avait chaviré. Il la sauva; mais il y gagna une fluxion de poitrine qui l'emporta en quelques jours.

Je fus donc battu à Lannion, à cause de Cousin et de l'abbé de Kéroal, qui eut le tort de me croire panthéiste, quoique je ne le fusse pas, et la faiblesse de penser que je convertirais les députés au panthéisme, ce qui, je l'avoue, aurait mis le désordre dans nos finances.

Cet abbé de Kéroal passait, à juste titre, pour un homme de bien, et pour un esprit très élevé ; il était chanoine à St-Brieuc, quand la guerre de 1870 éclata. Il écrivit une lettre, où il se plaignait de ne pouvoir porter les armes, et demandait pour lui et pour les autres membres du clergé, le moyen de prendre part à la peine et au péril. On le nomma aumônier en chef du camp de Conlie. Il déploya une charité et un courage vraiment admirables. Il gagna dans les hôpitaux la maladie dont il mourut. Il est mort au champ d'honneur.

Voilà l'histoire de ma candidature sous le régime des élections censitaires. Il semble que l'argent et le cens, par conséquent, n'y jouaient pas même « un faible rôle ». Il se montra cependant. J'avais plusieurs concurrents ; un d'entre eux, qui d'ailleurs ne fut pas élu, avait imaginé un moyen assez peu délicat de pousser sa candidature. Il s'était renseigné sur la situation des principaux électeurs. Quelques-uns étaient chargés de dettes. Il fut les voir, à titre officieux, disait-il, et tout simplement pour rendre service à des compatriotes, et pour éviter à la place de Lannion et à celles de Guingamp et de Saint-Brieuc une secousse qui serait fatale à tout le département. Il faisait d'ailleurs une affaire. Il avait de bonnes sûretés ; il prenait l'intérêt légal. Le service qu'il rendait n'était pas une fraude ; il y avait seulement concomitance entre l'élection et le contrat. Je ne sais ce qu'en aurait pensé la Commission de la Chambre. Ce qu'il y a de plus vraisemblable, c'est qu'elle n'aurait pas été saisie de ce détail. Je le mentionne seulement pour qu'on voie bien que l'argent était mêlé à toutes les fonctions politiques. On l'avouait ouvertement. On disait :

« La politique est la garantie des intérêts. » On disait aussi, avec plus de cynisme : « Ceux qui n'ont pas su gérer leur fortune, ne sont pas capables de gérer celle des autres. » Il y a bien des hommes de talent et même de génie, qui n'ont aucune espèce de fortune à gérer. Pauvres ils sont venus, pauvres ils s'en vont. Leur génie n'enrichit que les autres.

Je revins de Bretagne plus partisan que jamais de l'adjonction des capacités. Je ne m'en tenais pas là. Je fis des articles de revue en faveur du suffrage universel; ce qui me donna un mauvais renom dans le monde officiel de l'Université. Je dois dire cependant que je ne demandais pas le suffrage universel direct; je voulais le suffrage à deux degrés avec des conditions de résidence pour l'électorat.

Nous étions naturellement remplis d'illusions. Une des plus invétérées, qui touchait encore au rôle de l'argent, consistait à croire que les dépenses électorales seraient à peu près nulles avec le suffrage universel. Nous disions : Il y aura un parti ; il aura une caisse ; on fera quelques conférences ; on apposera des affiches. Rien de tout cela n'est dispendieux. Il fallut en rabattre en 1848. Et pourtant, en 1848, on était dans l'enfance de l'art. On ne savait pas encore la manière de s'en servir. On cita dans le département, comme des prodigues, des candidats qui avaient dépensé 3.000 francs, 4.000 francs. On a vu depuis des comptes électoraux, dans le même département des Côtes-du-Nord, qui se soldèrent par 100.000 francs.

LE ROI LOUIS-PHILIPPE

LA GARDE NATIONALE

Le Roi Louis-Philippe - La Garde Nationale

Je n'avais que trente-trois ans à la Révolution de Février 1848. J'étais suppléant de M. Cousin à la Sorbonne, ce que je considérais avec raison comme un poste très honorable ; mais il ne me donnait pas mes entrées à la Cour. Il est pourtant vrai que j'ai un peu connu S. M. le roi Louis-Philippe, et que j'ai eu une longue conversation avec lui, onze ans auparavant.

On a beau être républicain et égalitaire ; on ne peut converser avec un roi sans s'intéresser à lui, comme à un phénomène très rare, et par conséquent, infiniment curieux. Les rois ne peuvent guère vous laisser indifférents ; il faut qu'ils vous charment ou qu'ils vous irritent. Je dis tout de suite que Louis-Philippe ne me convertit pas (il n'y songeait guère), mais qu'il me charma. J'ai rarement entendu une conversation aussi simple, aussi bienveillante, aussi agréablement et efficacement instructive. Je crois pouvoir ajouter que, de mon côté, je ne lui avais pas déplu, car il me dit en me congédiant : « Venez voir mes enfants ; nous avons de petites réunions du lundi, auxquelles on sera bien aise de vous voir ». Etait-ce bien le lundi ? C'est un point d'histoire sur lequel je pourrais bien me tromper, au bout de cinquante ans. Je ne vous dirai pas toutes les raisons qui me firent rester dans mon coin. Il y en a qui me font rire aujourd'hui. C'était l'époque où je vivais des 80 francs par mois que Cousin me donnait pour le suppléer.

Le roi n'était ni élégant, ni majestueux. Vous pouvez voir son portrait à Versailles, dans un tableau qui représente la bataille de Valmy. C'est un portrait ravissant ; mais la vieillesse, qui embellit les uns, déforme et alourdit un peu les autres. Il changeait, pour ainsi dire, d'aspect, à mesure qu'il parlait, et j'étais prêt de le trouver beau quand il me quitta. Il me parla surtout de littérature et de beaux-arts. Je trouvais toutes ses idées fausses, mais j'éprouvais un grand plaisir à reconnaître dans l'histoire de sa vie la cause de toutes ses erreurs. Il me parut sincèrement libéral, ce qui était méritoire pour un grand prince élevé sous le règne de Louis XVI. Il restait fidèle aux doctrines de 1789, qui avaient charmé sa jeunesse ; mais son libéralisme était côtoyé par le souvenir de 93. Il était l'homme du monde à qui il devait être le plus difficile d'oublier cette date fatale. Il avait, au plus haut point, ce que je pourrais appeler la terreur de la Terreur. Et la Terreur avait soin de se rappeler à lui très fréquemment. Ses dix-huit années de règne furent dix-huit années de combat. Il marchait entouré d'assassins.

Il faut vous dire, car vous ne le devineriez jamais, comment le roi passa plus d'une heure appuyé sur mon bras en causant avec moi, et en parlant presque seul sans discontinuer. Il montrait le musée de Versailles, ouvert depuis quelques jours, au collège de Versailles. Nous étions réunis dans la grande galerie que nous remplissions presque tout entière. Je vous laisse à penser les cris de : « Vive le Roi ! » qui éclatèrent, quand le roi entra dans la salle. Il ne dit que quelques mots, car il réservait son discours pour le moment où nous serions dans la salle du théâtre. Après avoir traversé rapidement les galeries, il jeta les yeux sur ces jeunes figures, et, choisissant un élève de bonne mine (c'était moi), il le prit par le bras en disant : « Vous serez mon bâton de vieillesse. » Ce n'est qu'après une demi-heure de marche que quelques-unes de mes réponses l'étonnèrent. Il s'arrêta en me regardant :

— Qui êtes-vous donc, me dit-il ?

— Sire, lui dis-je, fort troublé, j'ai peur d'avoir usurpé la place d'un de mes élèves ; je suis le professeur de philosophie.

Il sourit.

— Et à quel âge ?

— A vingt-deux ans.

— Non, non, restez, dit-il.

Et il me demanda mon nom, et quelques détails sur ma situation ; après quoi il reprit sa conversation sur ses tableaux. Il était plein d'anecdotes sur les scènes de la Révolution, qui, contées par lui, avaient un attrait extraordinaire.

Il me montra, en passant, le portrait de Descartes : « Voilà, dit-il, votre patron. C'est le portrait dont il fit lui-même cadeau au père Mersenne ». J'aurais pu rectifier le roi et lui servir une anecdote de ma façon ; mais je fus assez diplomate pour ne pas le faire. Un grand personnage, (je ne sais si ce n'était pas le duc de Luynes), avait envoyé à Cousin, pour qu'il s'en fît honneur en le remettant au roi, le portrait authentique de Descartes, donné au père Mersenne par Descartes lui-même. Mention du don était faite en caractères rouges sur le verso du portrait. Cousin ne manqua pas de le porter aux Tuileries, comptant être reçu à bras ouverts. Mais la place de Descartes était déjà marquée. Le cadre, j'allais dire le siège, était fait ; le portrait authentique avait quelques centimètres de trop ; le roi en fit faire une copie qui eût la taille réglementaire. Je regrette de ne pas savoir ce qui arriva par la suite. Qu'est devenu le tableau de Mersenne ? A-t-on trouvé le moyen de le replacer dans la galerie ? Je répète mon histoire comme Cousin me l'avait dite en grande indignation quelques jours auparavant.

Cousin aurait été un homme très véridique s'il avait eu moins de feu dans l'imagination. Il était véridique en principe, car il croyait tout ce qu'il disait.

J'ai toujours admiré la liberté d'esprit des courtisans de ce temps-là, quand ils parlaient de leur roi. Un jour que nous passions sous les fenêtres des Tuileries, Cousin me parlait de l'avarice de Louis-Philippe. (Il était plaisant dans son rôle). « Si on lançait une pièce de dix sous dans la rivière, disait-il, il se jetterait à l'eau pour la rattraper ». La première fois que je vis Thiers, il me parla de la Révolution. « Je lui suis fidèle, me dit-il. Elle ne m'a pas donné un trône, je n'ai pas le droit de la trahir ». C'était plus sérieux que la pièce de dix sous qui n'était qu'une bouffonnerie. Les sentiments de Cousin à l'égard du roi étaient tout autres que ceux de son grand ami de la place Saint-Georges. Il pouvait se moquer, parce qu'il avait des démangeaisons de se moquer du monde entier ; mais il aimait et admirait. Il me disait : « Le roi sera dans la postérité le premier homme de son règne ». Et encore : « C'est notre maître ». Il me dit aussi : « Louis-Philippe pour roi, Talleyrand pour ambassadeur ». Il aurait bien ajouté : « Et Cousin pour ministre de l'instruction publique ». Je ne sais pas pourquoi il ne le fit pas. Il ne m'aura pas cru, ce jour-là, digne de ses confidences.

Sur la fin du ministère du 1ᵉʳ mars, l'alliance anglaise fut en grand péril. Le roi oublia ses frayeurs, ou plutôt il les dompta jusqu'à entonner la *Marseillaise*. Cousin, qui était ministre et qui tenait à l'être, qui, de plus, était l'ami intime et le fervent admirateur du premier ministre, trouva dans sa loyauté et son patriotisme le courage de dire au roi : « Sire, renvoyez-nous ! » Le roi ne demandait que cela. A partir de ce moment, il se donna de plus en plus à la réaction, qui causa sa perte. La faute de ce grand politique, de ce libéral, de ce patriote, fut de voir monter de plus en plus le flot de la révolution sanguinaire et de le croire irrésistible, tandis qu'autour de lui tous les libéraux se croyaient sûrs de l'endiguer quand ils voudraient. La postérité dira peut-être que le roi a été trop effrayé, et que ses adversaires ont été trop rassurés.

J'ai bien envie, avant de poursuivre mes souvenirs électoraux, de vous en conter d'autres tout différents.

Il n'y a guère que les généraux et les maréchaux qui se donnent les airs de publier leurs mémoires. Mais depuis que j'ai vu le grand succès du capitaine Coignet, je me dis que les petits hommes sont quelquefois mêlés aux grandes choses, et que le sergent Boichot et le sergent Ruthier ont été, à un jour donné, les premiers hommes de l'armée française.

J'ai donc résolu de publier les « Mémoires d'un soldat ».

Un soldat, c'est beaucoup moins qu'un capitaine et même qu'un sergent. Mais il s'agit d'un soldat de la garde nationale, c'est-à-dire du corps le plus élevé en dignité et en mérite. Rassurez-vous, d'ailleurs, je ne vous apporte pas un ouvrage en deux volumes. Les *Mémoires d'un soldat* tiendront en un seul chapitre. Et à présent que vous êtes tranquillisés sur ce point capital, je puis bien vous avouer que ces mémoires sont mes mémoires et que ce soldat, c'est moi !

La garde nationale est maintenant si profondément oubliée qu'on ne sait plus rien, dans cette génération frivole, de son organisation, de son équipement, de son personnel et de ses services. On la juge sur quelques plaisanteries de Gavarni et de mon camarade Cham. On croit que les gardes nationaux avaient généralement le pantalon trop court, l'habit trop étroit, le ventre trop gros et le shako trop rejeté en arrière ; qu'ils partaient pour faire leurs vingt-quatre heures après avoir baigné de larmes leurs femmes et leurs rejetons, et que, si, par un hasard invraisemblable, ils étaient appelés à arrêter un ivrogne, ils se jetaient sous une porte cochère ou marchaient sur les talons de la troupe de ligne. Ce n'est pas là le garde national que j'ai vu. Sa tenue était peut-être un peu fantaisiste, ses alignements n'avaient pas de régularité et sa charge en douze temps s'exécutait à la diable. Mais il ne boudait pas quand il fallait prendre une barricade. Il entrait le premier dans les maisons prises d'assaut, et ce qu'on avait à lui reprocher, c'était plutôt de la férocité que de la timidité. Il ne faut pas parler de la timidité des gardes nationaux à ceux qui ont vu les scènes de la rue Transnonain et les journées de Juin.

J'étais encore étudiant quand eurent lieu les événements du cloître Saint-Merri et de la rue Transnonain. Je n'aimais pas beaucoup la politique qui avait triomphé dans ces mémorables journées ; mais mon admiration pour le soldat était sans borne, et je me disais : Si jamais je suis soldat, ce sera dans cette armée-là !

Je n'y manquai pas. Dès que j'eus quitté l'école et que je fus en âge de faire sentinelle à la porte d'une mairie, je m'enrôlai dans la garde nationale. J'en avais d'ailleurs reçu l'ordre, accompagné de quelques menaces d'amende et de prison en cas de désobéissance.

J'ai fait ma première campagne dans la garde nationale de Caen. Nous avions pour colonel un conseiller à la Cour royale, qui était sphérique. Il avait un mètre dans tous les sens. Il présidait debout la cour d'assises, à cause de l'impossibilité de s'asseoir, et il commandait à pied sa légion, à cause de l'impossibilité de se maintenir sur une selle. Ses ordres du jour passaient parmi les éleveurs de Caen pour des chefs-d'œuvre d'éloquence. C'est tout ce que je sais de particulier sur cette légion qui m'est restée chère parce que j'y ai appris le service.

Vous voudrez savoir de qui elle se composait. De tous les hommes valides, de 20 à 60 ans. La mairie vous envoyait une sommation pour comparaître devant le conseil de recensement, vous comparaissiez. On s'assurait que vous n'étiez ni bossu, ni aveugle, ni bancroche. On écoutait les raisons que vous faisiez valoir pour être dispensé. On n'y faisait pas attention, et quinze jours après vous receviez un 1er billet de garde.

Vous pouviez cependant obtenir un délai pour

vous équiper. La nation, dans sa munificence, vous donnait, ou plutôt vous prêtait un fusil ; vous vous procuriez le reste à vos frais. Le reste, c'est-à-dire un pantalon bleu, un habit d'uniforme, un col de crin, un shako avec plumet et des buffletteries blanches auxquelles étaient suspendus une giberne et un sabre. La giberne était vide ; le sabre n'était pas de bois. Pendant les vingt années que j'ai passées dans la garde nationale (les vingt plus belles années de ma vie), je n'ai jamais eu l'occasion ou la pensée de vérifier si mon sabre était de bois ou de fer ; mais j'affirme de confiance que ce n'était pas un sabre de bois. Dans certaines villes débonnaires, où l'on pensait que l'habit ne fait pas le garde national, la municipalité permettait de remplacer l'habit d'ordonnance par une blouse bleue à collet rouge.

Le billet de garde revenait à peu près quatre fois par an. On passait vingt-quatre heures au corps de garde, avec permission d'aller chez soi pour prendre son repas en famille. La nuit, on s'étendait sur le lit de camp. Le métier de la guerre n'est pas fait pour les Sybarites. On faisait ses deux heures de faction, et une patrouille la nuit, quand on était jeune. La patrouille arrêtait quelquefois un ivrogne ou un vagabond. Il était toujours relâché, tant nos sergents étaient débonnaires.

Sunt lacrymæ rerum et mentem mortalia tangunt.

Tel était le train-train ordinaire de la garde nationale de Caen. Mais si les légitimistes, d'un côté, ou les républicains, de l'autre, avaient tenté de pousser le peuple caennais à la révolte, le colonel et ses soldats n'auraient pas ménagé leur sang pour la défense de nos glorieuses institutions.

Quand mon capitaine nous lisait ce passage de l'ordre du jour, il avait de la peine à retenir ses larmes. Du reste, en échange des services que nous rendions à la société, on nous accordait de beaux privilèges, entre autres, celui d'élire nos officiers, jusqu'au grade de capitaine inclusivement. On comprend que les officiers supérieurs de qui dépendait la sécurité de l'Etat ne pouvaient être choisis que par le roi sous le régime monarchique.

Les colonels devinrent électifs après 1848. Le président de la République devant être élu, il était naturel de faire élire les chefs suprêmes de la garde nationale. Il était même question de faire élire les officiers par la troupe, dans l'armée de ligne, quand le 2 Décembre coupa court à ces innovations. La plupart des colonels de la garde nationale furent choisis, après les journées de Février, parmi les représentants du peuple. Ils portaient constamment leur uniforme, pour être prêts à défendre l'assemblée souveraine. C'était un beau spectacle que de voir siéger, avec leurs épaulettes à torsades d'argent, les Quinet, les Boulay de la Meurthe, les Clément Thomas, les Lacrosse. Guinard, qui commandait l'artillerie de Paris, avait l'air d'un troupier fini. A le voir sur son cheval de bataille, brandissant son sabre, et surtout, à l'entendre, vous auriez juré qu'il n'avait pas fait autre chose toute sa vie. On disait de Clément Thomas, avec admiration, qu'il avait été maréchal des logis dans les cuirassiers. C'est ce qui détermina le gouvernement à le nommer général en chef après la mésaventure de Courtois. Il garda son uniforme de colonel et acheta un énorme chapeau de général, avec ganse et plumes noires. Ce chapeau qu'il ne quittait jamais, nous inspirait de l'admiration, et jetait la terreur dans son armée.

Le plus étonnant de nos colonels était Quinet. Il était toujours correctement déguisé en militaire. Quelque bon génie présidait à sa toilette, car, livré à lui-même, il n'aurait pas manqué d'oublier son sabre ou ses épaulettes, ou de se coiffer d'un chapeau bourgeois pour couronner son uniforme. Lacrosse n'était que colonel de la garde nationale à Brest. On disait qu'il couchait en uniforme, et il faisait bien, car son uniforme le fit Ministre des Travaux Publics. C'est lui qui eût l'idée de pêcher les carpes de Fontainebleau, et de les offrir toutes vives au président, dans des baquets remplis d'eau, un jour de gala quasi-monarchique. Louis-Napoléon prit mal cette galanterie. Il savait, par des mémoires de famille, que le grand empereur s'amusait quelquefois, en descendant au jardin, à jeter du pain à ses carpes. Il se fâcha tout rouge, et ordonna au Ministre désappointé, de faire reporter ses carpes à Fontainebleau. « Vous m'en répondez, tête pour tête, monsieur le ministre ». Lacrosse en mourut, non comme homme, car il vécut assez pour devenir sénateur, mais comme Ministre.

Je n'avais passé qu'un an dans la garde nationale de Caen. La garde nationale de Versailles, où je demeurai ensuite, n'eut pas le temps de me happer. Enfin, après d'honorables services en province, je fus incorporé dans une des légions de Paris. Je regrette de ne pouvoir vous en dire le numéro, mais c'était la légion du quartier Saint-Sulpice, qui avait pour colonel Boulay de la Meurthe. J'étais voué aux colonels sphériques. Boulay de la Meurthe ressem-semblait à une boule colossale, et il avait pris l'habitude de rouler au lieu de marcher. Nous étions très fiers de lui, à cause de son illustration, mais il y avait des légions mieux partagées : la légion de cavalerie, par exemple. Elle avait pour colonel le comte de Montalivet en personne. Il avait été ministre, et il était intendant général de la liste civile, pair de France, grand'croix de la légion d'honneur. Ce grand cordon rouge flattait particulièrement nos cavaliers. Il faisait un très bel effet sur la veste blanche de M. de Montalivet. Quand il passait sa légion en revue, sur l'esplanade des Champs-Elysées, à la place où s'élève aujourd'hui le palais de l'Elysée, nous accourions pour le voir du fond du quartier latin. On disait avec révérence : c'est l'ami du Roi ! Nous n'en étions pas moins républicains au fond du cœur, mais telle est l'inconséquence de l'espèce humaine. Elle déteste le pouvoir, et elle l'adore.

On sait que le roi lui-même, le roi Louis-Philippe, ne portait pas d'autre uniforme que le nôtre. Il n'y ajoutait rien, qu'un chapeau à plumes blanches, et, peut-être, une couronne sur l'épaulette. Je n'ai pas eu l'occasion de vérifier ce dernier point. A le voir sous son chapeau, vous l'auriez pris pour un de nos colonels. Nous en étions secrètement flattés. Quand il nous parlait, et cela lui arrivait souvent, parce qu'il était bon orateur, il ne manquait jamais de nous appeler : chers camarades.

Notre commandant en chef était tout simplement un maréchal de France. Il aurait ouvert de grands yeux, si on lui avait dit qu'il aurait des successeurs tels que le général Courtois et Clément-Thomas. Le maréchal Lobau était très populaire dans la garde nationale. Il s'y montrait familier et paternel. Il me connaissait un peu, je ne sais plus où il m'avait rencontré. Il me reconnut la première fois qu'il me vit sous les armes. Il me fit l'honneur de m'adresser la parole. Je crois que s'il y avait eu des élections le lendemain, j'aurais pu être nommé sergent. Il me dit : « Votre fusil n'a pas de bretelle. Rappelez-vous, monsieur le spiritualiste, qu'un fusil sans bretelle est un corps sans âme ».

J'ai toujours médité ces paroles, qui sont tout ce que je connais sur l'histoire militaire, et j'avoue que je ne comprends pas encore pourquoi la bretelle occupait un rang si élevé dans les préoccupations du maréchal.

Horatius Flaccus, qui serait le premier des poètes, *poetarum facile princeps*, si Virgile n'existait pas, jeta un jour son bouclier pour s'enfuir plus lestement du champ de bataille.

Relictu non bene parmula.

Il n'a pas trop rougi d'en convenir. S'il ne l'avait pas dit lui-même, il est probable que le bruit en aurait couru, que l'aventure aurait été contestée, et que, finalement, on aurait décidé qu'il avait jeté son bouclier pour combattre avec plus d'aisance, ou pour montrer qu'il ne craignait pas d'affronter, sans défense, les attaques de l'ennemi, semblable à un danseur de corde, qui, dans l'enthousiasme de son art, jette tout-à-coup son balancier pour danser avec plus de grâce.

Mais enfin il s'est confessé, *habemus confitentem reum*, et je puis bien avouer, à son exemple, que je me suis dérobé, autant que j'ai pu, au service de la garde nationale. Ce n'est pas que je ne sois très belliqueux, mais le corps de garde empestait la fumée de tabac, et comme je ne fume pas, cette atmosphère m'était fort désagréable. Les ruses pour échapper au sergent-major étaient si connues qu'on en a fait des pièces pour le Palais-Royal, et des caricatures. Je puis citer mon ami et excellent confrère, Xavier Marmier, de l'Académie Française, et frère, qui plus est, du général Marmier, qui se fit inscrire chez la concierge sous le nom de Mme veuve Marmier, et ne reprit son véritable nom que quand il fut, par son âge, exempt du service militaire.

Je restai, quant à moi, dans l'enfance de l'art. Je pris pour suppléant, ou pour remplaçant, ou pour figurant, mon portier. Il s'appelait Corpel. La compagnie y gagnait de toute façon, car c'était un fort bel homme, et il avait été sergent dans la ligne.

Moyennant cinq francs, il consentait à passer pour moi, et je crois que les camarades consentirent de leur côté à fermer les yeux.

J'eus quelques alertes. Il me conta qu'un jour, un camarade lui avait demandé si la cinquième Cunéade de Plotin n'avait pas été altérée par Philopœmen. « Et qu'avez-vous répondu, lui demandai-je ? — Oh ! me dit-il, j'ai répondu que j'étais philosophe à la Sorbonne et garde national au corps de garde ».

Je repris mon service après Février, parce qu'il devint périlleux. J'étais alors dans une autre légion, ayant quitté la rue Madame pour la place de la Madeleine. Cette période d'activité ne fut pas longue, parce que je fus, après le 1er Mai, dispensé du service comme tous les députés. C'est dans ce court intervalle que je fis la plus belle faction de ma vie ; une faction qui dura près de cinq heures en face de l'ennemi. De l'ennemi ! faut-il que je sois réduit à me servir de ce mot quand il s'agit de citoyens français !

C'était le lendemain de la journée des bonnets à poil. Les bonnets à poil avaient fait, la veille, tout ce qu'ils avaient voulu ; mais les shakos entreprirent, pour le lendemain, une contre-manifestation colossale. Ils descendirent de Belleville, de Montmartre, et des Batignolles en colonne serrée, se formèrent en compagnies le long des boulevards, en chantant la *Marseillaise* et *Mourir pour la patrie*, et vinrent se masser sur la place de la Concorde et dans les Champs-Elysées. Ils longèrent ensuite les quais et la rue de Rivoli en deux colonnes parallèles, et annonçaient qu'ils marchaient à l'Hôtel-de-Ville où leurs adversaires montaient la garde ce jour-là, pour les désarmer d'abord, et ensuite pour s'emparer de leurs bonnets à poil dont ils feraient un trophée. Les avis étaient partagés. On parlait d'un feu de joie. Mais un feu de joie de bonnets à poil serait d'une puanteur horrible ! Les jeter à la Seine entraverait la navigation. Les esprits pratiques proposèrent de les emporter dans les faubourgs et de les transformer en manchons pour les dames. Mais on répondait que la marchandise serait sur-le-champ dépréciée à cause de son origine. Pendant ce temps-là, mon caporal m'avait campé de faction devant la grille de l'Hôtel-de-Ville, avec ordre de ne pas tolérer les rassemblements de plus de dix personnes. Le rassemblement qui se produisit aussitôt après étant de plus de cent mille hommes, on ne put reprocher, ni à moi, ni aux autres sentinelles qui garnissaient le pourtour de l'Hôtel-de-Ville, de n'avoir pu réussir à les dissiper. On n'y songea pas. On ne songea pas non plus à nous relever. Nos camarades restèrent blottis dans les cours du palais, pendant que les membres du gouvernement s'époumonnaient à crier : « Vive la République ! Vive le peuple ! Vivent les faubourgs ! Plus de corps d'élite ! »

Plus de corps d'élite ! C'était la concession de la journée. La possession des bonnets à poil constituait un privilège pour la première légion, parce qu'ils coûtaient vingt-deux francs, et qu'on avait un shako pour quatre francs, et cinq francs vingt-cinq centimes avec le plumet. Le gouvernement, par cette habile reculade, nous épargnait des rhumes de poitrine ; nous n'envisageâmes la question que sous ce point de vue ; et comme on se guérit de tout quand on est jeune, même des fatigues d'une longue faction, je finis par me réjouir d'avoir fait une des plus belles factions dont il soit question dans notre histoire.

Au fond, mes mémoires de garde national sont finis avec le 1er Mai 1848, c'est-à-dire avec mon élection comme député. Cependant, j'ai bien envie d'y ajouter, comme appendice, un épisode des journées du mois de Juin suivant. J'y fus mêlé, non comme garde national, mais comme député présent, en écharpe, sur le champ de bataille.

C'était derrière l'église Saint-Gervais, sur la place Vaudoyer, aujourd'hui détruite. Il se passa là trois épisodes mémorables. Je ne vous dirai pas le premier, parce que j'aurais l'air de me vanter, ce qui n'est pas dans mes habitudes. Je ne veux pas non plus parler du second épisode, par pitié pour le pauvre homme qui en fut le triste héros, et qui a peut-être été brave un autre jour. Mais il n'y a pas de raison pour omettre le troisième. Il faut vous dire que la place Vaudoyer marquait l'entrée de la rue Saint-Antoine, et qu'on avait élevé là une terrible barricade qui paraissait infranchissable. Les insurgés remplissaient les maisons des deux côtés de la rue, et criblaient les assaillants de coups de fusil.

Cavaignac fit avancer deux pièces de canon. Il était impossible d'entamer une barricade massive qui montait jusqu'au second étage et qui avait six ou huit mètres d'épaisseur. On foudroya d'abord les maisons qui la bordaient, et on les transforma en chemins couverts, par lesquels nos soldats pénétrèrent dans la rue Saint-Antoine. Le combat, dans ces conditions, fut meurtrier, mais rapide. Les insurgés s'enfuirent par toutes les rues avoisinantes, poursuivis par les mobiles qui ressemblaient à des chasseurs acharnés contre leur gibier. Nous étions trois représentants qui avions assisté à toutes les péripéties : Corbon, David d'Angers et moi. Nous voulûmes passer par le chemin triomphal, c'est-à-dire par dessus la barricade, qui nous avait coûté un officier d'artillerie tué, quatre artilleurs blessés à mort, sans compter cinq ou six blessés dans la ligne et la mobile. Il n'y avait plus rien à craindre des armes à feu ; mais l'entreprise n'en était pas moins difficile dans cet amoncellement désordonné et immense d'objets de toute nature. Je cheminais péniblement, en m'accrochant des mains et des jambes, quand je sentis qu'on me tirait en arrière par les basques de mon habit. Je me retournai assez inquiet, mais je ne vis qu'un garde national joufflu, essoufflé et souriant, qui se mit aussitôt à me saluer, tout en continuant à me tirer à lui.

— Que faites-vous donc, lui dis-je, moitié riant, moitié en colère. Laissez ma redingote, laissez-la à l'instant, vous allez la déchirer.

— Citoyen, me dit-il avec le sourire le plus aimable, ce n'est pas là votre place. Vous allez servir de cible à quelque insurgé embusqué derrière un pan de muraille. Vous serez tué sans utilité pour la cause, vous qui avez tant de services à rendre.

Je fus flatté naturellement, et je lui dis d'un ton adouci :

— Vous me connaissez donc ?

— Non, répondit-il, mais je vous connais à votre écharpe pour un représentant, et je vous arracherai au péril, si je peux, en dépit de vous.

— Allons, dis-je, finissons-en. Je ne reculerai pas, vous perdez votre temps et ne faites que m'offenser et me gêner. D'ailleurs, ajoutai-je pour ne pas paraître trop dur, vous êtes aussi exposé que moi.

— Oh ! moi, c'est bien différent, je suis sous les armes (et il montrait son fusil qu'il portait en bandoulière). Je fais mon métier, et vous ne faites pas le vôtre.

L'animal faillit deux ou trois fois me faire perdre l'équilibre. Quand il vit que mon parti était pris, il tira sa carte de sa poche et me la mit dans la main presque malgré moi. Je ne sais ce qu'il devint, il disparut comme un personnage de féerie dans un opéra.

J'étais dans ma chambre, le lendemain matin, occupé à me faire la barbe, et encore tout brisé de mes fatigues de la veille, quand on m'apporta la carte de M. Merlin, bijoutier en doublé, rue St-Martin. « Au diable ! dites que je n'y suis pas ». On me rapporta la carte sur laquelle il avait écrit au crayon : Garde national.

« Garde national ! C'est un frère d'armes, pensai-je. Mais nous sommes nombreux dans le régiment, et s'il fallait les recevoir tous... » J'entendis alors mon homme qui criait à tue-tête dans l'antichambre : « Dites-lui que c'est moi qui lui ai sauvé la vie, hier, à la barricade Vaudoyer ! » Impossible de lui faire faire antichambre plus longtemps.

Il entra avec la même figure joviale et souriante, les mêmes saluts respectueux que la veille.

— Enfin, lui dis-je, que voulez-vous ?

— Un bureau de tabac, répondit-il en me tendant un placet tout rédigé pour la circonstance, je ne vous connaissais pas, je sais qui vous êtes aujourd'hui. Vous êtes ami personnel de M. Goudchaux, et il ne peut vous refuser ce léger service, songez...»

Je vis que j'en avais pour longtemps, et je pris mon parti en brave. « Je parlerai à M. Goudchaux, lui dis-je, je lui raconterai vos hauts faits, mais rappelez-vous qu'il y a beaucoup de solliciteurs ».

Il se trouva qu'il avait des droits, et un besoin urgent d'être secouru dans la détresse de la bijouterie en doublé, que la révolution avait assommée. Goudchaux lui donna son bureau de tabac, j'avais fait un heureux.

Je ne puis mieux finir que par cette petite scène. Je me flatte d'y avoir déployé les deux vertus du soldat : le courage et la générosité. Je ne suis ni un Condé, ni un Turenne, mais peut-être qu'après avoir pris connaissance de mes mémoires, mes amis de l'Académie ne refuseront pas d'écrire dans mon épitaphe ces mots autrefois si souvent répétés sur la tombe des honnêtes gens : « Bon époux, bon citoyen, excellent garde national. »

LA RÉVOLUTION DE 1848
LA RÉPUBLIQUE

La Révolution de 1848 - La République

Je suis un habitué des révolutions, ce qui est autre chose que d'en être l'ami. J'en ai vu cinq ou six, pour le moins. Il y en a deux auxquelles j'ai coopéré. J'ai vu la révolution de Juillet; mais je l'ai vue à cent cinquante lieues de Paris. J'étais un enfant, assez grand pour avoir des passions, trop jeune pour savoir juger. Je sais que je fus envahi par cette double pensée : accueillir avec joie 89, qui nous revient, éviter à tout prix 93, qui veut revenir.

C'était la pensée commune autour de moi ; c'est-à-dire, car il faut être précis, contre 93, unanimité ; pour 89, partage. Les légitimistes résistaient éperdûment. Ils étaient en grand nombre dans la petite ville où je demeurais ; mais je veux dire que mes amis, mes camarades (j'étais alors en rhétorique) étaient des bleus, des amis de 89. La lutte en Bretagne était entre les blancs et les bleus ; on n'y connaissait pas de rouges. C'était à qui maudirait le plus la Terreur.

A la révolution de Février, j'étais à Paris et j'étais un homme. Je faisais un cours à la Sorbonne comme suppléant de M. Cousin ; et même, dans ce cours, il était question de politique. Mais c'était la philosophie de la politique ; la lutte entre l'autorité et la liberté, à laquelle je ne me mêlais jamais, la lutte entre M. Carrel, M. Thiers et M. Guizot. Je les aimais et je les admirais tous les trois. J'étais plus près de Carrel.

Cousin qui était mon chef hiérarchique, mon seul chef, car il ne souffrait pas de partage dans son autorité, me comptait comme républicain. Il y en avait jusqu'à deux dans le régiment : Jacques et moi. Il ne s'irritait pas de notre opinion, il en riait plutôt. On est toujours tenté de regarder ses anciens élèves comme des enfants. Il est certain que tout se bornait pour nous à lire *le National*. J'avais pourtant écrit deux articles inquiétants ; l'un où je préconisais le suffrage universel (le suffrage universel à deux degrés) ; l'autre, où je combattais le monopole universitaire. La liberté d'enseignement ! C'était une grande hardiesse alors de la demander, surtout pour un universitaire. Cela paraît si simple à présent !

Je reviens à la révolution de Février. Je fis ma leçon le premier jour de la lutte. Il n'y avait dans la salle qu'un public effaré, très peu nombreux. Nous entendions, par intervalles, des coups de fusil dans le lointain. La plupart des auditeurs disparurent avant la fin. Je trouvai les rues agitées : bandes d'étudiants dans la rue Saint-Jacques, bandes d'ouvriers dans la rue Saint-Denis. De temps en temps, une vingtaine de sergents de ville débouchaient d'un coin de rue, ou une compagnie de soldats. Les bandes s'enfuyaient à toutes jambes, car, dans les émeutes, on ne tire que derrière les barricades ou du haut des maisons ; pas de batailles rangées. Le gros de la population ne croyait qu'à une émeute, à ce qu'on appelle : une leçon au pouvoir. Elle était sympathique à une manifestation ; si elle avait cru qu'on marchait à une révolution, elle aurait reculé avec effroi.

C'était une révolution. Quand on sut que la garde nationale fraternisait avec les insurgés, que la troupe mettait la crosse en l'air, que le roi était parti, que la duchesse d'Orléans s'était en vain présentée avec ses enfants, à la Chambre des Députés, le sentiment qui domina dans toute la population fut l'étonnement. On éprouva de la pitié pour les enfants, de l'admiration pour leur mère ; on fut injuste envers le roi. Beaucoup de ceux qui criaient contre lui ne lui reprochaient au fond du cœur, sans en avoir la claire conscience, que d'être vaincu. Presque tout le monde avait peur, et on lui en voulait d'être cause que tout le monde eût peur.

Peur de quoi ? De la République ? Non, pas trop. Du socialisme. Les socialistes criaient sur les toîts qu'ils étaient les véritables victorieux. Il semblait que des sectes sortissent de dessous terre. La veille, on en riait presque; après la bataille, elles faisaient trembler. Les quelques rêveurs qui avaient tant de peine à faire végéter un pauvre journal, se trouvaient tout à coup à la tête d'une armée, parce qu'il suffit, pour avoir une armée, d'être fort ou de le paraître. Il est très vrai que Proudhon, Pierre Leroux, Considérant, Raspail, Cabet différaient autant entre eux qu'ils différaient de nous; mais le public les confondait tous ensemble sous le terrible nom de socialistes ; et socialiste signifiait, pour le gros public, guerre à la religion, à la famille et à la propriété.

Bien des choses qui paraissent toutes simples aujourd'hui, et qui sont passées dans nos lois et dans nos mœurs étaient alors de terribles épouvantails. Les socialistes, d'ailleurs, ne nous prenaient pas par insinuation ; ils brutalisaient l'opinion ; ils se faisaient effrayants, de propos délibéré. Ce fut leur force pendant la bataille et leur faiblesse le lendemain.

Ce qui frappait surtout les esprits, c'était un grand sentiment du vide. Où allons-nous ? Qui nous conduit ? L'idée et la force manquaient en même temps ; l'idée plus encore que la force. Le besoin d'une force ne devint irrésistible que huit mois plus tard ; au commencement c'était l'idée qui manquait. On avait peur à la fois de la Terreur et du néant moral. On voyait devant soi Quatre-vingt-treize sans Robespierre ! Le Quatre-vingt-treize de Chaumette !

Je me rappelle avec quelle anxiété on attendait le *Moniteur* en Avril 1848. On se jetait sur tous les journaux ; mais pour celui-là, on se battait à qui l'aurait le premier. C'est qu'il nous apportait la vie ou la mort. Il débutait chaque matin par une série de décrets presque toujours imprévus, quelquefois insignifiants et souvent d'une importance à faire frémir. Il nous apporta un jour le suffrage universel direct. Ce décret là était dans l'air depuis le commencement. On se disait : Nous allons au suffrage universel. Mais serait-ce le suffrage universel sans condition ni restriction ? Suffirait-il d'être Français, d'avoir vingt-et-un ans et de n'avoir pas été condamné à la dégradation civique ? Songez qu'un mois auparavant, nous faisions articles sur articles, discours sur discours, processions sur processions pour obtenir l'adjonction des capacités. Le gouvernement provisoire ne se crut autorisé à exclure personne. Il décida que le scrutin serait ouvert dans chaque commune et que tout habitant pouvant justifier de son âge et de sa nationalité serait admis à voter.

Nous voilà donc souverains. Et nous allions, le mois prochain, exercer notre souveraineté. Nous ne verrions pas, comme aux élections précédentes, les riches se rassembler en petit nombre, pour se donner un délégué, qui devenait aussi le nôtre, par une fiction audacieuse. Nous choisirions nous-mêmes notre représentant; ou, si vous voulez, nous serions enfin représentés nous-mêmes ; car jusqu'à ce moment, il n'y avait eu de représentés que les riches. Eux seuls avaient des droits dans notre pays commun. Nous étions faits pour subir passivement leurs volontés. Cette oligarchie disparaissait sans laisser de traces.

Et non seulement tous les Français étaient électeurs, mais ils étaient tous éligibles. Nous pouvions prendre notre député sur les bancs de l'école, sous prétexte que ceux qui sont bons pour être soldats sont bons aussi pour être législateurs. Un fameux prétexte! Il faut être dans la politique pour trouver de l'analogie entre la capacité de charger un fusil et celle de voter le budget. Mais, précisément, nous étions tous dans la politique. Nous y étions jusqu'au cou. Les femmes, les enfants, faisaient de la politique du matin au soir. Il se trouva sur-le-champ que le maître avait son candidat, et que le domestique avait le sien. Les domestiques ne s'appelaient plus les domestiques; ils s'appelaient les gens de maison. Ils ne jugèrent pas à propos de relever leur ancien titre d'officieux. Ils eurent leurs clubs, leurs orateurs, leurs favoris. On me dit qu'il y avait dans mon quartier un orateur des gens de maison qui aurait été député s'il avait voulu, mais qui aimait mieux rester cuisinier.

On aurait cru que les gens de maison seraient démocrates. Pas du tout. Ils étaient aristocrates décidés. Il parait que leur métier a du bon, et ils ne voulaient pas risquer de le perdre en favorisant les doctrines égalitaires. Au contraire, les professeurs étaient très avancés, parce que Tibérius Gracchus... Ils eurent dès les premiers jours un club à la Sorbonne, où ils donnèrent des leçons de démagogie. J'y entrai un jour avec Saint-Marc-Girardin, pour voir comment cela se faisait. C'était la salle même où nous faisions nos cours trois mois auparavant. Le président trônait dans la chaire du professeur. C'était Philippe Lebas, qu'on croyait alors réservé à la plus haute destinée. L'orateur qui s'époumonait vis-à-vis de lui, et qui était un savant illustre, proposait en ce moment à l'assemblée d'accepter le passé de Quatre-vingt-treize. Je vous étonnerais bien si je le nommais. Il a été depuis sénateur, je ne sais pas s'il n'était pas déjà membre de l'Institut. En tout cas, il l'a été. C'était un excellent homme, qui était grisé par les cris qu'il entendait et le spectacle qu'il avait sous les yeux.

Il y avait un club partout où il y avait une salle capable de contenir vingt personnes. C'était comme cela à Paris, où j'étais ; je crois qu'il en était de même jusque dans les villages. Une femme du Moustoir disait à ma mère en lui parlant de ce temps-là :

— Nous allions chercher nos hommmes au club, comme nous allions auparavant les chercher au cabaret.

Que pouvait-on bien dire dans le club du Moustoir ?

A Paris, chaque quartier avait sa couleur. Le rouge dominait. On se tenait en général dans les nuages. Les socialistes eux-mêmes demandaient une république sociale, mais sans savoir exactement ce que c'était. Le décret qui convoquait « la France dans ses comices » rendit les discussions un peu plus intelligibles, parce que les candidats se montrèrent aussitôt. La plupart remplacèrent les programmes par des dates ou des noms propres. Celui-ci acceptait le passé de 93. Celui-là était si attaché à 89, qu'il était prêt à mourir plutôt que d'aller jusqu'à 90. Il y en avait qui se proposaient de continuer Bailly, ou Lafayette. Ils étaient peu populaires. Lafayette était la liberté des deux mondes : mais il était aussi la meilleure des républiques. Danton fit en quelques jours une fortune prodigieuse. Quant à Robespierre il se présenta surtout sous le nom de Maximilien, et chercha à se faire une situation par ses gilets, sans y parvenir. Des cris s'élevèrent de tous côtés, et surtout du côté des gens qui n'étaient affiliés à aucun club, pour demander une direction. Le gouvernement provisoire offrit la sienne : Ledru-Rollin fit une circulaire qui sentait son dictateur d'une lieue. Fi donc ! Des candidats officiels ! Il n'aurait plus manqué que cela. On imagina un club des clubs où chaque club fut représenté par des délégués. Il siégea sur le boulevard, à l'endroit où trône à présent la Ménagère. Il prit ouvertement la direction des élections, c'est-à-dire qu'il étudia, sur commande, le passé des candidats qui s'offraient, et qu'il eut des assortiments de candidats à offrir aux communes qui n'avaient pas d'hommes d'Etat sur leur territoire. Il faisait aussi des instructions, des circulaires que le gouvernement, mieux avisé, substituait aux siennes. Vous entendez bien qu'il n'y perdait rien, mais nous disions tous : « Le gouvernement s'abstient sur toute la ligne. Voilà enfin les élections libres ! »

Je partis assez tard pour les Côtes-du-Nord, où ma campagne pour la succession du Général Thiard m'avait donné quelque notoriété. Les anciens députés libéraux du temps de Louis-Philippe avaient pris la tête du mouvement ; mais comme le nombre des députés était triplé, il y avait place pour des nouveaux. Glais-Bizoin, qui dirigeait toutes les opérations, me fit savoir que je serais agréé par le comité de Saint-Brieuc, si ma candidature était admise par le club des clubs de Paris, siégeant à la Ménagère. Je me récriai contre cette exigence.

— Vous, Bizoin, vous me connaissez depuis vingt ans. Là-bas, personne ne me connaît.

Mais Bizoin avait une consigne, qu'il s'était donnée lui-même, et à laquelle, par conséquent, il était forcé de se soumettre.

J'écrivis donc de là-bas à ma femme de se procurer la liste du club des clubs et de voir s'il y aurait là-dedans quelques noms de connaissance. Elle tomba d'abord sur Baroche, qui était notre parent. Mais il lui dit, quand elle fut le voir, que j'étais trop réactionnaire ; que son patronage, s'il me l'accordait, étonnerait ses amis de Paris, et ses amis des Côtes-du-Nord, où, du reste, il ne connaissait personne. Elle chercha encore, et trouva Philippe Lebas. Comment n'y avions-nous pas pensé ? Philippe Lebas la reçut avec cordialité. Il m'aiderait de tout son pouvoir. Par malheur il était président et ne pouvait me servir officiellement de parrain. Mais j'avais des parrains tout trouvés dans Quinet et Michelet, tous deux membres du club. Elle hésitait à aller les voir ? Il les verrait pour elle. Que ne ferait-il pas pour moi, qui étais son ami et son élève ? Il les vit effectivement, et ils consentirent de la meilleure grâce du monde.

Voici en quoi consistait ce parrainage. Il y avait à la Ménagère, dans la salle des pas-perdus, des pancartes affichées derrière un treillage comme les bans de mariage à la porte des mairies. « Jules Simon, professeur à la Sorbonne et à l'Ecole normale. Parrains : MM. Michelet et Quinet ». On restait huit jours ainsi affiché ; après quoi, s'il ne se produisait pas d'opposition, on était candidat du club des clubs sans autre formalité. Bizoin n'eut plus rien à dire quand j'eus passé par cette épreuve. Je devins candidat régulier dans le département des Côtes-du-Nord.

Ma situation s'améliorait, mais elle était loin d'être bonne. Ma famille était très connue, et j'ose le dire, très aimée dans la petite ville d'Uzel, et j'étais moi-même connu dans l'arrondissement de Lannion où j'avais fait une candidature; mais dans le reste du département, personne n'avait entendu parler de moi. A Guingamp, à Saint-Brieuc, à Dinan, mon nom était parfaitement ignoré. On disait de moi : « C'est un étranger, » suivant la doctrine de l'abbé de Kéroal qui soutenait que je n'étais pas breton parce que j'étais de Lorient. Un autre malheur beaucoup plus grand, c'est que j'étais professeur de philosophie. On ne savait rien de moi excepté cela; mais cela, c'était l'abomination de l'abomination. Un professeur de philosophie était nécessairement un ennemi de la religion!

Que veut-il ? De quel front cet ennemi de Dieu
Vient-il infecter l'air qu'on respire en ce lieu ?

En revanche, je marchais de victoire en victoire. Le plus éloquent de beaucoup parmi les autres candidats était Glais-Bizoin, qui ne l'était guère. Mes ennemis eux-mêmes venaient m'écouter, non comme républicains, mais comme dilettantes. Il m'est arrivé d'avoir des succès, je dis de très grands succès, devant mes auditoires de Bretons bretonnants.

Et d'abord je veux vous conter mon aventure de Saint-Michel-en-Grève, ou de Plestin. On m'y avait convoqué huit jours à l'avance; on y vint de toutes les communes; il y avait bien six mille électeurs debout en plein vent, serrés les uns contre les autres, ayant tous à la main leur pen-bach (bâton à tête ou bâton à casser une tête). Le cimetière et les quatre rues qui l'entourent, et qui forment tout le village, disparaissaient sous les chapeaux des paysans, et les paysans eux-mêmes disparaissaient sous les énormes bords de leurs chapeaux plats. On me fit parler par la fenêtre de la mairie, située au premier étage d'une maison qui avait un cabaret au rez-de-chaussée. Il me sembla que je parlais à des chapeaux. Je parlai peu, et criai ferme. Quand j'eus fini, je me sentis enlevé de terre et serré, non pas comme dans un étau, mais dans une quantité d'étaux qui se renouvelaient indéfiniment. C'étaient mes auditeurs qui m'embrassaient et me portaient en triomphe. Je me trouvai dans la rue, sans que mes pieds eussent touché une marche de l'escalier ; et toujours des poignées de main et des embrassades. J'appris par expérience que nos compatriotes des campagnes ont la barbe plus dure que les citadins. Nous avions attaché nos chevaux à la porte du Cheval-Blanc, au tournant du cimetière. Depasse, qui dirigeait le mouvement, nous fit mettre en selle et partir au grand galop, sans tenir compte de la foule. Je vis plusieurs personnes tomber. Depasse ne sourcillait pas. « Ils se ramasseront », disait-il. Ils mirent leurs sabots dans leurs mains pour courir plus vite et nous suivirent pieds nus jusqu'au bas d'une colline, toujours criant des vivats en mon honneur. Là, le défaut de respiration les obligea de s'arrêter, et, la colline franchie, nous nous trouvâmes seuls enfin entre Lanionnais. Nous étions bien une dizaine.

— Eh bien, dit Depasse en s'essuyant le front, j'espère que vous êtes content ?

Je fis le modeste.

— Oh! dit-il, on ne reçoit pas une ovation comme celle-là sans sentir quelque chose. Allons, avouez, dit-il. Ce sont des paysans, mais ce sont des hommes.

Je finis par convenir de quelque chose.

— Eh bien, dit-il, nous étions là six mille, n'est-ce pas? Excepté nous dix, et trois autres que je pourrais nommer, personne, entendez-moi bien, personne n'entendait un mot de français. Tous ces applaudissements vous ont été donnés de confiance.

C'est le plus grand succès oratoire de toute ma vie.

Nous repartîmes pour Lannion en éclatant de rire. Au club du soir, (il n'y avait pas de soir sans club), nous régalâmes nos amis de cette historiette.

Nous étions dans l'enfance de l'art. Le préfet et ses fonctionnaires soutenaient notre liste. Nous ne savions que faire des discours (ceci me regardait presque seul,) et visiter chez eux les hommes influents de chaque commune. Les affaires allaient bien ; j'étais le seul menacé, mais je l'étais terriblement. Voici un exemple du zèle qu'on déployait contre moi.

Le comité directeur (c'est de Glais-Bizoin que je parle) nous convoqua à Saint-Brieuc pour exposer contradictoirement nos principes.

La réunion eut lieu dans la chapelle du collège. Je crois, sans en être sûr, qu'elle était présidée par Duportal du Goasmeur, dont le frère était colonel dans la garde impériale. Glais-Bizoin, comme candidat, ne pouvait faire partie du bureau. On plaça une table sur les marches de l'autel, qui lui-même fut couvert d'une tenture. Derrière cette table se trouvaient ceux que je pourrais appeler les examinateurs, et qui m'inspiraient une peur affreuse. La chaire à prêcher servit de tribune aux orateurs. Ce fût, dès le lendemain, et tous les jours suivants, une tempête contre moi dans les journaux réactionnaires. Pourquoi contre moi? Je connaissais à peine les membres du bureau, qui étaient les amis très intimes des autres candidats. Ils ne m'avaient pas averti de leur projet ; je ne l'avais appris que par le bruit public comme tout le monde. Je parlai à mon tour quand on m'appela, et n'eus, pendant la séance, aucune communication avec les meneurs. Mais on savait d'avance que les autres seraient élus; ma défaite aurait été considérée par la réaction comme une compensation de l'élection du reste de la liste. Et puis, par-dessus tout, n'étais-je pas philosophe? Un philosophe seul pouvait avoir l'idée d'une telle profanation. Il avait transformé la chapelle en salle de club, la chaire de vérité en tréteaux. Que faisait-on de plus en 93? On allait revoir 93. La France allait être livrée par moi au panthéisme.

La séance, dont il faut bien dire un mot fut assez

curieuse. Le bureau était dans le plus grand embarras. Aucun de ses membres n'avait jamais assisté à un club. Vingt-quatre candidats étaient présents, et avaient tous demandé la parole. Allaient-ils faire vingt-quatre discours ? Le président proposa de faire rédiger par le bureau un questionnaire sur lequel chaque candidat répondrait en une seule phrase, et, en quelque sorte, par oui ou par non. Je ne réclamai pas, quoique je perdisse tous mes avantages par l'adoption de cette proposition. Chose conclue. On nous fit tirer au sort. J'eus la chance d'avoir un des derniers numéros.

On appela donc celui qui avait le n° 1, et on le fit monter dans la chaire. Si vous voulez savoir le fond de ma pensée, je crois qu'il connaissait le formulaire à l'avance, et que la même cervelle avait préparé la question et la réponse. Le président commença solennellement :

— Acceptez-vous la révolution qui vient d'avoir lieu ?

Je craignis un moment qu'il ne dise :

— Acceptez-vous le passé de 93 ?

Mais non, 93 n'était pas en faveur dans cette assemblée. Tous les spectateurs, ou à peu près étaient républicains ; mais si on avait un peu essuyé leur visage, on aurait trouvé, sous leur maquillage républicain, la figure d'un orléaniste. Je ne veux pas dire par là qu'ils n'étaient pas sincères. Ils l'étaient. Ils acceptaient la révolution, parce qu'il aurait fallu une seconde révolution pour se débarrasser de celle-là ; mais beaucoup d'entre eux regrettaient que la révolution eût été faite.

Le président continuait :

— Acceptez-vous le suffrage universel ?

Et le candidat répondait :

— Je l'accepte avec transport.

Là-dessus, les applaudissements éclatèrent dans toute la salle, nourris et redoublés ; je vous fais grâce du reste de la liste.

Il y avait pourtant une question captieuse, qui mérite d'être relevée. On demandait : « Que pensez-vous de la circulaire de Ledru-Rollin ? ».

Vous connaissez cette circulaire, qui fit scandale à Paris, et qui déplut encore davantage à Saint-Brieuc, où l'on n'aimait pas les jacobins. Mais quoique tout le monde fût contre cette malheureuse circulaire, le préfet, (un préfet de Ledru-Rollin) ne pouvait pas l'abandonner publiquement. Il y avait une mesure à garder. Que faire ? Je vois d'avance ce que vous me direz : on pouvait supprimer la question. Mais non ; vous n'y êtes pas. Cette question-là était, en avril 1848, la question brûlante ; c'était la seule question du programme ; les autres questions n'étaient auprès de celle-là que des banalités. On eut un trait de génie, on mit dans la bouche du candidat ces paroles : « Je la trouve inopportune ». Il était prophète sans le savoir. Il faut croire qu'elle n'était qu'inopportune, puisqu'elle devait être vingt-cinq ans plus tard, très opportune. Mais inopportune voulait dire, ce jour-là, embarrassante. Elle embarrassait le préfet, le candidat, le bureau et l'auditoire. On lui dit son fait résolument ; et tout le monde applaudit ferme, se sentant soulagé, et croyant avoir montré un noble courage.

Vous allez dire que vous n'avez pas besoin de savoir le reste de la séance parce que toutes les déclarations ont dû se ressembler. Mais elles se ressemblèrent beaucoup plus que vous ne le pensez. Nos examinateurs, peu ferrés sur les secrets de la mise en scène, n'avaient pas prévu cet effet-là. Le second appelé, soit qu'il eût été dès le principe mis dans le secret, soit qu'il eût une excellente mémoire, répondit mot pour mot comme le premier appelé, et de même tous les autres à la queue-leu-leu.

Le public, de son côté, joua sa partie en brave. Il applaudit la vingt-quatrième déclaration avec la même ardeur que la première, aux mêmes endroits, sans faire acception des personnes, comme un orgue de Barbarie bien monté, qui répète toujours les mêmes sons avec une implacable fidélité. Je vous prie de croire que je ne déparai pas le concert, et que je trouvai, comme mes collègues, la circulaire de Ledru-Rollin inopportune. J'en demande pardon à la mémoire de George Sand. Nous fûmes tous déclarés admis à concourir, et les journaux du département purent dire : « La parole est à la France ».

La France, dans le département des Côtes-du-Nord, donna un bill de complet assentiment au gouvernement provisoire. Notre liste fut votée tout entière à une immense majorité.

C'était, en somme, une très bonne liste, composée de très honnêtes gens, très français et très bretons, qui montrèrent beaucoup de courage dans les journées difficiles. L'élection avait eu lieu sans le moindre trouble, sans le moindre scandale ; il n'y eut aucune réclamation inscrite au procès-verbal. Le département des Côtes-du-Nord est au rang de nos départements les plus patriotes. Je le regarde, pour ma part, comme mon pays d'origine et mon port d'attache, parce que c'est lui qui m'a introduit dans la carrière. Presque tous mes collègues de ce temps-là sont morts. Ils étaient restés mes amis ; et les rares survivants de cette époque, élus ou électeurs, sont restés mes amis jusqu'à la fin.

Quand l'assemblée issue du suffrage universel se réunit en 1848 dans la salle de Carton qu'on venait de construire pour la recevoir, ce fut une grande joie et un grand soulagement. Du 24 février au 4 mai, il n'y avait guère plus de deux mois, mais que de proclamations, de malédictions et de chansons on avait entendu pendant ces deux mois ! Que de peurs on avait eu, et quelles peurs ! Les 900 députés qui sortaient de tous les estaminets de la France paraissaient des sauveurs. On se précipitait pour les regarder avant de pouvoir les entendre.

Il y avait, comme premier spectacle, la salle de Carton qui ressemblait à s'y méprendre, à une baraque de la foire. On y était assez bien, pourvu qu'on n'eût pas peur des courants d'air, et d'ailleurs tout le monde disait : « C'est pour un mois ou deux ».

Les tribunes furent envahies aussitôt que les portes furent ouvertes. La salle était déjà pleine. Les nouveaux étaient pressés de parader en législateurs. Ils passaient devant la tribune aux harangues en lui jetant des regards d'envie. L'oserai-je ? Le pourrai-je ?

Nous eûmes, à l'ouverture de l'Assemblée, un de ces grands spectacles qui ne s'effacent plus dans l'esprit de ceux qui en ont été témoins. On coudoyait là des hommes qui ont joué un grand rôle dans l'histoire politique ou dans l'histoire des idées : Victor Hugo, François Arago, Quinet, Louis Blanc, Ledru-Rollin, le général Cavaignac, le maréchal Bugeaud, Thiers, Berryer, Rémusat, Montalembert. Et pourtant ce fut le jour de Lamartine. Celui qui fut Napoléon III n'entra que plus tard dans l'Assemblée, mais, quand il eût été là, c'est pour Lamartine, et pour Lamartine seul, que l'Assemblée avait des yeux.

Nous étions tous arrivés de bonne heure dans la salle de Carton. On se montrait les anciens que le suffrage universel avait conservés et les nouveaux qu'il avait été chercher dans les ateliers ou dans les clubs : Lacordaire dans sa robe de moine, nos trois évêques, notre esclave noir. Le vieil Audry de Puyraveau, qui présidait par le bénéfice de l'âge, avait beau remuer sa sonnette, il ne parvenait ni à nous faire taire, ni à nous faire asseoir. Quand tout à coup les huissiers se mirent à crier : « Le Gouvernement provisoire ! » Chacun fut assis et muet en un clin d'œil.

Le gouvernement s'était environné de ses ministres, et des colonels et lieutenants-colonels de la garde nationale. Tout cet état-major trouva place dans l'hémicycle et dans les couloirs des deux côtés de la tribune. Les membres du Gouvernement étaient en habit noir, avec la ceinture tricolore. Un décret publié deux ou trois jours auparavant leur avait attribué un uniforme, l'habit bleu barbeau à boutons d'or, le gilet blanc à la Maximilien et le chapeau à haute forme se rétrécissant par le haut. Cette résurrection des modes de 1793 avait paru à tout le monde ou enfantine ou menaçante. On pensait généralement que c'était quelque invention de la troupe de Louis Blanc ou de Caussidière. Ils furent, en effet, les seuls avec Ledru-Rollin, à revêtir ce costume. Il aurait fait beau voir Lamartine ou Arago déguisés en montagnards.

Ce ne fut, ce jour-là, qu'une présentation, car il fallait avant tout procéder à la vérification des pouvoirs, et les ministres ne rendirent leurs comptes qu'à la séance du 8. Ils furent tous applaudis, mais quand Lamartine parla à son tour comme ministre des affaires étrangères et se félicita de paraître devant le pays « les mains pleines d'alliances et pures de sang humain », les applaudissements furent tellement bruyants que la salle en fut comme ébranlée.

Les nobles vers, qui avaient renouvelé en France le culte de l'idéal, comptaient pour beaucoup dans les causes de cet enthousiasme. Je crois même que sa personne y contribuait. C'était alors un homme de cinquante-huit ans à qui on en aurait donné tout au plus cinquante, grand, mince, élancé, d'une tournure aristocratique, d'une figure noble, couronnée par une forêt de cheveux grisonnants, qui avaient été autrefois d'un blond un peu ardent et avaient fait la joie des demoiselles d'honneur dans les salons de la duchesse de Berry. Il n'y avait pas une tache sur sa vie, et ses fautes politiques elles-mêmes étaient de celles qu'on aime, parcequ'elles viennent d'un beau sentiment.

Cet ancien légitimiste s'était converti peu à peu aux idées démocratiques, mais on savait qu'aux jours mêmes de sa fidélité aux principes monarchiques, il avait toujours été ardemment attentif aux besoins et aux droits du peuple. Quoiqu'il ne fût à aucun degré un sectaire, c'est pour lui que le nom de socialiste avait été créé. Après avoir été l'idole des femmes dans sa jeunesse, puis le modèle et le prince des poètes spiritualistes, il avait maintenant les ardentes sympathies de tous ceux qui aimaient le peuple et la liberté.

A la différence des autres popularités dont j'ai été le contemporain et le témoin, celle-ci était mêlée de tendresse. Je me trouvai placé immédiatement derrière lui à la grande fête républicaine qui eut lieu sur l'Esplanade des Invalides, et je vis pendant plus d'une heure des députations lui apporter des couronnes, des femmes se jeter sur ses mains pour les baiser. On peut dire que l'ovation qu'il reçut le 4 mai dans l'Assemblée nationale dura quatre jours, car les cris et les applaudissements se renouvelaient chaque fois qu'on l'apercevait. Quand il lut son rapport, le 8 mai, les acclamations furent si prolongées qu'il craignit de ne pas pouvoir terminer sa lecture et fut obligé de demander grâce.

Faut-il l'avouer ? L'émotion qu'on ressentit dans cette grande journée venait en grande partie de la peur qu'on avait eue. Quand l'Assemblée déclara que le Gouvernement avait bien mérité de la Patrie, elle le remerciait, non de ce qu'il avait fait, mais de ce qu'il avait empêché de faire. Elle se félicitait, comme autrefois Sieyès sous la Terreur, *d'avoir vécu*. C'est surtout à Lamartine qu'elle attribuait son salut. C'est lui, par l'éloquence de sa parole et par l'éloquence aussi de son caractère, qui avait, à lui tout seul, contenu les mauvaises passions et dirigé toutes les ardeurs vers le bien. Il avait joué, dans notre siècle prosaïque, le rôle d'Orphée et de Tyrtée. Je ne sais s'il y a, dans l'histoire, un autre exemple de cette royauté et de cette fascination.

Tel était Lamartine en 1848. Il faut rapprocher ces souvenirs de ceux de ses dernières années pour comprendre ce que valent les enthousiasmes des foules.

Lamartine jetait un tel éclat qu'on n'apercevait aucun de ses collègues dans l'ombre où il les reléguait.

On se montrait de tous côtés les célébrités. Me croirez-vous si je vous dis qu'on ne regardait pas beaucoup Béranger avec la fleur des champs à sa boutonnière, et Victor Hugo, en habit, dès le matin, et en cravate de soie blanche? On répétait les noms des généraux parce qu'il y avait des batailles dans l'air !... le père Bugeaud avec sa casquette, Lamoricière, Bedeau, Changarnier ; les grands hommes du règne de Louis-Philippe étaient assez dédaignés.

Quand Thiers arriva au bout de quelques semaines, il fut accueilli par les railleries du public. Le jour de l'ouverture on disait : y aura-t-il des paysans ? Il n'y en avait pas. Tout ce qu'on pouvait montrer en ce genre était Soubigou, qui pouvait passer pour un bourgeois, quand il ôtait son chapeau. Il n'y avait pas non plus de blouse. En revanche on possédait un nègre et deux mulâtres. Le nègre était un esclave qui était devenu, à la même heure, homme libre et membre de l'Assemblée souveraine.

Caractère particulier : beaucoup de prêtres. Le prêtre était bien accueilli dans ce moment-là, ce qui ne fut pas très long. Il y avait l'évêque Parisis, qui acquit de la célébrité par ses livres ; l'évêque Fayet, qui en acquit par ses bons mots, et l'évêque Le Graverend, qui n'en acquit point du tout ; l'abbé Le Blanc, l'abbé Fournier, qui devint évêque de Nantes, d'autres abbés ; l'abbé de Lamennais, qui avait promis autrefois aux philosophes de leur montrer ce que c'est qu'un prêtre ; prêtre à outrance pendant une partie de sa vie, absolutiste et ultramontain ; puis républicain, démocrate, déclassé, isolé, ne trouvant plus de place ni dans l'église ni dans la république ; non loin de lui, son ancien ami, son élève, Lacordaire, en ample robe blanche de dominicain, le favori de la foule, pendant les huit jours qu'il resta là ; moins choyé par l'Assemblée que par les passants, et qui eut, comme Béranger, le bon esprit de se retirer à temps.

Une grande attraction encore, c'étaient les socialistes, Pierre Leroux, Considérant, Proudhon.

Pierre Leroux, tout gras, tout rond, tout bouffi, tout rouge, enveloppé dans une vaste redingote à longs poils, la tête couverte d'une chevelure touffue et inculte, semblable à un homme des bois, qui avait plus d'esprit dans son petit doigt que dix représentants dans toute leur personne, et qui fut, dès le premier jour, l'objet et le texte de toutes les plaisanteries.

Considérant, plein de bon sens et de calme, qui cessa d'être populaire dès qu'il eût fait comprendre qu'il était raisonnable.

Proudhon, auquel on supposa sur le champ une sorte de toute puissance pour le mal.

Proudhon était une force. Très peu de personnes

connaissaient ses livres, même de nom ; on convenait seulement qu'ils étaient très forts. Il avait l'art des formules saisissantes ; c'est avec cela qu'il fit sa réputation. Il y en a deux qu'on se rappellera toujours : *La Propriété, c'est le vol*, et *Dieu, retire-toi !* Pour avoir écrit ces deux mots, il fut sacré principal ennemi de la propriété et de Dieu.

Sa situation fut immense. Elle était faite de la colère des uns et de l'admiration des autres. La colère de ses ennemis le grandissait plus que l'admiration de ses amis. Il n'avait pas à son service, comme Pierre Leroux, un flux de paroles interminable. Réservé et taciturne, il parlait rarement à la tribune, et je crois qu'il lisait ou récitait. Ses mots étaient préparés. On tremblait en l'écoutant : « Ceci tuera cela ».

Il se plaignait de faire peur. C'était en grande partie sa faute. Comme Baroche lui disait avec politesse :

— Vous, monsieur Proudhon, qui ne croyez pas en Dieu...

Il répondit d'un ton bourru :

— Qu'en savez-vous ?

Il protestait aussi contre ceux qui prétendaient que la formule célèbre : « La propriété, c'est le vol », impliquait la négation de la propriété.

Il était très lié avec Charles Beslay, qui avait été avec moi député des Côtes-du-Nord, et dont j'étais l'ami. Je ne lui connais d'autre liaison que celle-là, et son intimité avec M. Langlois ; il était le premier à rire de son armée, qui était composée de Greppo, comme celle de la Grande-Duchesse était composée de Kopp. Au surplus je l'ai à peine connu, et je n'étais pas au courant de sa vie privée. Il désira me connaître sous l'Empire, à une époque où nous étions, lui et moi, ce qu'on appelait alors des proscrits de l'intérieur. Charles Beslay nous invita à dîner chez lui, rue de la Cerisaie, auprès de l'arsenal. Nous étions quatre : Proudhon, Charles Beslay, André Cochut, qui a été depuis directeur du Mont-de-Piété, et moi. Nous parlâmes longtemps du sort des ouvriers. Cochut défendit, avec son talent ordinaire, la thèse de la participation aux bénéfices. Proudhon et moi, nous étions surtout préoccupés du travail des femmes et de la situation des ouvriers devenus invalides. Nous fîmes la remarque que nos vues ne différaient pas du tout sur le mal et qu'elles ne différaient pas beaucoup sur le remède en ce qui concernait les femmes. Proudhon me dit en riant sur la fin de la soirée :

— Si Piétri sait que nous sommes ici tous les deux, il va croire que nous complotons.

C'est la seule fois que je l'ai vu dans l'intimité. Beslay me dit après son départ que je l'avais un peu intimidé. Nous en rîmes de bon cœur. Je n'étais pas moi-même trop à mon aise avec lui. Cela me fit penser à la scène des deux ours, dans l'*Ours et le Pacha*.

Jamais il n'y eut curiosité plus ardente que celle qui poussait les Parisiens à se rendre aux premières séances de l'Assemblée nationale ; jamais il n'y en eut de plus légitime.

L'Assemblée était chargée de faire une constitution, et, avant de l'avoir faite, de légiférer et de gouverner tout à la fois. Elle était, au pied de la lettre, toute puissante. Le sort de la France dépendait de la majorité qui se formerait dans ce monde inconnu et nouveau.

A peine la séance était-elle ouverte, j'allais dire, à peine le rideau était-il levé, que tous les spectateurs étaient debout dans les tribunes, la plupart avec des lorgnettes, pour dévisager les représentants. On passait sur le fretin, mais on désignait à haute voix les célèbres :

Voilà Bugeaud !

Voilà Lamoricière !

Voilà Lamennais !

Lamennais ! Quel homme plus fait, par sa destinée, pour attirer les regards dans un moment pareil ! Il ne payait pas de mine. C'était un petit homme chétif, plus petit et plus chétif que Littré, vêtu de noir, avec ces habits que portent les anciens prêtres, comme s'ils s'en étaient donné le mot, et qui les fait reconnaître au premier coup d'œil ; une figure plutôt laide que belle, maigre, allongée, pâle, avec un long nez et des yeux troublants. Il siégeait à la Montagne ; et lui-même, à peine en place, il s'armait d'une lorgnette et ne cessait de regarder, tantôt les tribunes, tantôt ses collègues. Il était seul; je veux dire qu'on comprenait en le regardant, que personne ne lui adresserait la parole, et que si on lui parlait, il ne répondrait que par nécessité. Il y avait sur lui comme une sorte de majesté sombre qui l'ôtait de la communion des autres hommes.

Cet isolé, envoyé là par le suffrage universel, presque sans l'avoir demandé, élu comme jacobin et libre penseur, quoiqu'il ne fût ni l'un ni l'autre, avait été légitimiste, catholique, prêtre ultramontain et chef du parti ultramontain, plus catholique que l'Eglise et plus papalin que le pape. A présent, n'ayant pu conduire l'Eglise où il voulait, il était en train de la démolir. Il lui faisait une guerre de prêtre, car il fut prêtre constamment, même après son apostasie. Il attaquait tout et ne s'arrêtait que devant Dieu.

Il n'aurait eu, dans l'Assemblée, que le choix de ses ennemis. D'un côté, Montalembert et Lacordaire, les évêques, dont un, l'évêque de Langres, était un adversaire de valeur; le protestant Coquerel, qu'on peut compter aussi. De l'autre côté, toutes les nuances de libres-penseurs: des hébertistes, en petit nombre, des jacobins qui s'inspiraient du *Vicaire savoyard* et du discours de Robespierre sur l'Etre suprême, et des héritiers de Camus et de Lanjuinais, prêts à recommencer la Constitution civile du clergé. Par malheur, il était hors d'état d'affronter la tribune. On ne pouvait le soupçonner de timidité. Je crois que c'est la passion qui le suffoquait.

Ne pouvant être ni Mirabeau, ni même Danton, il rêva certainement le rôle de Sieyès. Il fit un projet de constitution qui ne tenait compte ni des idées, ni des passions, ni des intérêts des générations nouvelles. L'échec fut profond. Il le sentit et se détourna d'une assemblée incapable de le comprendre. Ce n'est pas seulement en séance publique qu'il garda un silence obstiné. Très assidu à son banc, et calme en apparence, au milieu des plus grands orages, il avait l'indignation et la haine au fond du cœur. C'était un terrible homme, un homme à faire entrer dans ses calculs, suivant les temps, des charretées ou des autodafés. Avec cela, pitoyable à toutes les souffrances, et violent dans sa pitié comme dans sa colère.

Tous les yeux s'étaient détournés de lui, au bout de deux mois. Il resta à la même place, sur cette Montagne, toujours regardant dans sa lunette, toujours silencieux et morne, impassible à la surface, et dans le fond de son cœur, enragé.

Je sais sur Lamennais une histoire que m'a contée Ary Scheffer.

Il s'imagina, un jour, qu'il avait une passion violente et éclairée pour la peinture. Il se mit aussitôt à acheter des tableaux pour se créer une collection. Il ne voulut y mettre que les plus grands noms et les plus grands chefs-d'œuvre. Il eut à peine fait son apparition dans quelques galeries, que tous les marchands affluèrent chez lui. C'était tous les matins une procession. Il avait des bonnes fortunes, et il faisait des trouvailles qui consternaient ses amis.

Il ne se contentait pas de les acheter; il voulait, comme tout bon collectionneur, les montrer; non plus au premier venu ! Il disait comme Horace :

Odi profanum vulgus, et arceo...

Mais il avait fait son choix parmi ses meilleurs amis, et après avoir pesé leurs mérites et s'être assuré qu'ils étaient dignes d'entrer dans le sanctuaire — *dignus est intrare* — il n'avait de cesse qu'il les eût amenés devant ces incomparables merveilles. Il ne se faisait pas illusion, pourtant; il avouait que le musée du Louvre était supérieur au sien par la quantité.

Il demeurait alors, si je ne me trompe, dans la rue Tronchet, et il se plaignait du peu d'étendue de son appartement. Il aurait voulu réserver une salle pour chaque tableau; il était obligé de les entasser. Il en gémissait. Il n'y avait pas d'autre nuage dans son ciel, car ses toiles étaient certainement authentiques et de tout premier ordre.

Il ne jugea plus ses amis que par le degré d'admiration qu'ils témoignaient pour son musée. Les tièdes étaient bannis de son cœur et déclarés incapables. Les chaleureux passaient au rang d'esprits d'élite. Il n'y avait pas paru jusque-là. Il avait fallu l'étincelle.

Il voyait Ary Scheffer tous les jours. C'était peut-être le temps où Ary faisait son portrait. Et la même antienne tous les jours :

« Quand viendrez-vous ? »

Vous pensez s'il tenait aux éloges d'un pareil juge. Il lui décrivait, pour l'allécher, des Poussin et des Vélasquez, dont Ary, très ferré sur l'histoire de la peinture, n'avait jamais ouï parler. Le grand peintre se défendait de son mieux, connaissant, par une longue expérience, la férocité des collectionneurs, et se disant que Lamennais n'était pas homme à souffrir la contradiction. Il ne souffrait pas davantage les refus ; de sorte qu'après une longue et honorable résistance, Ary fut obligé de capituler.

Jour pris, parole tenue. Le peintre de Mignon descend des hauteurs de la rue de Douai, et arrive à la rue Tronchet, décidé à admirer de son mieux, s'il découvre seulement le plus léger prétexte à enthousiasme. Il est reçu avec transport, comme un hôte longtemps désiré.

Venies Tyrinthius...

Lamennais ouvre lui-même la porte du sanctuaire, *porta Aurea*, pousse Ary en avant, la referme, et pendant un quart d'heure le dévore de tous ses yeux. Il attendait un cri d'enthousiasme, le premier cri du cœur. Ary reste muet, sa figure est impassible. « Il est resté Hollandais, décidément. Avançons ». On avance pas à pas en faisant une longue station devant chaque toile ; et toujours, après l'examen, ces mêmes yeux flamboyants, braqués sur le visiteur comme pour le percer de part en part. Les premiers noms avaient été lancés par le propriétaire avec une joyeuse emphase. Sa voix a changé maintenant ; les syllabes sortent de ses lèvres en sifflant; elles ressemblent à une provocation, et toujours, toujours même silence de l'autre côté.

Toute visite a une fin. On arrive au bout de celle-ci; Ary voit la porte, il voudrait bien la franchir, et se trouver dans la rue pour respirer. Mais la politesse... la déférence... Ce grand penseur... Cet écrivain incomparable... D'un autre côté, comment s'y prendre pour mentir? Ce sera la première fois. Et mentir en matière d'art. Impossible! Ils restent là tous les deux un bon moment, l'un navré et empêtré, l'autre visiblement remué par une violente colère. C'est l'autre qui parle le premier. « Eh bien, monsieur? » Il a l'air de sonner la charge. Ary s'efforce de parler dans sa cravate. « Oui, j'entends bien, reprend l'autre. Nous sommes des gens de mauvais goût. Nous prenons ces croûtes pour d'incomparables chefs-d'œuvre. Mais puisque nous ne pouvons plus parler d'art ensemble, parlons d'argent. Etant donné le mauvais goût du jour, à combien estimez-vous ma galerie? » Ary fut bien surpris de cette question; on le serait à moins. Lamennais insistait, et sur un ton blessant comme pour dire : « Tu n'es pas même un expert : tu n'es qu'un vulgaire commissaire-priseur. — Oui, Monsieur, disait-il, nous parlons d'écus, d'espèces sonnantes. A combien l'estimez-vous? »

Ary lui-même ne brillait pas par la douceur. Il embrassa d'un coup d'œil l'ensemble de la salle.

« Ma foi, Monsieur, dit-il, tous ces cadres dorés paraissent neufs et en bon état. En les estimant à tant le mètre, il y en a bien ici pour deux mille francs.

— Sortez, Monsieur ! s'écria Lamennais, en montrant la porte. Il étouffait.

Ary ne se le fit pas dire deux fois. Ils ne se sont jamais revus.

. . . .

Vous croyez peut-être que les députés de 1848 ouvraient négligemment leurs séances à deux heures, qu'ils flânaient dans la salle et dans les couloirs jusqu'à deux heures et demie, qu'ils rentraient chez eux à six heures et qu'ils se donnaient deux jours de congé par semaine, et trois ou quatre mois de vacances par année ?

Des congés ? Des vacances ? Ils siégeaient tous les jours ; ils siégèrent toute l'année. La séance, aux jours d'accalmie, commençait à une heure et finissait vers huit heures. On ne connaissait pas la douceur des suspensions de séances. Les séances de nuit n'étaient pas rares. Celles du matin non plus. Je ne dis pas que nous faisions toujours de bonne besogne, mais nous en faisions énormément.

Je veux vous donner un aperçu de mes journées dans le mois de juillet. J'étais un représentant assez obscur, je n'étais affilié à aucune coterie ; je ne commençai que le mois suivant à écrire au *National*. Voici donc ma journée : J'étais président d'une commission que le président Sénard avait chargée de visiter les blessés de juin dans les hôpitaux. Nous faisions cette visite tous les jours, le dimanche compris, à six heures du matin. A huit heures, je devais être à la commission chargée de préparer le projet de loi organique de l'instruction publique. Je ne pouvais me dispenser d'y être tous les jours, attendu que j'étais rapporteur. A onze heures, séance de la commission du Conseil d'Etat dont j'étais la cheville ouvrière, en ma qualité de secrétaire général. A midi, c'était le tour des Comités ou des bureaux quand il y avait réunion des bureaux. On déjeunait comme on pouvait à la buvette. A une heure, séance publique.

Elle était confortable au commencement, cette buvette ; mais au bout de quelques semaines, sur la proposition de La Rochejaquelein, on supprima les côtelettes et on enleva les chaises. Il s'agissait, citoyens, de vivre en spartiates, avec un peu de lait et une croûte de pain. Dans les grandes occasions, permanence de l'Assemblée ou séance du soir très chargée, impossible de rentrer chez soi ; on dînait comme on avait déjeuné. Un rude métier. Il m'est arrivé plus d'une fois de partir de chez moi à cinq heures du matin et de rentrer à minuit, accablé de fatigue et de faim. Il y avait aussi les journées de péril. Tous les représentants allèrent au feu en Juin.

Nous eûmes aussi le choléra. On le prenait courageusement et même gaiement. Le président avait toujours quelques morts à nous annoncer après le procès-verbal. On tirait au sort les députations qui devaient assister aux obsèques. Un brave homme entend crier son nom :

« Au diable ! » dit-il.

C'était un peu léger avec la mort. Son voisin, homme très haut cravaté, lui en fit l'observation.

— Monsieur, lui dit-il, il s'agit de rendre les derniers devoirs à un collègue. (De quoi voulait-il qu'il s'agît ?)

— J'entends bien, Monsieur, répondit l'autre ; mais je ne connaissais pas le défunt. Si c'était pour vous, ajouta-t-il avec politesse, ce serait avec plaisir.

On travaillait beaucoup, dans les comités, quoiqu'on n'y fît jamais rien. Seul, le comité des finances, où siégeaient tous les gros bonnets de la droite, arriva à se rendre maître du terrain. Je fis d'abord partie du comité du travail. Puis le comité de l'instruction publique me fit l'honneur de me réclamer. J'avais pour voisin, au comité du travail, un représentant très poli et singulièrement impassible. Il écoutait attentivement, sans donner aucune marque d'approbation ou de désapprobation.

M. Pierre Leroux, qui était du même comité que nous, l'appelait : citoyen Bonaparte.

Il n'y a pas beaucoup d'entre nous, mes chers concitoyens, qui aient été collègues d'un empereur, ou disons d'un futur empereur pour ne rien exagérer. Les membres survivants de l'Assemblée de 1848 ont eu cette joie ; et moi plus que plusieurs autres, car je faisais partie, comme le prince Louis Napoléon de ce que l'on appelait le comité des travailleurs ; pour comble de chance, je me trouvais assis à sa gauche, coude à coude avec lui. Nous étions très séparés dans la salle de l'Assemblée, car il siégeait au beau milieu de la montagne, et moi, tout au fond de la plaine, entre François Arago et Hippolyte Carnot, vis-à-vis de la tribune aux harangues. Mais, comme je vous le disais tout à l'heure, dans le comité des travailleurs, c'est-à-dire dans le comité où l'on s'occupait de toutes les questions ouvrières, nous siégions l'un à côté de l'autre.

Je n'en étais pas beaucoup plus avancé. Sa future majesté était absolument muette. Il était fort exact, se rendait immédiatement à sa place, sans flâner à droite ou à gauche comme la plupart de nous, saluait le premier, et très poliment, ses voisins quand ils étaient là, et tout aussitôt, mettant sa tête dans ses mains, ou l'appuyant sur le dossier de sa chaise, il devenait immobile jusqu'à la fin de la séance.

Signe particulier et très caractéristique : il ne dessinait aucun bonhomme et ne faisait pas de cocottes. Il avait l'air d'écouter attentivement ce qu'on disait ; j'ai pensé depuis qu'il était plutôt absorbé par la préparation de son règne. On sait qu'il en était préoccupé depuis son enfance.

Philippe Le Bas, qui avait été son précepteur, m'a

conté qu'il se fit longtemps attendre chez sa mère, la reine Hortense, un jour qu'il y avait des hôtes illustres. La reine, très forte sur l'étiquette, ne se serait pas permis de déplier sa serviette tant que le « prince » encore presque adolescent, n'était pas là. Il arriva enfin, salua avec sa courtoisie ordinaire et, s'adressant à sa mère pour s'excuser :

— Je tenais, dit-il, à terminer l'article 12 de la Constitution.

Au comité, il avait toujours les yeux fixés sur celui qui avait la parole. Quand, par grand hasard, il ne le connaissait pas, il lui arrivait de me dire, en s'inclinant :

— Qui est-ce ?

Je répondais par un seul nom ; c'était le genre de réponse qu'il aimait le mieux ; si j'y ajoutais quelques mots d'explication ou d'appréciation, il écoutait d'un air très attentif, et ne répondait rien.

Je me souviens pourtant qu'ayant eu un rhume à cette époque, je le vis deux ou trois fois fermer la fenêtre qui était derrière nous. Je lui demandai si l'air le gênait :

— C'est pour vous, me dit-il.

Et un instant après :

— Vous êtes chauve, ce qui vous dispose aux rhumes de cerveau. On m'a conseillé pour me guérir de la calvitie, de me laver la tête tous les matins avec du thé un peu fort. Je m'en trouve bien.

Je ne manquai pas, à mon tour, de recourir au remède et je me lavai la tête tous les matins avec du thé, jusqu'au 2 Décembre. Mais à partir de ce moment-là, l'indignation ne me permit pas de continuer. D'ailleurs, la maladie avait fait de tels progrès que je n'avais plus rien à conserver.

Vous voulez savoir comment on l'appelait? Les uns disaient: Citoyen; d'autres: Monsieur. Je disais: Monseigneur. Je donne toujours à mes interlocuteurs le titre qu'il leur plait de recevoir.

Ce n'était pas l'usage de Victor Hugo. Un jour qu'il avait à dîner l'empereur du Brésil:

— Comment l'appellerai-je, me disait-il? Sire est écarté. Monseigneur également. Monsieur serait peut-être impoli. Je dirai prince.

— Prince ou seigneur, lui répondis-je. Vous serez dans la pure tradition de Racine:

> Fille d'Agamemnon, c'est moi qui, la première,
> Seigneur, vous appelai de ce doux nom de père.

Le prince Louis, en arrivant à la séance publique, prenait dans son tiroir une immense lorgnette de spectacle et ne cessait de s'en servir pour lorgner les femmes dans les tribunes. Dieu sait qu'elles le lui rendaient avec une louable assiduité. Il avait des gants lilas, qu'il n'ôtait jamais. Nous prenions note de tous ces petits détails. Il monta deux fois à la tribune et dit chaque fois deux mots, ce qui fit quatre mots en tout pour une demi-année.

Nous fûmes très empressés à tout remarquer: le timbre de sa voix, qui était un ténor grave, son accent tudesque, et sa démarche appropriée à son accent. Nous savions tout ce qu'il faisait, tout ce qu'il disait. Il avait tenu à recevoir la visite de M. Véron. Il avait dit en montrant la statue qui surmonte la colonne Vendôme :

— Voilà mon grand électeur !

Nous savions aussi tout ce qu'il méditait, et par exemple, il méditait d'avaler la France comme une boulette. Il n'eut pas à se plaindre de nous, car nous ne fîmes rien pour l'en empêcher.

Il y eut, dans l'assemblée nationale, trois poètes : Béranger, Victor Hugo, Lamartine.

Béranger avait été longtemps, il était encore, comme chansonnier, l'idole du pays ; on l'admirait et on l'aimait, ses chansons avaient un peu perdu de leur vogue, elles avaient gardé toute leur renommée. Il passait, parmi ses amis, pour un homme d'un grand sens, même en politique. Il fut élu malgré lui. Il sentit sur le champ qu'il n'y avait pas de place pour des chansons dans cette assemblée, qu'il était hors d'état d'aborder la tribune, qu'un ministère le détruirait de fond en comble dans l'esprit public, qu'il n'avait ni goût ni aptitude pour le métier de ministre ni pour celui de représentant, qu'il demeurait un poète de haut mérite en sortant de l'assemblée, et qu'il ne serait plus, s'il y restait, qu'un député vulgaire. Tout le monde l'approuva de donner sa démission. Tout le monde la refusa. Il insista, on le laissa partir. Ce poète était un sage.

Victor Hugo fut quelque temps à chercher sa voie. Le gouvernement des esprits le tentait. Déjà en

1834, quand J.-J. Ampère avait donné sa démission, il avait posé tout à coup sa candidature pour être professeur de belles-lettres à l'Ecole Normale. Il avait pour concurrents Sainte-Beuve et Nisard. Le gouvernement préféra Nisard. En 1848, il voulut être ministre de l'instruction publique : on lui préféra Freslon. Il renonça dès lors à prendre part à la vie active comme un simple mortel, et prit le rôle de plénipotentiaire de la poésie auprès de la politique. Il apparaissait seulement dans les occasions solennelles, pour parler le langage de la morale ou de la pitié. Après le coup d'Etat, il fut le vengeur.

Lamartine est le seul qui joua véritablement un rôle politique. Il laissait volontiers entendre qu'il avait autant d'aptitude pour la politique que pour la poésie. On en souriait. On parlait de M. Ingres, qui se croyait un grand artiste sur le violon. Il était député depuis longtemps ; il parlait souvent, car il avait au plus haut degré le don de la parole. On l'écoutait avec déférence à cause de ses vers. Les maîtres de forges et les filateurs de coton, qui peuplaient les bancs de la Chambre, se disaient entre eux que la véritable discussion commencerait quand ce rêveur aurait fini de parler. Il était un peu socialiste en ce sens qu'il avait grand souci des déshérités. Ne sachant où le classer entre Garnier-Pagès (l'aîné) et Odilon-Barrot, on créa pour lui le parti social, dont il fut déclaré le chef, et qu'il formait à lui tout seul. Cette situation d'isolé lui convenait. Il ne pouvait pas avoir un chef ; il lui était difficile d'avoir des soldats.

Nous avions fort peu d'ouvriers à l'Assemblée de 1848. La candidature ouvrière n'est devenue une institution qu'à la fin de l'empire. Un orléaniste célèbre, fort grand seigneur et fort peu suspect de socialisme, se vantait de l'avoir inventée pour créer des difficultés à l'Empire.

Beaucoup d'ouvriers s'étaient présentés après Février ; mais, soit jalousie, soit défaut de confiance, le suffrage universel n'en avait pas voulu.

On cassa l'élection de Smith ouvrier, l'ouvrier de la pensée. Albert, ouvrier, membre du Gouvernement provisoire, qui fut compris dans les poursuites après le 15 mai, parut à peine à la Chambre. Corbon, sculpteur sur bois, artiste de talent, journaliste à ses heures, se comptait lui-même parmi les ouvriers. Il était très connu, très estimé, très compté ; il fut appelé à la vice-présidence, et il n'est pas douteux que la Chambre, en le nommant, voulut donner une preuve de ses sentiments démocratiques. Corbon fut vice-président pendant une année entière. Il ne fut pas élu à la Législative et se remit très simplement à travailler de son état ; je crois bien que les sculptures de l'orgue de Saint-Germain-des-Prés sont de lui et remontent à cette époque.

Il y avait encore M. Astouin, portefaix de Marseille, qui était vêtu d'un bourgeron, mais d'un bourgeron en drap très fin, et qui était un jeune homme élégant et délicat, certainement incapable de soulever un fardeau. Il y avait aussi un ouvrier du Loiret, qui votait avec les républicains modérés, M. Peupin.

M. Peupin était un ouvrier horloger. Je pense que M. Peupin travaillait en chambre, à son compte.

Il soumissionna l'entreprise du remontage et de l'entretien des pendules du Palais Bourbon. Peut-être en un autre temps aurait-il cherché à dissimuler sa profession ; peut-être n'aurait-il pas accepté la qualification d'ouvrier ; un horloger, et surtout un entrepreneur d'horlogerie, n'est pas à proprement parler un travailleur manuel.

En 1848, il se parait, au contraire, du titre d'ouvrier, et l'on voit, par l'exemple de M. Smith, qu'il y avait des bourgeois qui l'usurpaient. Il est aussi absurde de l'usurper que de le cacher ; il était pour le moins ridicule de l'étaler.

Un député qui affecte de porter une blouse est évidemment un nigaud ; que ne porte-t-il aussi un tablier ?

J'aime mieux cet ouvrier, invité à la cour, à qui l'on conseillait de louer un habit pour la circonstance, et qui répondit très simplement : « Je ne porte d'autres habits que les miens ». Celui-là, à mon avis, avait un sentiment très juste de sa dignité.

La blouse mise hors de propos et l'habit brodé expriment, sous des formes opposées, un sentiment identique, qui n'est pas celui de l'égalité.

M. Peupin arriva plus d'une fois à son comité (le comité des travailleurs, qui siégeait dans la chambre actuellement consacrée aux séances des députés).

avec un paquet enveloppé de lustrine verte.

Il s'asseyait à son banc de représentant, ouvrait son paquet, mettait des outils et des pièces d'horlogerie sur son pupitre et se mettait à travailler. Il ne devait pas faire grand'chose, ni surtout grand' chose de bon. Il croyait nous émerveiller en faisant cela ; mais cette affectation paraissait de bien mauvais goût.

Je l'ai vu entrer dans un bureau pendant qu'on délibérait. Il alla droit à la cheminée et se mit en devoir de monter la pendule ;

— Monsieur Peupin, lui dit le président, êtes-vous du bureau ?

— Non monsieur, dit-il, je viens faire mon métier.

— En ce cas sortez à l'instant.

— Vous auriez dû, ajouta-t-il en s'adressant au garçon de bureau, avertir M. Peupin qu'il ne pouvait entrer puisque nous sommes en séance. Que cela ne se renouvelle plus.

Après cette algarade, Peupin renonça à faire parade de ses outils.

Il fit une autre chose, qui était plus habile. Il prononça un très beau discours rempli d'excellents conseils aux ouvriers.

Un orateur de la rue de Poitiers n'aurait pas fait mieux. Il devint, à partir de ce moment, le favori de la réaction. Il ne fut pas réélu, mais on lui donna une bonne place.

Nous avions sur nos bancs deux nègres, ou, pour parler plus exactement, un nègre et un mulâtre.

Le nègre, qui avait passé sa vie à soigner des cannes à sucre, pouvait s'intituler légitimement : ouvrier agricole ; le mulâtre était affranchi, et exerçait, avant d'être représentant du peuple, la profession de domestique. Il n'en voulut pas démordre après son élection.

Il avait été élu en même temps que son maître. Celui-ci eut beau l'exhorter à s'occuper exclusivement de ses fonctions de législateur, il persista pendant toute la durée de son mandat à cirer les bottes de son collègue.

J'avais un peu connu Louis Blanc quand j'étais élève de l'Ecole normale et lui rédacteur d'un journal qui s'appelait, je crois, le *Bon sens*. Je fus mis en relations avec lui par Emile Saisset, qui trouva moyen d'écrire dans le *Bon sens* un article anonyme. Article insignifiant d'ailleurs, mais qui grandit beaucoup Saisset à ses propres yeux et aux miens.

Louis Blanc ne fut avec nous qu'un camarade aimable, d'humeur facile, un peu engoué de son esprit, aimant à le montrer, et assez flatté de frayer avec des élèves de l'Ecole normale, qui étaient, selon lui, des savants. Nous étions bien plus fiers de notre nouvelle connaissance, surtout quand l'*Histoire de dix ans* lui eut acquis une grande notoriété. Les événements de 1848 le mirent en pleine lumière.

Il y avait en ce moment-là trois grand chefs dans le gouvernement : Louis Blanc, qui représentait les socialistes ; Ledru-Rollin, qui représentait les jacobins, et Lamartine, qui représentait la France.

Arago, Marie et Marrast disparaissaient derrière Lamartine : Crémieux et Garnier-Pagès derrière Ledru-Rollin : Albert, ouvrier, n'était que le satellite de Louis Blanc. L'octogénaire Dupont de l'Eure, ministre de la justice en 1830, n'était qu'un symbole.

Chacun des grands chefs avait sa cour. Celle de Lamartine était la plus nombreuse et celle de Louis Blanc la plus bruyante. Marrast, Garnier-Pagès, Arago lui-même, pouvaient sortir dans la rue impunément ; ils en étaient quittes pour quelques coups de chapeau. Un gamin qui les reconnaissait criait : « Vive le gouvernement provisoire ! » Ils saluaient et tout était dit.

Mais si Lamartine mettait le pied sur la place de l'Hôtel de Ville, à l'instant il se trouvait entouré et pressé par des milliers d'individus qui sortaient on ne sait d'où, probablement d'entre les pavés : hommes, femmes, enfants, bourgeois élégants, ouvriers en blouse, prêtres, rabbins, ministres protestants ; les femmes ordinairement étaient en majorité, et il y en avait de toutes sortes, depuis les ouvrières jusqu'aux dames du monde ; et l'on poussait des cris à tout rompre : « Vive Lamartine ! Vive notre sauveur ! » C'était une émulation parmi les femmes à qui pourrait lui baiser la main. Il n'était ni surpris ni ému, pensant que les choses étaient rentrées dans l'ordre naturel, et qu'un chœur antique était naturel autour de Tyrtée. S'il fallait un discours, il l'improvisait à l'instant, comme un grand maître improvise au piano sans préparation.

Le cortège de Louis Blanc était tout autre. Il ne se composait que d'ouvriers.

Il y avait le vétéran et le gavroche, l'ouvrier d'élite et l'homme de peine. Ils paraissaient autour de lui inopinément; ceux-là et non pas d'autres; par quel miracle de sélection? on ne saurait le dire.

Il ne s'agissait pas ici de baisement de main, mais il fallait à toute force porter Louis Blanc sur les épaules. Ce n'était pas commode pour lui. Il s'y prêtait par patriotisme.

On ne le vit guère à la Chambre jusqu'au 15 mai. Il était trop occupé au Luxembourg et au gouvernement. Je crois qu'il se serait entendu difficilement avec Proudhon et les autres.

Il se trouvait à la Chambre le 15 mai; et la première chose que firent les envahisseurs fut de le prendre sur leurs épaules, comme ils en avaient l'habitude, et de le promener en triomphe tout autour de l'hémicycle. Je suis témoin qu'il se défendait de toutes ses forces, et qu'il suppliait ses amis de se retirer.

Il n'en fut pas moins compris, quelques jours après, dans les poursuites. M. de Montalembert et moi, nous votâmes contre la mise en accusation.

Ce grand socialiste, qui avait tant agité la population pendant trois mois, disparut, après le 15 mai, sans laisser de traces.

Vous demandez ce que c'est que la popularité? Ce n'est rien.

Nous fûmes bien étonnés quand l'Assemblée Constituante mit Buchez à sa tête. Nous ne savions pas qu'il avait été mêlé à toutes les conspirations, qu'il était l'un des fondateurs de la Société des Amis du peuple et du carbonarisme français, qu'il était entré jusqu'au cou dans la conspiration de Belfort, et qu'il s'en était bien peu fallu qu'il ne partageât le sort du général Berton, de Caron et des quatre sergents de la Rochelle, puisque les voix du jury de Colmar se partagèrent par égalité entre l'acquittement et la mort.

La plupart d'entre nous le voyaient pour la première fois.

Les républicains de l'Assemblée trouvèrent très habile de mettre à leur tête un républicain de vieille date, qui avait des tendances socialistes, et dont le socialisme paraissait peu envahissant et peu effrayant.

La droite y prêta la main, et Buchez devint président pour un mois ; pour un mois seulement, car cette Assemblée, qui avait de bonnes intentions et peu de lumières, aurait cru manquer à la loi de l'égalité en se donnant un président trimestriel.

Il se trouva que ce président n'avait ni fermeté, ni présence d'esprit. Il ne savait auquel entendre. Lorsque l'Assemblée fut envahie le 15 mai, il ne sut littéralement où donner de la tête. Le bureau était encombré ; tout le monde lui parlait à la fois et lui donnait des conseils contradictoires.

Pendant ce temps-là les orateurs se succédaient à la tribune.

Que disaient-ils ? Il n'en savait plus rien. Deux orateurs parlaient ensemble, puis trois, puis quatre. La tribune était comme ces tréteaux que l'on voit à la porte des saltimbanques et où tous les acteurs de la parade hurlent et gesticulent à la fois.

Qui étaient ces orateurs ? Il ne les reconnaissait plus, et il avait une bonne raison pour cela, c'est que tous ceux qui l'entouraient et avec qui il parlementait, étaient, sans qu'il le sût, des envahisseurs. Il avait signé l'ordre de battre le rappel, on lui mit sous les yeux un ordre tout écrit de ne plus le battre. Il le signa également.

Corbon, vice-président, qui, depuis quelques temps, se tenait à côté de lui, prit le parti de lui conseiller la retraite et de prendre sa place. Il était temps ; le pauvre Buchez ne voyait plus qu'une mer devant lui. Il disparut comme s'il avait été englouti dans une trappe.

C'est qu'il avait été englouti, en effet ; on ne le revit plus.

Il acheva, grâce à Corbon, son mois de présidence, mais il ne joua plus, à partir de ce jour-là, aucun rôle dans l'assemblée ni ailleurs. Ce n'était pas une catastrophe ; c'était une disparition subite et complète, unique peut-être en son genre.

Nous retrouvâmes plus tard Buchez, quand la chance eût tourné contre nous et que nous fûmes tous réduits à l'état de vaincus. Il avait voté en silence avec ses amis et partagé bravement et modestement leurs dangers. C'était l'homme le plus droit, le plus loyal, le plus bienveillant. S'il avait su ce qu'il y avait à faire le 15 mai, il l'aurait fait à tout prix. Il n'eut pas peur du danger, il eut peur de se tromper. Il vivait quelque part, rue de Babylone, dans un logement où personne ne pénétrait. C'est qu'il était dans la dernière misère.

Louis Blanc fut condamné pour avoir provoqué la journée du 15 mai, qu'il n'avait pas provoquée.

L'Assemblée de 1848 était pourtant une Assemblée d'honnêtes gens; mais c'était une Assemblée, et une Assemblée politique. Elle avait condamné un citoyen, absolument comme elle aurait renversé un ministère. Il devait être coupable puisqu'il avait d'autres passions et d'autres doctrines que les passions et les doctrines de la majorité.

Il se rendait tristement à Londres, où il a passé de longues années d'exil. Il traversait la Belgique, et l'idée lui vint, en se rendant à Ostende, de s'arrêter un jour dans la ville de Gand. Il visita d'abord Saint-Bavon, comme doit faire tout archéologue, puis il se mit à flâner par les rues et le long des canaux.

Il faut vous dire qu'à ce moment-là la Belgique avait une peur horrible de la France. Elle avait peur de sa propagande et de son gouvernement. M. Rogier ne voulait pas avoir chez lui de proscrits français. Il avait dit aux gouverneurs de provinces et aux bourgmestres des grandes villes: « S'il s'en présente chez nous, vous leur expliquerez poliment qu'ils doivent sortir du territoire et vous les ferez conduire avec les plus grands égards, jusqu'à la frontière ».

Il donnait ces ordres avec répugnance. Ses collaborateurs comprirent qu'il tenait surtout à les avoir donnés et que, s'ils fermaient les yeux sur la présence d'un proscrit, il fermerait les yeux lui-même sur leur désobéissance.

Or, il arriva que mon ami, Charles de Kerchove, bourgmestre de la ville de Gand, était à Bruxelles, le jour où Louis Blanc visitait la patrie de Van Artevelt.

L'adjoint chargé de la police avait donné des ordres sévères pour qu'il ne se produisît aucune mésaventure pendant son absence, et les inspecteurs de police parcouraient les rues et les places avec un redoublement d'activité.

L'un d'eux s'arrêta tout net au coin de la rue du Vieil-Archer.

Il y avait là, et il y a peut-être encore, la boutique d'un marchand d'antiquités, chez lequel les amateurs font souvent de riches trouvailles.

Devant la vitrine était campé un jeune homme de trente-cinq ans, qui regardait de tous ses yeux, une reproduction du fameux triptyque d'Holbein. Ce n'était pas un Gantois, ce n'était pas un Belge ; c'était un Français, et un Français de distinction. Si c'était un proscrit ? C'en était un, car il portait un habit bleu avec des boutons de métal, ce qui n'est pas un costume pour aller en voyage. Cet homme était parti en toute hâte, ce ne pouvait être qu'un fuyard. Enfin, quoique bien conformé sous tous les rapports, il n'allait pas plus haut que le coude.

L'agent, ravi de sa perspicacité, et se voyant déjà promu au grade supérieur, s'approcha de lui avec gravité, et, mettant le chapeau à la main :

— Monsieur Louis Blanc, dit-il, au nom du roi, je vous arrête.

Louis Blanc éprouva une sensation très désagréable. Un voyageur qui se voit arrêté mal à propos en pays étranger, a pour ressource de se faire conduire chez son consul, mais le consul de France était son pire ennemi. Il ne fallait pas penser à discuter avec un subalterne. Il demanda à être conduit au bourgmestre.

— Le bourgmestre, dit l'agent, est représentant, et il est, pour le moment, à Bruxelles.

— Mais l'adjoint chargé de la police ?

— M. Vandelver ? Il est à Bruges, dans la famille de sa femme, mais il reviendra demain matin. En attendant, je vais vous conduire à l'Amigo.

— Qu'est-ce que l'Amigo ?

— Soyez tranquille, ce n'est pas une prison de malfaiteurs. C'est une prison politique où l'on n'a jamais mis que des gens comme il faut. Van Artevelt, lui-même, y a séjourné.

— Va donc pour l'Amigo, puisque je ne puis faire autrement.

C'était tout près, comme vous savez. Il n'y avait qu'à longer l'hôtel de ville.

Qui fut étonné ? Ce fut le concierge. Un prisonnier ? Cela ne s'était jamais vu depuis la Révolution ! Et un Français ! M. Louis Blanc ! Un homme qui avait été membre du gouvernement et qui probablement redeviendrait ministre !

Tout le personnel de la prison, composé d'un porte-clefs et d'une servante, arriva avec des flambeaux, et on introduisit l'hôte ou le prisonnier, car on ne savait comment le nommer, dans le cabinet du bourgmestre. « Vous voudrez bien attendre ici, monsieur, pendant qu'on va préparer la chambre du chevalier, où vous devez passer la nuit ».

On lui demanda en même temps ses ordres pour le souper, en l'avertissant qu'on était à deux pas de la taverne de Van Peteroot.

Louis Blanc ne craignait pas une extradition, mais il était fort contrarié de ce contre-temps. Il résolut de le prendre de haut.

— Je ne souperai pas, dit-il. Je ne me coucherai pas dans un lit. Je n'entrerai pas dans la chambre du chevalier. Je proteste contre cette arrestation illégale, et j'attends ici la visite du bourgmestre ou celle de son substitut. Il est impossible que tout le collège des échevins soit absent à la fois.

A ces mots, il enfonça son chapeau sur sa tête d'un air déterminé et se mit à arpenter le cabinet du bourgmestre, c'est-à-dire le cabinet où le bourgmestre est censé interroger les prisonniers de marque dans les vingt-quatre heures de leur arrestation.

Le concierge ou plutôt, pour lui donner son véritable titre, le gouverneur de l'Amigo salua jusqu'à terre et sortit pour courir, dit-il, chez tous les échevins, jusqu'à ce qu'il en trouvât un...

Le gouverneur avait laissé un flambeau allumé, car la nuit était venue.

Le premier mouvement de Louis Blanc, quand il se trouva seul, fut de chercher les fenêtres. Il y en avait deux, mais placées très haut et qui, par conséquent, ne permettaient pas de voir du dehors. Il alla à la porte et s'assura qu'elle n'était pas fermée. Il s'assit dans le fauteuil du bourgmestre, et la poussière qu'il souleva le convainquit que personne ne s'y était assis depuis plusieurs années. De la poussière partout. Point d'autre meuble que ce fauteuil et une table de forme antique. Si fait pourtant, il y a une gravure suspendue au mur. Il prend le flambeau et s'en approche. C'est l'histoire de cette femme qui nourrit de son lait son père condamné à mourir de faim. Il se rappelle en effet que la légende place cette sinistre aventure dans la ville de Gand. « On mourait de faim ici ! » Cette réflexion et certains tiraillements d'estomac lui rappellent qu'il a déjeuné le matin à dix heures à Saint-Nicolas et qu'il en est huit. « C'est très beau d'avoir déclaré que je ne dînerai pas, c'est très magnanime, mais c'est assez incommode. Y a-t-il une sonnette ici ? » Point de sonnette.

Il fait quelques pas dans le corridor, mais la rougeur lui monte au front. Il rentre dans le cabinet, se rasseoit dans le fauteuil, et se donne l'ordre d'y demeurer immobile. « Quelques heures sont bientôt passées ». Pourtant, lorsque le carillon de l'hôtel de ville sonne neuf heures, il se demande ce que les Français pourraient faire de plus que de le faire mourir de faim.

Juste à ce moment, il entend du bruit dans le corridor, comme de plusieurs personnes qui se hâtent et qui se poussent. Des pas précipités se dirigent vers la porte. C'est le gouverneur. « Ma foi, s'il m'offre encore à souper, je ne résisterai que pour la forme. » Une suave odeur de cuisine se répand dans le corridor et le cabinet.

— Je n'ai pas trouvé M. Van de Laer, dit-il. Je lui ai laissé un mot pour qu'il accoure, de jour, de nuit, aussitôt qu'il sera revenu. J'ai couru chez M. Deschamps, le second échevin, dont la maison est sur la place aux Herbes. Il y était, il va venir : il n'a pris que le temps de commander le dîner de Monsieur. Il m'a dit : « Je passe par l'hôtel de ville pour relire les instructions du ministre, dites à M. Louis Blanc que je le supplie de ne pas refuser mon dîner et que je veux le trouver à table.

— Il n'y a pas moyen de résister à de telles instances, dit Louis Blanc, allons dîner.

On le mena dans la chambre du chevalier, une petite chambre voûtée, sculptée, ornementée, où rien ne rappelle la prison, que la petitesse des fenêtres, qui ne sont guère que des lucarnes.

La table était dressée avec des flambeaux et du linge d'une blancheur éblouissante ; deux fauteuils, deux couverts. « Je dînerai avec l'adjoint ! c'est contrariant, il faut l'attendre. » Il était à bout de force. Il se versa un doigt de vin. Du Corton de 1834 ! Il ne le devina pas, le brave garçon, il le lut sur la bouteille. Un mouvement dans la valetaille. C'est lui, c'est M. l'échevin. Un petit homme tout court, tout rond, tout joyeux, avec un visage rouge et des cheveux gris, avocat probablement, saluant jusqu'à terre, s'excusant de n'être pas venu en voiture.

— Il aurait fallu atteler, j'ai plus vite fait de venir à pied. Mais quel bonheur pour moi, et quel honneur ! Un homme si illustre ! Celui de tous les Français que je désirais le plus connaître ! Vous excuserez ce petit repas improvisé. J'ai pensé que vous deviez être affamé et qu'avant de parler d'affaires et de me mettre à vos ordres, comme je le dois, je devais... je pouvais... Bref, je voudrais vous voir à table, M. Louis Blanc.

— A table avec vous, Monsieur l'échevin, dit Louis Blanc, faisant le bon prince. Vous sentez bien que je ne vous rends pas responsable de la grossièreté de votre agent.

— Oh ! le misérable, dit M. Deschamps, le bélître, je proposerai sa révocation à la première séance du collège.

— Non, non, dit Louis Blanc. Pas de vengeance politique. D'autant plus que je lui dois un excellent souper, et le plaisir, ajouta-t-il en s'inclinant, d'avoir fait votre connaissance. Mais, dites-moi, monsieur l'échevin, je n'ai aucun renseignement sur votre ville. Où me conseillez-vous d'aller coucher, en sortant d'ici, car je ne veux pas coucher en prison, j'y suis résolu.

— Quoi ? Comment ? dit le pauvre Deschamps en pâlissant. Mais vous êtes légalement écroué, monsieur Louis Blanc ; vous ne pouvez plus sortir d'ici que sur l'ordre écrit et sous la responsabilité de M. Van de Laer, qui a la délégation du bourgmestre. Je puis vous procurer ici, tout ce que vous voudrez : des livres, des journaux, du tabac, de la compagnie, mais je ne puis donner l'ordre de vous laisser sortir : je n'en ai pas le droit, je ne serais pas obéi.

Des livres ! Ce mot fit frémir Louis Blanc. Il pesta, il se fâcha, il se raccommoda, il se coucha, il dormit comme un bienheureux et se réveilla le lendemain en criant : « Van de Laer ! Van de Laer ! »

A l'instant même, comme s'il eût été évoqué par un pouvoir diabolique, Van de Laer ouvrit la porte...

— Monsieur Van de Laer, je vous appelais, s'écria Louis Blanc.

— J'ai bien entendu. Je suis là à la porte, depuis une heure, à attendre votre réveil...

— Et pour me mettre dehors ? Votre collègue M. Deschamps veut révoquer l'agent qui m'a arrêté, et, pardonnez-moi la plaisanterie, il est aussi bête que lui, puisqu'il n'ose pas me relâcher.

— Il n'est pas bête, monsieur Louis Blanc. Il est doyen de notre Faculté de droit et sera représentant quand M. de Kerchove passera sénateur. Il est en passe de devenir ministre, mais il ne peut pas violer la loi, et je ne le puis pas moi-même. Il faut que vous attendiez le retour du bourgmestre.

— Quoi ! La fin de la session ! dit Louis Blanc qui se sentait envahir par la colère.

— Non, non, dit Van de Laer en souriant. Vous

pensez bien que je lui ai écrit de venir. Il aurait pu venir par le train de huit heures, mais il sera certainement ici par l'express à neuf heures et demie, et une voiture l'attend par mes ordres pour qu'il vienne à l'Amigo sans perdre un instant ».

Louis Blanc était exaspéré. « Qui sait encore, pensait-il, si ce bourgmestre ne sera pas aussi borné que ses adjoints ? »

Il s'emporta sans venir à bout de la patience de M. Van de Laer, une patience à toute épreuve.

— Avec tout autre, je me fâcherais, monsieur Louis Blanc; car vous me traitez bien durement; mais je supporterai tout de votre part : j'y suis résolu.

Louis Blanc comprit qu'il faisait fausse route. Il s'excusa, prit un ton plus calme et essaya de démontrer que son départ serait un soulagement pour tout le monde, pour Van de Laer, pour le bourgmestre, pour M. Rogier et même pour la Belgique. Mais il se trouva qu'il avait affaire à forte partie ; ce Van de Laer, avait été chef de division chargé de la police générale à Bruxelles.

Il connaissait sur le bout du doigt tous les règlements, toutes les circulaires ministérielles et tous les incidents diplomatiques. Son érudition tomba comme une douche d'eau froide sur le pauvre Louis Blanc, qui ne pouvait plus placer un mot et qui s'ennuyait à périr.

Enfin, le carillon de l'horloge sonna la demie, et, quelques minutes après, on entendit le bruit d'une voiture arrivant au galop. — Le bourgmestre ! C'est le bourgmestre ! — C'était lui, Charles de Kerchove en personne.

Il entra dans la chambre du chevalier en bousculant le gouverneur et s'avança vers Louis Blanc, les mains tendues, avec le visage rayonnant d'un ami.

— Vous, au moins, s'écria le pauvre mystifié en répondant cordialement à son étreinte, vous au moins vous m'apportez la liberté !

— Non, répondit M. de Kerchove, et j'en suis bien humilié pour mon pays... Je ne vous apporte pas la liberté, mais je viens faire tous mes efforts pour vous aider à la reprendre.

Est-ce qu'il va me proposer de faire comme Latude et de m'en aller par la fenêtre ? pensait Louis Blanc.

— Du moment que vous êtes arrêté, cher monsieur, vous ne pouvez être régulièrement relâché que sur un ordre du ministre, qui ne le donnera pas.

— Il le donnera !

— Il ne le donnera pas. Je suis allé chez lui ce matin. C'est mon ami. Il pense comme moi et comme nous tous sur votre arrestation ; mais il ne croit pas pouvoir braver le gouvernement français en vous relâchant. Il veut vous faire conduire hors du royaume avant qu'une réclamation se produise. Il vous laisse le choix entre l'Angleterre et la Hollande. J'ai eu beau lui faire honte de sa faiblesse ; il s'est entêté. Je me suis entêté de mon côté, et voici mes propres paroles : « Je ne m'associerai pas à une lâcheté. Je vais à Gand tout exprès pour vous désobéir. Tant que je serai bourgmestre, M. Louis Blanc y sera en pleine liberté sous la protection de la loi. Vous pouvez me révoquer, mais vous ne me déshonorerez pas.

Enfin, j'avais trouvé un homme ! nous disait, longtemps après, Louis Blanc en nous racontant cette histoire chez Victor Hugo. J'avais envie de lui sauter au cou, disait-il.

Lui sauter au cou ! cela ne lui aurait pas été facile. Mon bien cher ami Charles de Kerchôve était l'homme le plus grand que j'aie jamais connu.

— Allons, venez, sortons d'ici, dit Kerchôve, car il était expéditif et ne se perdait pas en paroles comme ses deux acolytes. Nous vous trouverons une jolie maison du seizième siècle, où vous écrirez des chefs-d'œuvre, et, en attendant, vous accepterez mon hospitalité aussi cordialement qu'elle vous est offerte. Allons ! Allons !

Et il poussait Louis Blanc vers la porte. Louis Blanc résistait de toutes ses forces, ce qui n'était pas facile avec ce diable d'homme.

— Mais, mon cher bourgmestre, si je vous comprends bien, l'intention de M. Rogier n'est pas de me garder en prison ?

— Pas du tout !

— Ni de me rendre au Gouvernement français ?

— Il n'y songe pas.

— Il veut me faire conduire sur le champ en Angleterre ?

— Oui, et je ne le lui pardonnerai jamais.

— Mais c'est là que j'allais, mon cher bourgmestre. J'y suis attendu. On y dirige de Paris mes bagages, je serais à Londres en ce moment, sans vos Deschamps et vos Van de Laer. Je ne vous demande qu'une chose, c'est de me faire conduire à l'embouchure de l'Escaut.

— Je ferai mieux, répondit Kerchôve, intérieurement ravi de n'avoir pas à se brouiller avec Rogier, je ferai mieux, je vous y mènerai moi-même, pour éviter une nouvelle sottise, à moins que ma compagnie ne vous déplaise. Mais, avant tout, vous allez déjeuner chez moi, ma femme vous attend.

Dans la soirée du même jour, Louis Blanc débarquait sur les quais de Londres.

Je vous ai raconté une anecdote vraie en y joignant les embellissements que notre imagination se plaisait à lui donner en ce temps-là : ne vous fiez pas au nom de Van de Laer ; il est possible qu'au bout de quarante ans la mémoire des noms ne soit plus aussi fidèle. Mais soyez sûr que l'aventure est exacte puisque je la prends non dans mon imagination (je n'en ai pas) mais dans les récits qu'on faisait alors couramment entre proscrits.

L'ennemi intime de l'Assemblée de 1848 était M. Rateau, qui avait un nom prédestiné pour mettre les assemblées à la porte.

Celle-ci avait été nommée pour faire la Constitution, sans aucune fixation de durée. Elle désirait vivre indéfiniment, à l'exemple du Long Parlement d'Angleterre. Rateau, un inconnu, se leva tout à coup au milieu d'elle et se mit à crier de tous les côtés : « On ferme ! »

Les électeurs s'en mêlèrent. Le bruit devint si assourdissant que l'assemblée fut obligée de céder.

— Mais, dit-elle, je voudrais bien faire encore les lois organiques, qui font partie de la Constitution.

— Non, dit Rateau, il faut s'en aller.

— Accordez-moi un trimestre pour écouler mes projets de lois et préparer la besogne de mes successeurs.

— Pas même cela, dit Rateau. Frères, il faut mourir.

On décida, en avril, que les élections auraient lieu le 13 mai et que l'assemblée se dissoudrait le 26.

Le lendemain du vote, il y avait séance, comme tous les jours du reste.

Quelques naïfs arrivent à l'heure dite dans la salle des pas-perdus. Ils se comptent : la besogne n'est pas difficile. Où sont nos collègues ?

Où ils sont ? Dans les diligences qui les emportent vers leurs électeurs. Ils devraient être ici, mais il faut qu'ils soient là-bas. On ne peut pas dire qu'ils sacrifient l'intérêt général à leur intérêt particulier, car le plus grand intérêt de la République est qu'ils soient maintenus à leur poste, où ils viennent de montrer tant de talent et de dévouement.

Pendant quinze jours entiers, on n'atteignit le *quorum*, c'est-à-dire le nombre de votants nécessaires à la validité du vote, que grâce à une aimable fiction. Les yeux disaient : non, mais le procès-verbal disait : oui, et le Bulletin des lois continuait à s'enrichir chaque jour d'une élucubration nouvelle.

Il n'y avait dans la salle que les députés sûrs de ne pas être réélus et ceux de la Seine et de Seine-et-Oise, qui avaient leurs électeurs sous la main.

Même dans ces conditions, on parlait comme disait Dupin, par la fenêtre ; c'est-à-dire qu'on adressait son discours, en apparence, aux gens qui étaient là et, en réalité aux gens qui étaient à vingt lieues de là.

La Chambre se remplit de nouveau à partir du 13. Les réélus revinrent pour montrer leur zèle et les autres pour jouir de leur reste.

Il y eut dès lors deux Assemblées dans une même salle. Armand Marrast, non réélu, présidait encore ; mais il avait en face de lui le président désigné, qui était M. Dupin. Il y avait aussi deux majorités : la naissante et l'agonisante. La majorité naissante était obligée de céder devant la supériorité du nombre ; mais elle cédait en souriant, comme on fait dans les jeux de société, parce qu'elle se disait : « Le mois prochain !... »

La majorité future était réactionnaire et la majorité mourante républicaine.

Elle était même plus républicaine que jamais, en sortant de cette lutte et en prévoyance de celles qui allaient surgir. Elle joua à ses adversaires le tour de supprimer des impôts impopulaires. — Vous les rétablirez, mes amis, et il vous en cuira. — Ce n'est pas ce que la Constituante a fait de mieux. Cette fin n'est pas digne de ses commencements.

Au lieu de tomber dans un état comateux, ce qui eût été à souhaiter, même pour elle, l'Assemblée eut une agonie violente. Les journaux s'en mêlèrent.

Depuis le 13 mai, ils ne nommaient plus un député sans faire suivre son nom de ces mots : *réélu* ou *non réélu*. Les *non réélus* étaient de bien pauvres sires ! — Ce *non réélu* s'imagine... — Il semble à ce *non réélu*... — On se dit avec joie, en le voyant descendre de la tribune, qu'il vient de nous assommer pour la dernière fois.

Je traversais un jour la cour du Louvre en 1848, en donnant le bras à Rémusat quand nous vîmes venir à nous Pierre Leroux. Il connaissait Rémusat depuis le *Globe*. Je m'étais fait présenter à lui par mon ami Joguet, du temps que j'étais à l'Ecole normale.

— Que pensez-vous des chances de Bonaparte ? lui demanda Rémusat, car on ne parlait déjà plus d'autre chose.

— Et vous ? répondit-il. Vous vous croyez bien sûrs de le battre ?

Je me hâtai de l'affirmer ; car pour Rémusat qui désirait notre victoire autant que moi, et qui y travaillait peut-être plus que moi, il n'était pas trop rassuré sur les dispositions de la place.

— Vous croyez le battre, répéta Pierre Leroux. Et bien ! il vous battra. On le sait sur la Montagne ; et la moitié des nôtres se voient déjà une clef de chambellan dans le dos.

Ces chambellans mettaient une blouse les jours d'émeute, pour plaire aux émeutiers. Nous en rîmes bien ce jour-là. Quelques jours après, ils mettaient des manchettes, et au bout de quelques mois des habits rouges. J'en vis un qui descendait l'escalier de la Madeleine à reculons, en ayant l'air de balayer les marches devant le prince-président avec les plumes blanches de son chapeau. Paris regardait cela dans un certain effarement, après avoir vu Ledru-Rollin et Louis Blanc, avec leur cour sur le même escalier.

Voici un autre souvenir de la même année, mais qui remonte aux premiers jours de la Révolution. J'étais abonné à l'orchestre des Italiens, où j'avais Saint-Marc-Girardin pour voisin de stalle. Mon autre voisin, par parenthèse, était Auguste Comte. Il y avait à ce moment là des clubs de tous les côtés, clubs de toutes les couleurs, chacun de nous sentant le besoin de se grouper et de pérorer. Je vous prie de croire que j'étais moi-même président du club de la rue Duphot, dont la police était faite par Amédée Jacques et le futur colonel Langlois, en qualités de commissaires. Saint-Marc-Girardin me dit qu'il y avait un club de professeurs, et que les séances se tenaient à la Sorbonne, dans la grande salle où il faisait ses cours. Nous prîmes rendez-vous pour y aller.

On nous avait avertis que le club était des plus rouges ; mon cher maître craignait un peu d'être pris à partie, il hésita au dernier moment, mais la curiosité l'emporta. On ne fit pas attention à lui, dans la foule immense. Tous les yeux étaient fixés sur l'orateur, dont je ne veux pas dire le nom, parce que c'est un très grand nom et que celui qui le portait s'était signalé peu de temps auparavant par une flagornerie énorme envers le roi Louis-Philippe. Je le vois encore, tout rouge, se démenant dans la chaire de Saint-Marc-Girardin transformée en tribune : « Citoyens, disait-il, déclarons que nous acceptons le passé de quatre-vingt-treize ! » Philippe Lebas, qui présidait, mit la proposition aux voix. Il y eut une centaine de mains levées, sur trois mille personnes présentes. Cent jacobins ! cent courtisans. Je parie qu'ils avaient demandé la croix à M. de Salvandy, et que Fortoul la leur a donnée. Ceux qui, ce jour-là, haussèrent les épaules ne mirent jamais les pieds aux Tuileries ; et plusieurs parmi eux n'hésitèrent pas à briser leur carrière, plutôt que de s'associer au coup d'État par leur serment.

Ce qui est plus triste que cette poignée de jacobins de circonstance, étouffée sous une énorme quantité d'honnêtes gens, c'est le spectacle des candidatures qui prennent la couleur du temps aux époques d'effervescence, et deviennent écarlates ou blanches au gré de la mode. Il y avait quelques centaines de républicains en janvier 1848 ; il y en avait par milliers en mars. Et plus tard, quelle pullulation de bonapartistes! Les plus amusants furent ceux qui s'appelaient Léon en 1815, et qui découvrirent tout à coup, sur leur acte de baptême, qu'ils s'appelaient Napoléon. Il y en eut bien une vingtaine rien que dans mon entourage. Toute cette canaille ne savait pas être libre, parce qu'elle ne savait ni penser ni vouloir. Ils savaient par cœur les droits de l'homme, mais c'est l'homme qui manquait.

Et puisque je vous parle des chambellans et des courtisans, laissez-moi vous conter comment M. Rouher, celui qui devait devenir plus tard le vice-empereur, avait voté dans l'élection présidentielle de 1848.

Nous étions du même âge, nouveaux venus tous les deux dans la politique, et nous avions contracté une liaison assez intime qui a duré trois ou quatre mois. Il était à la fois très aimable et très capable. Il avait surtout une qualité dont je fus frappé au plus haut point, c'était de comprendre immédiatement et de retenir imperturbablement. Nous étions, lui et moi, membres de la commission chargée de préparer une loi organique de l'enseignement. Il ne savait pas un mot de la question en entrant dans la commission ; mais il s'assimilait si aisément la science des autres qu'au bout de quelques séances il en savait aussi long que Saint-Hilaire, Payer et moi.

Il nous exposait nos propres idées avec une clarté et une verve étourdissante, et si nous faisions mine d'exprimer quelques doutes aux endroits où notre conviction demeurait incertaine, il fallait voir comment il nous relevait du péché de paresse. Il n'aurait été ni plus éloquent ni plus véhément quand il aurait défendu les doctrines de toute sa vie, au lieu d'opinions qu'il nous avait empruntées la veille. Il voulait être rapporteur, car il voulait toujours avoir toutes les situations qui étaient à sa portée. Je l'emportai sur lui, mais il ne m'en voulut pas. Il était toujours prêt, comme les grands ambitieux, à remplir le tonneau des Danaïdes. Il avait au plus haut degré cette grande force de savoir subir un échec.

Je n'ai jamais vu personne aussi inquiet du vote qu'il allait émettre que le fut Rouher quand on eut à voter pour un président de la République. Il écartait Lamartine et Ledru-Rollin ; mais il était fort embarrassé entre Cavaignac et Louis Napoléon. Il ne se demandait pas lequel des deux serait le plus utile à la France, mais lequel des deux serait le plus utile à M. Rouher, et il faut avouer que c'était un problème difficile. Avant tout, il fallait avoir voté pour le gagnant. Je crois qu'il était persuadé que l'avènement de Louis Napoléon serait une heureuse aventure pour un jeune homme de grand talent, sans antécédents politiques, tandis que Cavaignac amenait avec lui un personnel nombreux et fort exclusif. D'un autre côté, les ministres et la majorité républicaine se disaient sûrs de la réussite de Cavaignac. S'il passait, ceux qui auraient voté contre lui étaient perdus pour longtemps.

Il me consulta à plusieurs reprises, ce qui était maladroit dans la circonstance, puisque je ne cessais d'écrire et de parler pour la candidature de Cavaignac ; mais je crois qu'il consultait tous ceux qu'il rencontrait. A la fin, les chances lui parurent être pour Cavaignac. On était au dernier moment, il fallait déposer son vote. J'étais dans la salle Casimir-Périer, où les députés votaient.

— Avez-vous voté ? me dit-il.

— Je vais voter.

— Votons ensemble ; et, tout considéré, je vais voter comme vous.

Je regardai son billet, qu'il tenait à la main. Il le déplia ; c'était bien le nom de Cavaignac ; il le déposa dans l'urne sous mes yeux.

— Vous voyez, me dit-il. Ayez soin de le faire savoir au général.

Je me mis à rire.

— Je ne suis, lui dis-je, qu'un député obscur, votant avec la majorité, ne faisant partie d'aucun groupe et ne connaissant dans le ministère que Vivien et Dufaure. Je n'ai jamais échangé une parole avec le général Cavaignac.

Il vit qu'il avait mal choisi son confident et parut tout consterné.

Ce fut bien pis le lendemain, quand le résultat des votes fut connu.

— Je suis perdu, me dit-il.

— Et moi aussi, répondis-je en riant.

— Oh ! vous, vous serez toujours professeur à la Sorbonne.

— Et vous, mon cher, avocat à Riom.

— C'est ma ruine, vous dis-je.

— Parce que vous vouliez être ministre. Eh bien, faites votre cour au vainqueur.

— Il me recevra comme un chien.

— Le premier jour. Vous baiserez la main le second, et le troisième vous serez ministre.

Il le fit et fit bien, si l'unique but de la vie est d'être vice-empereur.

. . . .

De 1848 jusqu'à la fin de 1851, j'ai fait partie de la rédaction du *National*. Je ne sais pas comment les choses se passaient dans les autres journaux, mais j'étais au courant de tout dans celui-là. C'est peut-être le seul journal que j'aie connu à fond, quoique j'aie été depuis collaborateur, ou même directeur de plusieurs journaux.

Le journal avait un grand passé. Il avait été fondé, sur la fin de la Restauration, par Thiers, Mignet et Armand Carrel. Il contribua puissamment à la Révolution de 1830. Thiers devint ministre, Armand Carrel resta seul directeur du *National* et le maintint pendant plusieurs années au premier rang. La mort de Carrel fut un désastre pour le parti et un malheur presque irréparable pour le journal.

Quand j'y entrai, douze ans après, il était encore

très important comme organe républicain, mais il périclitait comme entreprise commerciale. Caylus, l'administrateur, voyait souvent le fond de sa caisse. Dans ces moments redoutables, Charles Thomas, Goudchaux et Schœlcher apparaissaient comme des dieux sauveurs. Ils nous sauvaient à leurs dépens. Nous-mêmes, nous faisions des sacrifices ; nous restions des mois et des trimestres sans être payés. Quelquefois même Caylus annonçait que, pour payer intégralement les fournisseurs, il ne donnerait aux rédacteurs que la moitié de ce qui leur était dû. Le journal me devait dix huit cents francs quand il est mort. Cela représentait un long arriéré, car nous étions payés à raison de trois sous la ligne.

Nous nous aimions beaucoup dans ce petit coin. Caylus était l'administrateur, Léopold Duras, le rédacteur en chef ; Alexandre Rey faisait les articles de grande politique ; Charras était naturellement chargé de la guerre ; je faisais avec Rey, l'article quotidien sur la séance de la Chambre, ce qui, dans ces temps reculés, passait pour la grosse affaire d'un journal. Nous étions le *National* à nous cinq ; mais nous avions des collaborateurs distingués ou illustres ; Littré et le docteur Dumont, pour les sciences ; Forgues (Old-Nick) pour les affaires étrangères ; Paul de Musset pour les théâtres. Nous recueillîmes Deschanel quand il sortit de l'Université. J'omets à regret quelques noms pour ne pas faire un catalogue.

Nous occupions un petit entresol, rue Le Peletier,

à gauche en entrant dans la rue, à deux pas du boulevard, à trente ou quarante pas de l'Opéra. Il y avait une petite chambrette réservée pour Caylus, Duras, Alexandre Rey, le colonel Charras et moi. C'était le *sanctum sanctorum*. On y étouffait, parce que tout le monde, excepté moi, fumait sans désemparer. Je m'y suis accoutumé, non pas à fumer, mais à respirer la fumée des autres. Alexandre Rey, Charras et moi nous étions députés. C'est là que Charles Thomas, surnommé le Sachem, Goudchaux, Schœlcher, Bastide, accouraient dans les occasions solennelles. Les autres amis de la maison, Viardot, Vaulabelle, se tenaient à côté, dans la chambre commune de la rédaction, ouverte à tout venant, et où Caylus et Duras recevaient les députations et les orateurs de clubs. Je jurerais bien que, dans tout ce monde-là, on n'était occupé exclusivement que du succès de la cause. On était prêt pour elle à tous les sacrifices. Aller en prison, se battre en duel, perdre sa place, si l'on en avait, cela n'aurait fait un pli pour personne. J'entends dire à présent qu'il y a des journalistes qui vendent leur opinion. Je n'en connais pas. Si j'en connaissais un, notre connaissance finirait à l'heure même de ma découverte. Dans ce temps là et dans ce monde là, le plus obscur et le plus dépenaillé des rédacteurs était au-dessus du soupçon. Quand Pelloquet, notre secrétaire (à cent francs par mois), avait bien faim depuis deux jours, il pouvait accepter un dîner qu'on lui offrait de bonne amitié; mais si on le lui avait offert à condition de changer d'avis, même sur un point de littérature, il serait mort de faim plutôt que d'y toucher.

J'avais loué une maisonnette à Asnières. Je fus obligé d'y renoncer, parce que j'avais trop d'amis. Ils m'aimaient trop. Ils aimaient aussi à venir dîner chez moi en plein air. Cela aurait pu durer, si Caylus avait fait des affaires plus florissantes. Un jour qu'il était à table à ma gauche, je vis qu'il regardait attentivement la personne assise en face de lui, à la droite de ma femme.

— Je ne me trompe pas, dit-il à la fin. C'est bien à M. Delapalme que j'ai l'honneur de parler?

M. Delapalme était conseiller à la cour de cassation. C'est lui qui avait porté la parole comme avocat général, dans le procès des Saint-Simoniens. Il avait aussi porté la parole, comme vous l'allez voir, dans une affaire moins retentissante. Il prit son air le plus aimable.

— Je crois que je parle à M. Caylus; il y a bien longtemps que je ne vous ai vu.

— Dix-huit ans. Vous demandiez pour moi, ce jour-là, cinq ans de travaux forcés.

— Parfaitement. Vous vous êtes bien porté depuis?

— Comme vous voyez. Enchanté de vous revoir.

Ils firent plus ample connaissance en fumant après le dîner.

Vous entendez bien qu'il s'agissait d'un procès politique. C'était l'affaire de la *poêle à frire* où furent impliqués Caylus et Latrade (celui qui a été longtemps député). Ils furent acquittés par le jury, mais on les obligea de quitter l'école polytechnique.

Je vous parle de souvenirs bien lointains. On oublie bien vite en France. Qui se souvient de la *poêle à frire* ? Littré à part, c'est tout le bout du monde si on se rappelle un seul des noms que je viens de citer. Qui se rappellera le mien dans trois ou quatre ans ?

AUXERRE-PARIS. — IMPRIMERIE A. LANIER.